中国「三农」问题前沿丛书

休耕的社会福利评估

姚柳杨 赵敏娟 著

Valuing the Social Welfare of
Farmland Retirement Project

社会科学文献出版社
SOCIAL SCIENCES ACADEMIC PRESS (CHINA)

目 录
CONTENTS

第一章 ▶
导论

一　研究背景

良好的耕地生态系统能够持续为人们提供包括农副产品和景观、休闲、文化在内的多种生态系统的产品与服务（Ecosystem Goods and Services）。人类不仅受益于耕地产生的粮、油、糖、棉等具有市场价值的消费品，而且受益于耕地在净化水土、调节气候、控制侵蚀、田园休闲、美学感受等方面产生的非市场价值。长期以来，我国的耕地管理政策很大程度上是以保障农产品数量供给为目的的，中国粮食产量出现"十二连增"（2004～2015年），供求总量基本平衡（韩长赋，2016）。与此同时，粮食连年增产一方面付出了农业面源污染、耕地质量退化、地下水超采等沉痛的生态环境代价（Norse & Ju，2015）；另一方面造成了粮食库存高企、农业比较优势下降、农产品价格扭曲、种粮收益不高等社会经济问题。为了保障长期的粮食安全，就需要修复并改善耕地资源环境，让过度开发的土地和水资源得到休养生息（赵其国等，2017）。

休耕，是缓解生态环境压力、保障农业资源持续利用、调节农产品市场和增强农业产业竞争力的有效手段（王志强等，

2017；赵其国等，2017），在美国、欧盟和日本均有实施（饶静，2016）。2016年5月20日，为推进我国生态文明建设，满足农业可持续发展的要求，中央政府也出台了《探索实行耕地轮作休耕制度试点方案》（以下简称《方案》），以建立保障我国粮食安全和农业绿色发展的长效机制。《方案》规划在东北冷凉区、北方农牧交错区开展轮作试点，在河北、湖南、西南的贵州和云南、西北的甘肃开展休耕试点，规划面积616万亩，其主要内容如图1-1所示。2017年9月8日，中央政府开展了第二轮轮作休耕制度试点工作，并对《方案》进行了调整。调整的主要内容体现在以下两点：一是轮作休耕试点面积的扩大，从2016年的616万亩增加到1200万亩，相应的中央财政资金支出规模也从14.4亿元（其中休耕6.86亿元）增加到25.6亿元（其中休耕10.6亿元）；二是休耕补贴标准的降低，如湖南省耕地重金属污染区的休耕补贴从1300元/（亩·年）下调为800元/（亩·年），西南生态环境严重退化地区两季作物区的全年休耕补贴从1000元/（亩·年）下调为800元/（亩·年），西北（甘肃省）生态严重退化地区一季作物区的全年休耕补贴从800元/（亩·年）下调为500元/（亩·年）。

　　本书的研究正是基于这一政策背景，对《方案》中的休耕政策进行分析，评估休耕的实施对社会福利的影响。从经济学理论上来看，"产量至上"的耕地管理政策在一定程度上忽视了耕地所具有的非市场价值（谭永忠等，2012b；姚柳杨等，2016），极易造成管理政策的不可持续和"生态系统服务的悲剧"（Lant et al.，2008）。而我国政府在恰当的时机通过休耕缓解耕地利用的压力，有利于农业长远健康发展，其政策着眼点是耕地资源的全价值，而不是单纯或狭义的市场价值。政府对实施休耕政策的农户进行补贴，其关键假设是公众从休耕政策中获取的社会福利高于因休耕而导致的社会损失，全社会存在"卡尔多－希克斯改进"的空间，政府从中调节并寻求使得社会福利最大化的路径。

主要目标

力争用3~5年时间，初步建立耕地轮作休耕组织方式和政策体系，集成推广种养地和综合治理结合的生产技术模式，探索形成轮作休耕与调节粮食等主要农产品供求余缺的互动关系。

◆在东北冷凉区、北方农牧交错区等地推广轮作500万亩

其中

黑龙江省
250万亩

内蒙古自治区
100万亩

辽宁省
50万亩

吉林省
100万亩

◆在河北省黑龙港地下水漏斗区季节性休耕100万亩
◆在湖南省长株潭重金属污染区连年休耕10万亩
◆在西南石漠化区连年休耕4万亩

其中　贵州省
　　　2万亩　⇨

云南省
2万亩

◆在西北生态严重退化地区（甘肃省）连年休耕2万亩

试点区域

◆轮作　重点在东北冷凉区、北方农牧交错区等地开展轮作试点
◆休耕　重点在地下水漏斗区、重金属污染区和生态严重退化地区开展休耕试点补助标准

◆轮作补助标准

按照每年每亩150元的标准安排补助资金

◆休耕补助标准

河北省黑龙港地下水漏斗区季节性休耕试点每年每亩补助　⇨　500元

1300元
（含治理费用）　⇦　湖南省长株潭重金属污染区全年休耕试点每年每亩补助

贵州省和云南省两季作物区全年休耕试点每年每亩补助　⇨　1000元

800元　⇦　甘肃省一季作物区全年休耕试点每年每亩补助

图 1-1　《探索实行耕地轮作休耕制度试点方案》的主要内容

从休耕政策的实施进程来看，从 2016 年到 2017 年政府休耕政策进行了调整：一方面扩大了休耕的试点面积，那么休耕规模的持续扩大对社会福利的边际贡献是否成本依然有效，不同规模的休耕面积对社会福利的影响是怎样变化的，在一定的预算约束下什么样的休耕规模才能够产生最大化的社会福利？另一方面调整了休耕的补贴标准，那么公众是否愿意为休耕政策支付满足补贴标准的费用，休耕补贴是不是成本有效？由于我国休耕政策仍处于探索试点阶段，不仅体现在休耕规模、补贴标准的变动方面，同时在耕地休耕持续年限、休耕后耕地的利用方式等方面的细节也尚未统一，政策设计与公众福利之间的关联尚不明晰，政策制定者无法判断什么样的休耕政策才是最优的。因此，我们需要将休耕政策纳入福利经济学领域分析，为"藏粮于地"休耕战略实施

的公众支持情况提供有价值的参考。

二 研究目的及研究意义

（一）研究目的

随着我国生态文明建设的不断推进，客观上需要将环境的成本收益分析纳入政府决策过程，提升公众的"获得感"。为实现休耕战略长期实施的最优规划，本书需要回答的一个现实问题是：如何从公众的"获得感"出发，量化休耕政策对社会福利的贡献，从而指导具体的休耕实践？从目前的休耕实践来看，相关政策仍处于探索试点阶段，对其产生收益的评估属于事前评估，同时政策着眼的社会、生态等方面的社会福利也难以通过市场价格进行量化。福利经济学理论认为，可以通过支付意愿和受偿意愿来反映休耕政策实施前后个体效用的变动（Hanemann，1994）。在此基础上发展而来的陈述偏好法（Stated Preference，SP）是自然资源价值评估的主流方法，同时也是唯一可用于对包括非使用价值在内的全价值评估方法（Adamowicz et al.，1998；Kosenius，2010）。然而，SP 方法结论的可靠性很大程度上取决于对问卷设计和调研过程的科学控制。特别是，如果缺乏严谨的问卷设计过程，其研究会被认为存在严重的假想偏差或是具有研究者个人取向（Zhao et al.，2013；Johnston & Duke，2007）。反过来讲，在合理的问卷设计和调研过程的保障下，可以使用陈述偏好法，在公众偏好的基础上量化休耕政策对社会福利的边际影响。为此，本书需要做出的努力之一是，在现有耕地价值评估和陈述偏好法问卷设计理论的基础上，设计与我国国情相适应的休耕社会福利评估问卷，减小由问卷设计带来的评估偏差。

此外，一定区域内实施的休耕政策涉及规划面积、持续时间、休耕地点、恢复措施等多个维度，在这些维度下不同水平值的组合将会产生大量可能的休耕方案[①]，不同休耕方案对社会福利的影响可能存在差异；由于不同区域的居民具有明显差异的资源环境条件与社会经济背景，即使是特定的休耕方案，在不同区域产生的社会福利也可能存在差异，即偏好的空间异质性。那么，对休耕政策进行社会福利评估时，一个显而易见的难点在于：如何在有限的研究预算下实现对大量休耕方案的价值评估，并纳入偏好的空间异质性？为此，本书使用陈述偏好法中的选择实验（Choice Experiment，CE）方法，将休耕政策对社会福利的影响进行多维度分解，量化不同维度的价值信息；在建模过程中使用了随机参数 Logit（Random Parameter Logit，RPL，又被称为混合 Logit，Mixed Logit）模型，纳入了行政区划、城乡差异等空间异质性对偏好的影响。选择实验在资源环境价值评估中的应用源于 Adamowicz 等（1994）对游憩点地形、鱼类、水质、基础设施等多维度的价值分解，在此之后 CE 逐渐成为资源环境价值评估的主流工具（Hoyos，2010）。CE 在我国耕地资源保护的价值评估中也有一定的应用，包括江冲等（2011）、谭永忠等（2012a）、姚柳杨等（2017）的研究。但是，对于空间异质性的分析，尤其是区划空间异质性，尚未得到足够的重视；对于休耕政策这一特定的耕地保护措施，现有研究也未能提供有关社会福利变动的实证证据。本书首次对我国休耕政策进行量化的社会福利评估，目的是使用 CE 从多个维度分解休耕政策的福利效应，指导建立符合公众偏好的休耕方案。

最后，对于政策制定者而言，通过 CE 得到问卷调研地点的社会福利评估结果存在的问题是：在理论上，使用不同的价值评

[①] 例如，考虑从 4 个维度分解休耕政策，当每个维度存在 3 个数值时，可能的休耕方案将达到 3^4 个，即 81 个。

估方法得到的福利分析结果与 CE 得到的结果之间是否存在明显的差异，即 CE 社会福利评估结果的稳健性（Robustness）；在实践上，对特定研究地点进行社会福利评估，得到的评估结果如何应用于其他的休耕政策实施区域，即价值评估结果的效益转移（Benefit Transfer）。在理论上，条件价值评估（Contingent Valuation，CV）同样是与 CE 具有相同理论基础的 SP 方法，特别是该方法在我国的耕地保护政策评估领域有着广泛的应用（金建君等，2008；谭永忠等，2012a）。虽然，CV 往往被用于对特定政策方案的整体福利估计（Dachary-Bernard and Rambonilaza，2012），但相对于 CE，CV 的优势在于问卷结构简单和对受访者的理解力要求较低。在我国，CV 是应用广泛的 SP 方法，已经通过了多数学者对其评估结果可靠性的检验和验证；CE 是前沿的 SP 方法，在数量和成熟度上远不及 CV。那么，对于特定休耕方案的价值评估来说，如果使用 CV、CE 得到的结果不存在显著的差异，我们就可以认为 CE 价值评估的结果通过了稳健性检验。在实践上，由地理位置带来的社会经济特征、自然资源条件等因素会影响公众对于休耕政策的价值判断，而对小尺度的空间异质性分析不足以扩展到大范围的休耕政策评价。如果使用问卷调研对全国各地休耕政策的社会福利进行逐一计算，将会耗费大量的时间、人力和物力成本，也是不现实的。现有文献往往使用效益转移方法（Johnston et al.，2015），将基于单一或多个研究区域（Study Sites）价值评估的结论拓展及应用到其他政策区域（Policy Sites）。而在我国的自然资源价值评估领域，使用效益转移的价值评估研究几乎难以见到。本书在对我国休耕政策的分析中，对比了 CE 和 CV 价值评估结果的差异，并建立了参数的效益转移函数，目的在于对 CE 价值评估结果的稳健性进行检验，并在此基础上通过量化的综述研究（即荟萃分析，Meta Analysis）实现对政策区域社会福利的评估。

综上所述，为最大限度地提升休耕政策给公众带来的获得感，本书的研究目的在于通过对我国休耕政策产生的社会福利进行价值评估，为尚处于试点阶段的休耕政策提供关于耕地资源配置和利用方式的决策支持，从而更好地指导微观层面上的休耕实践。具体而言，包括：①在耕地价值评估和 SP 问卷设计理论的基础上，设计适用于我国具体休耕政策实践的价值评估 SP 问卷，并严格控制调研实施和后期的数据清理过程，以减小和避免可能产生的偏差；②在使用选择实验设计问卷获取可靠的个体偏好信息后，结合随机参数 Logit 模型实现对休耕价值信息的多维度分解，并纳入空间偏好的异质性，从而为政策制定者提供关于不同维度休耕特征对社会福利的影响信息；③使用成熟的陈述偏好法检验 CE 社会福利评估结果的稳健性，并使用荟萃分析将研究地点社会福利评估的结果拓展到其他休耕政策的实施区域。

（二）研究意义

1. 将环境政策纳入福利经济学框架下进行分析，支持我国"十三五"期间的生态文明建设

本书关于休耕的社会福利评估实践与我国"十三五"规划的既定目标联系紧密（见表 1 - 1）。通过对休耕的社会福利评估，能够将生态环境政策的制定过程纳入福利经济学框架下进行思考，对我国生态文明建设具有重要的意义。休耕的社会福利评估反映了耕地生态系统与社会经济系统之间的关联，并为政策制定者提供关于公众偏好的信息，有助于我们重新理解耕地生态系统所具有的多重功能，从而确保国内经济持续而又稳定增长；同时，为"藏粮于地"战略的实施提供全价值信息，有助于提高农业综合生产力、深化农产品的供给侧改革；通过空间异质性分析，识别不同区域社会福利的变动情况，有助于协调城乡、区域之间的发展；发现生态环境保护与公众预期之间的差距，有助于提高民众生活品质；发掘耕地具有的非使用价值，有助于增强公众与自然生态的联结；分解休耕政策不同维度的价值信息，有助于形成关于生态环境改善的建设性意见；促进将生态系统的价值纳入政策制定环节，从而提高政府的决策水平。

表 1-1　休耕的社会福利评估与"十三五"规划
目标之间的关联

社会福利评估的作用	"十三五"规划目标	社会福利评估与"十三五"规划之间的联系	联系紧密程度
建立耕地生态系统与社会经济系统之间的价值联系	经济保持中高速增长	社会福利评估能够识别耕地生态系统所具有的产品、调节、文化等功能，这些功能服务于经济稳定而又持续的发展，保障经济增长的质量	间接联系、联系很强
识别公众对耕地资源的偏好信息，主动应对生态资源压力	创新驱动发展成效显著	社会福利评估有利于促进人民对养地价值的认知、转变农业发展方式，在供给侧提升农业生产体系的质量和效率，优化农业资源的时空配置	间接联系、联系较强
检验不同区域对耕地保护价值偏好的空间异质性	发展协调性明显增强	社会福利评估可以纳入空间异质性，识别不同区域的社会福利受损或增加水平，对丁区域协调发展、优化生态资源的空间布局有重要参考价值	直接联系、联系很强
评估休耕对社会福利的影响，满足人们对耕地资源非市场服务的需求	人民生活水平和质量普遍提高	社会福利评估有助于绿色农产品产业发展，增加就业机会，实现贫困人口脱贫；此外，耕地资源的调节气候、净化环境等功能的增强可以增加人们的预期寿命	直接联系、联系很强

续表

社会福利评估的作用	"十三五"规划目标	社会福利评估与"十三五"规划之间的联系	联系紧密程度
发掘耕地生态系统的文化功能，发挥耕地资源在休憩、教育等产业的作用	国民素质和社会文明程度显著提高	社会福利评估突出了耕地资源的非生产性功能，如耕地资源产生的美学价值、精神体验价值，为提高社会文明程度提供了生态环境条件，有利于人与自然的和谐发展	直接联系、联系很强
解决休耕产生的外部性，引起社会对耕地资源保护的重视	生态环境质量总体改善	社会福利评估有助于合理利用耕地资源的非市场价值，为休耕提供经济上合理、手段上可行的建议，发挥耕地资源在经济、生态、社会和文化等多方面的功能	直接联系、联系极强
核算休耕产生的社会收益，确保生态政策的成本收益有效	各方面制度更加成熟、更加定型	社会福利评估有助于建立生态政策制定的成本收益分析框架，提供决策支持；基于福利信息识别财政支出的优先顺序，规范不合理的投资	直接联系、联系很强

2. 通过对休耕的社会福利评估，能够为休耕组织方式和政策体系的形成提供有益的借鉴和决策依据

为保障休耕战略的顺利实施，我们迫切需要正确认识不同休耕政策对于社会福利的影响，将其纳入宏观政策制定的视野，从而最大限度地发挥休耕政策的综合效益。管理者在制定自然资源管理政策时，缺乏耕地资源的价值信息将不能对自然资源变动进行收益与成本分析，无法发挥公共资源配置的作用，也就难以形成全社会视角下的最优管理决策。对休耕政策公众偏好的研究是相应政策得以实施的基石，通过对休耕政策支付意愿的调研可以为我国环境政策的实施提供信息支撑。在获得有效的社会福利评估后，以公众需求信息为指导的方案设计将能够形成，可以保障

宏观政策与微观激励的一致性，从而提高管理效率、降低管理成本。

3. 详述 SP 方法的问卷设计、数据收集、模型设定和稳健性检验等环节，促进选择实验在我国价值评估实践的发展

有效的个体偏好数据和有效的数据处理方法是休耕社会福利评估的关键。由于 SP 方法，特别是 CE 的问卷设计技术和数据分析技术仍然处于不断发展、完善的过程中，不同学者往往是针对价值评估流程的某个环节进行了改进，并将这些改进应用于评估的整个流程，但缺乏对前沿研究的总结。此外，CE 方法在发达国家得到了广泛的应用，但在我国的应用无论是数量还是成熟度上均落后于发达国家。其中的一个原因是，我们缺乏将 SP 方法的核心要义与我国特殊国情的结合，没有设计出一套适用于经济欠发达地区，特别是农村地区的资源环境价值评估问卷。本书总结了陈述偏好法研究中各类偏差的避免方法，综述了国内外关于耕地资源保护的价值评估实践，结合笔者长期在国内 SP 问卷设计、实地调研、数据处理过程中所积累的经验，从假想情景构建、实验设计、偏差处理、建模分析等环节，对使用 SP 方法进行国内自然资源价值评估的整体流程进行了说明，这是 SP 研究的较好实践。在计量上，本书在贝叶斯最优实验设计、随机参数 Logit 模型、对比 CE 和 CV 等研究细节方面都具有一定的独特性，为相关研究提供了新的思路。总之，本书通过 SP 研究设计，为国内使用 SP 方法的问卷设计、数据收集、模型设定和稳健性检验等环节提供流程上的参考，促进选择实验方法在我国的发展。

4. 量化空间异质性在社会福利评估中的作用，有助于建立与地方实际相适应的休耕制度

识别不同区域居民对休耕偏好的异质性，可以为优化休耕规模在空间上的配置提供重要的参考。针对不同地区，即使是同样的休耕方案也会因生态环境的差异、产业发展情况的不同造成居民对休耕政策的偏好出现显著的差异。为体现价值评估结果的针对性，需要将不同区域的社会经济特征、生态环境特征等要素纳入社会福利的量化评估中，从而体现社会福利的空间异质性。本书从两个方面反映了休耕社会福利存在的空间异质性：一是在单一地点研究中，以武威市为例，使用随机参数 Logit 模型并纳入了居民的空间位置变量，这有利于增强休耕政策的针对性，从而改善政策实施的效果与效率；二是在大尺度的研究中，使用 Meta 回归模型纳入了多个研究文献的研究区域特征，其意义在于对照单一案例的研究结果，实现对本书社会福利评估结果的转移，便于对其他区域休耕政策社会福利评估进行快速计算。

三 文献回顾

（一）相关概念界定

1. 土地、农用地、耕地的概念

国际上，关于土地（Land）的权威定义参见联合国粮农组织（Food and Agriculture Organization）在 1976 年正式发布的《土地评价纲要》："一片土地的地理学定义是指地球表面的一个特定地区，其特性包含着此地面以上和以下垂直的生物圈中一切比较稳定或周期循环的要素，如大气、土壤、水文、动植物密度，人类过去和现在活动及相互作用的结果，对人类和将来的土地利用都会产生深远影响。"在我国，国土资源部（2011）对土地的权威定义是："地球表层的陆地部分及其以上、以下一定幅度空间范围内的全部环境要素，以及人类社会生产生活活动作用于空间的某些结果所组成的自然—经济综合体。"

我国的《土地管理法》和《土地分类》认为，农用地（Farm-land）是指直接用于农业生产的土地，分为耕地、园地、林地、

牧草地、其他农用地。其中耕地（Arable Land）是指种植农作物的土地，包括熟地、新开发整理复垦地、休闲地、轮歇地、草田轮作地；以种植农作物为主，间有零星果树、桑树或其他树木的土地；平均每年能保证收获一季的已垦滩地；还包括南方宽小于一米，北方宽小于两米的沟、渠、路和田埂。耕地又可分为五种：①灌溉水田，指有水源保证和灌溉设施，在一般年景能正常灌溉，用于种植水生作物的耕地，包括有灌溉设施的水旱轮作地；②望天田，指无灌溉设施，主要依靠天然降雨，用于种植水生作物的耕地，包括无灌溉设施的水旱轮作地；③水浇地，指水田、菜地以外，有水源保证和灌溉设施，在一般年景能正常灌溉的耕地；④旱地，指无灌溉设施，靠天然降水种植旱作物的耕地，包括没有灌溉设施，仅靠引洪淤灌的耕地；⑤菜地，指常年种植蔬菜为主的耕地，包括大棚用地。

国际上休耕的广义对象是农用地，但我国休耕政策的出发点是耕地生态环境的改善和农产品可持续供应能力的提升，实现"藏粮于地"，政策作用对象是用于种植农作物的耕地。在此，本书对休耕的分析是基于我国休耕政策的实践，选取农作物（尤其是粮食作物）种植区域为研究地点，因而在本书中休耕的对象是耕地。

2. 休耕与撂荒

休耕制度在我国早有记载。例如，《周礼·地官司徒第二·大司徒》在对周朝（公元前1046年至公元前256年）井田规模进行记载时有"不易之地家百亩，一易之地家二百亩，再易之地家三百亩"。这里"不易"、"一易"和"再易"分别代表了"无须休耕"、"种一年休耕一年"和"种一年休耕二年"（肖树文、茹英杰，1988）。《春秋公羊传注疏》中，作者何休对春秋鲁宣公时期（公元前6世纪至公元前5世纪）的休耕制度进行了注说，"上田、一岁一垦，中田、二岁一垦，下田、三岁一垦"表明当时的百姓会根据耕地质量的差异来安排休耕的时间（王志强等，2017）。但我国古代的休耕更多地体现为因地力不足而不得已的撂荒，与现代休耕制度将用地和养地相结合的理念存在很大的不同。

现代休耕（Land Retirement 或 Land Fallow）制度起源于美国政府自 1985 年实施至今的休耕保护项目（Conservation Reserve Program，CRP），该项目在减少土壤侵蚀、稳定土地价格和减少农业生产过剩方面发挥了重要作用（向青、尹润生，2006）。欧盟也在 1988 年推出了为期 5 年的自愿休耕项目，在此之后的 1992 年启动了"麦克萨里改革"（MacSharry Common Agricultural Policy Reforms），开始强制性规定农场主每年必须将一定比例的土地休耕来调节粮食供求市场和保护环境，直到 2008 年才取消了强制性休耕制度而转为自愿休耕（揣小伟等，2008）。日本政府于 1970 年实施稻田休耕转作项目（Rice Paddy Set-aside Program），旨在通过控制种植面积减少水稻产量，并结合价格补贴和进口关税门槛等政策手段维持国内水稻价格的高位态势，从而保障农户收入（饶静，2016；Xu et al.，2006）。总之，国际上的一些发达国家有计划地制定了本国的休耕政策，安排一定比例的土地年度休耕或者多年休耕，通过补贴来达到改善农业生态环境条件和维护农产品市场稳定的目的。休耕政策在一定程度上减少了每年投入使用的耕地数量，在限制农产品产量方面取得了明显成效，有效缓解了粮食生产出现的结构性、阶段性过剩矛盾，也有利于保障耕地资源的可持续利用。

休耕（Retirement）与撂荒（Abandonment）是不同的。耕地撂荒是自然、人为和社会经济原因导致的耕地大面积搁置，即耕地不能得到有效利用的一种现象（谭术魁，2004）。而休耕是耕地有计划地退出粮食种植的同时采取植被绿化措施，包括种植多年生的草类、豆科草类、灌木或林木，来达到减少水土流失、增加鱼类和动物的栖息地、改善水体质量、保护土壤、改善农村景观等目的（樊胜岳，2011）。从概念上可知，休耕与撂荒虽然都是土地的闲置，但休耕的耕地应当实施种草、豆类等绿化措施，而撂荒的耕地通常是裸露的；撂荒的耕地在植被破坏、风蚀等自然因素作用下很快退化，导致土地生产力的下降，而土地休耕制度是有意识地轮番休耕土地，对恢复地力有显著功效。此外，休耕能够避免撂荒问题的出现。休耕的耕地退出农业生产后将会获得政府的补贴，确保耕地在不能施肥、不能施农药的情况下持续发挥非农产品的生产功能，如生产用于化工的植物油、生物酒精、生物汽油、生物能源等，从而避免了耕地的裸露。休耕在一定程度上能够基本稳定农产品的价格，保障农户来自土地的收入不至于大幅度下降，就可以降低农民撂荒耕地的可能性，在相当程度上规避撂荒问题的出现。

本书将休耕定义为：在全面推进生态文明建设的背景下，在保障国家粮食安全和不减少农民收入的前提下，有计划地通过用地、养地相结合的方式恢复和提升地力，促进生态环境改善，推进农业供给侧改革。这一定义包含三个方面的含义：一是实现耕地的休养生息，通过休耕实现"藏粮于地"，增强粮食供给和农业发展后劲；二是缓解生态环境的压力，通过休耕降低开发利用强度、减少农业面源污染、增强耕地生态调节能力、改善农业资源环境；三是提高农业质量效益竞争力，通过休耕调节农产品供给的结构性失衡，优化农业生产区域布局，全面提升农业供给体系的质量和效率。

3. 社会福利

"福利"（Welfare）一词在我国最早出现于《后汉书·仲长统列传》中，"奸人擅无穷之福利，而善士挂不赦之罪辜"使用福利来指代物质和精神层面的好处。在哲学领域，福利被 Bentham（边沁，2000）定义为人们的主观幸福感。福利经济学创始人 Pigou 认为福利应当包括难以计量的非经济福利和可以间接用货币衡量的经济福利（庇古，2007）。Parfit（帕菲特，2005）进一步从快乐理论、欲望理论和客观清单理论三个方面对福利进行了定义，得到了广泛的认同。福利与效用在概念上存在一定的差异（黄有光，1991），具体表现为非理性选择、不完全信息、对他人福利的考虑三类因素会导致福利与效用之间存在偏离。但就本书研究的休耕问题而言，我们没有证据认为存在导致福利和效用偏离的因素，因此可以对这种偏离忽略不计。在本书中，福利和效用等同，即本书研究的一个假定：每一个人都是其个体福利的最好判断者，其行为选择是以个体效用最大化为依据的。

社会福利（Social Welfare）是个体福利的函数，对社会福利的定义有两种方式：福利向量、福利函数。福利向量是基于柏格森关于个人主义的理论（Bergson，1938），社会福利可以表述为公式（1-1）：

$$W = (w_1, w_2, \cdots, w_i, \cdots, w_n) = (u_1, u_2, \cdots, u_i, \cdots, u_n) \quad (1-1)$$

其中，w_i 是个体 i 的福利，u_i 是基于序数（Ordinal）效用的对个体效用的表征。此时，对于任意的两个社会福利函数 W^I 和 W^II，当且仅当 W^I 中有部分元素比 W^II 中相应元素要大，而其他所有元素又没有一个元素比 W^II 中相应元素要小时，我们可以认为社会福利 W^I 要大于 W^II。按照该函数的定义，当一些人的福利（w_i 或 u_i）增加而又没有任何人的福利减少时，我们才能确定社会福利整体增加了。与此同时，序数向量的不可加性避免了不同个体之间福利或效用的比较，然而我们无法确定在一些人福利增加但另一些人福利受损的情况下整体社会福利的变动方向。

福利函数的定义是基于边沁的功利主义理论，此时函数形式的社会福利可以表述为个体福利的加总：

$$W = w_1 + w_2 + \cdots + w_i + \cdots + w_n = u_1 + u_2 + \cdots + u_i + \cdots + u_n \quad (1-2)$$

这里的公式（1－2）相对于公式（1－1）的区别在于，个体福利是基于基数（Cardinal）效用的，在一些人福利增加但另一些人福利受损的情况下，社会福利的变动方向是可以确定的。只是，公式（1－2）的困难在于找到一个共同的尺度，从而使得不同个体之间的效用是可比的。

本书对社会福利的实证定义采用了基数效用的观点，假定了个体福利是可以计量和比较的，社会福利是个体福利的加总。综上，基于福利与效用等同、基数效用理论的研究假定，本书对休耕的社会福利评估可以通过计算耕地资源利用方式的变化对个体效用的影响，从而以价值理论为基础对休耕的社会福利进行量化的估计。

（二）社会福利的评估方法

耕地资源为社会提供了许多福利，包括农业生产、调节、文化服务（UK NEA，2011）。公众不仅受益于耕地提供的农副产品、开放的空间等服务，同时受益于耕地的文化服务，如文化教育、观光审美和休闲娱乐等，耕地还具有水土保持、净化空气、污染降解等调节功能。由耕地提供的开放空间、调节水土等功能是非竞争和非排他性的纯公共物品，公众并未为此付费。农户仅从农副产品中获得收益，但他们并未从耕地产生的外部效益上获得补偿，即社会受益于耕地资源提供的多种生态系统服务，但这些价值并没有给农民带来任何收入。耕地资源外部效益的存在造成了耕地价值被低估，耕地极易被转为其他用途（Halstead，1984）。

针对我国耕地长期重复投入使用、地力耗竭严重的情况，休耕制度不仅可以培肥地力，有利于发挥上述耕地资源的外部效益，与此同时还具有社会稳定器的作用：在平常年份，减少由大面积土地投入生产造成的产量严重过剩，否则销售难以获得好的价格，诱发农民抛荒；若遇到灾害，可以发挥休耕土地强劲的抵抗能力，使其维持一个较高的产出水平。由此可以认为，休耕制度对于社会的价值不仅包括使用价值，同时也包括耕地可持续利用、植被恢复等各类非使用价值。为实现对使用价值和非使用价值的评估，陈述偏好法是目前唯一可用的价值评估方法（姚柳杨等，2017；Adamowicz et al.，1998）。除此之外，效益转移是在一定政策背景下，基于一个或多个地点（研究区域）的已有的第一手价值评估研究结论来预测其他未研究区域（政策区域）支付意愿的方法（Johnston et al.，2015）。因而，如果收集到的第一手价值评估研究结论是使用 SP 方法得到的，那么效益转移的研究结论也将可以用于评估未研究区域包含使用价值和非使用价值的全价值。

图 1 - 2 列举了所有的陈述偏好法（Nick & Douglas，1998；Boxall et al.，1996），其中选择模型（Choice Modeling，CM）下的条件排序（Contingent Ranking，CRK）和条件打分（Contingent Rating，CRT）与序数效用论相关，不能实现对耕地资源的价值量化；联合分析（Conjoint Analysis）是以联合测度（Conjoint Measurement）理论为基础的纯数理分析工具，联合测度理论与消费者行为偏好并非完全契合，已很少被用于价值评估文献中（Louviere et al.，2010）。在基数效用的假定下，使用条件价值评估和选择实验是测量社会福利更为合适的方法。

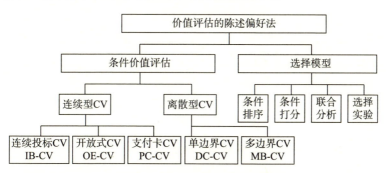

图 1 - 2 价值评估的陈述偏好法

图 1 - 3 列举了效益转移的不同类型（Champ et al.，2003；Johnston & Rosenberger，2010；Rosenberger & Loomis，2003）。如果使用 SP 方法对每一处休耕政策的社会福利进行逐一计算，将会耗费大量的时间、人力和物力成本。现有文献往往使用效益转移方法，该方法可以将研究区域价值评估的研究结论拓展及应用到其他政策区域（Johnston et al.，2015）。而在我国的自然资源价值评估中，对效益转移的应用较少，尤其是在循证医学研究的基础上发展而来的荟萃分析的应用研究几乎难以见到。图 1 - 3 中，单元值转移（Unit Value Transfer）是将研究区域价值评估的一个或多个结果经非参数的方法，如通过购买力、收入差异、专家意见，调整后直接用于政策区域的评价；函数转移（Function Transfer）则是一类参数方法，通过两个或多个区域的原始研究建立一个结构性的效用模型进行偏好校准（Preference Calibration），即需求函数转移，或是综合已有的多个第一手研究资料，建立荟萃分析参数方程，即荟萃分析转移。通常情况下使用函数转移得到的结果将会优于使用单元值转移的结果（Kaul et al.，2013；Rosenberger & Stanley，2006）。但 Brouwer（2000）、Brouwer 和 Bateman（2005）、Ready 等（2004）的研究认为在进行相似区域的效益转移分析时，使用单元值转移得到的误差反而较小。

图 1 - 3 效益转移的不同类型

1. 陈述偏好法——条件价值评估（CV）

CV 可用于评估生态系统服务的使用价值和非使用价值，是最早且应用最为广泛的 SP 方法（Carson et al.，2001）。CV 的思想最早由 Ciriacy-Wantrup（1947，1952）提出，他认为减少土壤侵蚀所产生的公共物品是没有市场价格的非市场收益，对于这一部分收益的评估可以使用问卷调研的方法来获取人们的支付意愿。这一思想由 Davis（1963）首次用于价值评估实践，并由于其能对非使用价值进行计量而在随后的资源价值评估领域得到了广泛的应用（Venkatachalam，2004）。

CV 在问卷设计过程中，针对特定的环境物品设定了公共政策干预和不干预条件下两个假想状态，并要求受访者对假想的管理政策干预结果进行支付（或受偿）。根据支付（或受偿）价值引导技术的不同，CV 可以分为连续型（连续投标、开放式、支付卡）和离散型（单、多边界二分式）两类（见图 1 - 2），对不同类别 CV 出现的历史进程和优缺点参见 Venkatachalam（2004）对此提供的一个研究综述。早期的 CV 问卷直接询问受访者对环境物品状态变化的最大 WTP 或最小 WTA，这种方式存在的最大问题是容易导致起点偏差和策略性偏差的出现（Carson et al.，2001）。在此之后，Bishop 和 Heberlein（1979）引入了单边界二分式（Single-bounded Dichotomous）方法，为所评估环境物品状态的变化设定一个价格标签模拟消费者的真实购物行为，受访者需要为所应支付的价格做出"是"或"否"的回答，通过价格标签确定了受访者 WTP 或 WTA 的单侧上限或下限；在此基础上，Carson（1985）、Welsh 和 Poe（1998）分别发展了双边界二分式（Double-bounded Dichotomous）、多边界离散选择（Multiple-bounded Discrete Choice）方法，受访者需要回答两次或连续多次的单边界二分式问题，确定受访者 WTP 或 WTA 的特定范围。

连续型 CV 以效用最大化理论为基础，虽然存在信度和效度的问题，但因其简明易懂而被广泛应用于对环境模拟市场存在认知困难的发展中国家。离散型 CV（本文也指二分式 CV）基于随机效用理论（Random Utility Theory，RUT），相对于连续型 CV 更符合激励兼容原则，受访者更容易公布自己的真实偏好信息，因而被美国国家海洋和大气管理局（NOAA）推荐为 CV 方法中的首选方法（Arrow et al.，1993）。同时，为减小使用 CV 的偏差，NOAA 对 CV 问卷的调查与设计过程提出了如下建议性方法（Arrow et al.，1993），包括但不限于：①建议通过面对面采访形式，获取调研数据；②在正式调研之前，问卷应该通过预调研检验问题设置的合理性；③核心的价值评估问题应采用二分式（即离散型的）CV 问题，而不是开放式或支付卡式问卷，避免产生激励不兼容的问题；④应提醒受访者为改善所描述的生态环境而需要做出的牺牲。

2. 陈述偏好法——选择实验（CE）

CE 基于随机效用理论，相对于 CV 是前沿的环境价值评估方法（Christie & Azevedo，2009；Hanley et al.，1998；Hoyos，2010），其优势主要在于能够对整体不同部分的隐含价格进行估计和更好地被用于效益转移，因而对政策制定者具有更高的参考价值（Nick & Douglas，1998；Christie & Azevedo，2009），成为近年来最重要的全价值评估方法（Bateman et al.，2002；Johnston & Duke，2007）。CE 价值评估的结果是利益主体的偏好函数（Morrison & Bennett，2004；Hoyos，2010），由于环境政策目标被分解为若干个评估变量，所以可以通过调整变量的赋值水平来实现对不同管理方案的价值评价。CE 具有很强的灵活性，但同时也被 Carson 和 Groves（2007）批评其由于有较多的选项而可能会产生激励不相容的问题。

国外关于 CE 在自然资源价值评估方面的研究：一是从问卷设计（Johnston et al.，2016；Rolfe et al.，2008）、指标选取（Zhao et al.，2013）、选择集设计（Huber & Zwerina，1996）等方面不断完善了这一方法的理论基础，并减小数据收集中的偏差；二是从价值评估对象的内容（Beharry-Borg & Scarpa，2010；Stithou et al.，

2013；Hanley et al.，1998；Doherty & Campbell，2011）、资源的空间分布（Jørgensen et al.，2013；Johnston et al.，2016）、偏好的异质性（Kosenius，2010；Sándor & Wedel，2005）等方面不断拓展CE 在自然资源价值评估中的应用范围；三是在收集的 CE 数据处理建模上，采取了多项 Logit 模型（Kosenius，2010）、嵌套 Logit模型（Rolfe & Bennett，2006）、混合 Logit 模型（Train，2009；Johnston & Duke，2007）、广义多项式 Logit 模型（Fiebig et al.，2010）等方法来进一步提高计量结果的精度。

国内关于 CE 在自然资源价值评估方面的应用最早见于金建君和王志石（2005）在澳门固体废弃物管理中的应用，而在耕地保护方面的应用最早见于马爱慧（2011）对耕地生态补偿政策的评价。在金建君和王志石（2005）的研究之后，国内使用 CE 方法的研究数量有了持续的增长，在评估内容上包含湿地（樊辉等，2016）、森林（翟国梁等，2007；韩洪云、喻永红，2012）、农产品质量安全（王文智、武拉平，2013；尹世久等，2015）等多个方面，但存在问卷设计和数据收集过程缺乏必要的理论说明的问题，所运用的数据建模手段也多采用了不能很好反映样本异质性的多项 Logit 模型。

3. 效益转移方法——单元值转移

对于资源环境产生生态系统服务的福利评估，例如 WTP 的估计，主要是来自个人陈述的关于福利水平的信息，通过实证分析得出当生态系统服务有所增加时受访者福利的边际测量的集中趋势（如均值、中位数）或分布情况。例如，对耕地保护的非市场价值评估中，谭永忠等（2012a）、姚柳杨等（2017）报告了给定耕地保护政策的情况下居民边际支付意愿的分布情况。我们将对社会福利的边际测量记为 $\bar{y}_{js}$，其中下标 j 表示进行研究的地点，s 表示初步研究的样本人群。

当我们需要对政策区域 i 的生态系统服务变化价值 y_{ir} 进行评

估时，需要考虑与区域 i 相似的价值评估研究区域 j，其中 $i \neq j$，但二者具有类似的区域特征和政策特点。由于对福利的估计包含区域特征和人口特征，在进行单元值转移时有三类转移方式。

第一，单个未调整值，即认为 $\hat{y}_{ir}^{BT} = \bar{y}_{js}$，研究地点的价值评估结果（如每个家庭每年的支付意愿）被直接用于对政策地点的价值评估，两个地点具有共同的价值边际量。单个未调整值的转移方式需要有很强的理论假定，而这些假定往往与区域的人口经济特征和自然资源状况有关。在这种转移方式下，假设政策地点的人口数量为 w，那么对政策地点社会福利的效益转移估计是 $w \times \bar{y}_{js}$。

第二，根据不同区域自然资源政策的特点或者使用专家意见对评估结果进行调整。此时需要建立事后调整函数，即 $\hat{y}_{ir}^{BT} = f(\bar{y}_{js})$，该函数可以使用客观因素（例如购买力、收入、资源丰度的差异）或主观因素（例如专家意见）来确定。在不同年份进行效益转移的调整时，经常会使用 $\hat{y}_{ir}^{BT} = f(\bar{y}_{js}) = P \times \bar{y}_{js}$，$P$ 是价格指数，用于表明货币的时间价值。在使用专家意见进行效益转移时，通常价值评估的结果不是通过正式、量化调整，而是在政府机构内使用主观有时甚至是任意的过程而获得的价值评估（Rosenberger & Loomis，2003）。虽然通过主观的方法获得的价值评估结果是非正式的，但在一定的理论基础上进行的分析，可以满足某些机构开展工作的需要。此时对社会福利的效益转移估计是 $w \times \hat{y}_{ir}^{BT}$。

第三，使用来自多个研究地点的价值评估结果，不经过调整或进行调整后应用于政策地点。与前两种方法的区别在于，第三种方法使用了来自多个研究的价值评估结果 $\bar{y}_{js}^k$，并综合多个研究的信息（如均值、中位数）。通过多个价值评估结果的信息，既可以重新计算边际测量值并建立调整函数，又可以使用范围值 $\min(\bar{y}_{js}^k) \sim \max(\bar{y}_{js}^k)$ 进行灵敏度分析（Rosenberger & Loomis，2003）。

使用单元值转移的主要优点是易于实施和需要较少原始数据。此外，如果研究地点和政策地点非常相似，单元值转移甚至会优于其他方法（Bateman et al.，2011）。但是，一般来说，单元值转移的假定过于严格会导致价值评估的结果比函数转移评估的结果有着更大的转移误差（Kaul et al.，2013；Rosenberger & Stanley，2006）。

4. 效益转移方法——函数转移

函数转移是从一个或一组初始研究中得到的效益函数（Benefit Function），将选定的政策地点的一系列特征代入效益函数可以得到福利的估计结果（Loomis，1992）。由此可知，进行函数转移的两个条件是：可以从初始研究中获取参数化的函数，函数中的解释变量应当包含区域的可观测特征；政策地点是可被量化的变量信息，这些信息将被代入效益函数来实现将研究地点得到的效益值转移到政策地点。由于存在参数化的信息，研究者可以通过调整变量赋值来提高福利估计的容错性并实现较低的转移误差，因而放宽了对研究地点和政策地点在社会、经济、生态等维度相似的要求（Rosenberger & Stanley，2006）。但是，Johnston 和 Rosenberger（2010）依然认为，地点的相似性仍是获得准确效益转移的重要因素。

不同的函数转移形式之间的差异主要在于，获得转移方程的来源。函数转移的最简单形式是，使用单一的初始研究得到的函数用于计算政策地点的效益转移值，这类效益转移被称为单点效益函数转移。用于函数转移的转移函数也可以从许多不同的初始研究中得出，常见的来源包括享乐需求模型、条件价值研究和选择实验（Johnston & Rosenberger，2010；Rolfe & Bennett，2006）。转移函数的一般形式为：

$$\widehat{y}_{js} = g(\boldsymbol{x}_{js}, \widehat{\boldsymbol{\beta}}_{js})\qquad(1-3)$$

其中，$\widehat{y}_{js}$ 是通过研究地点得到的转移函数的福利估计量，向

量 x_{js} 是研究地点的特征变量，向量 $\widehat{\boldsymbol{\beta}}_{js}$ 是与特征变量对应的估计参数。例如，一个包含 K 个特征变量（解释变量）的简单线性转移函数是：

$$\widehat{y}_{js} = \widehat{\beta}_{j0} + \sum_{1}^{K} \widehat{\beta}_{jsk} \, x_{jsk} + \widehat{\varepsilon}_{js} \qquad (1-4)$$

其中，$k = 1,\cdots,k$。当政策地点和研究地点之间不存在斜率的调整时，可以认为 $\widehat{\beta}_{jsk} = \widehat{\beta}_{k}$。在公式（1-4）中，所有关于 x 的信息均来自研究地点，例如可观测的区域特征、人口特征、资源特征等。原则上，代入政策地点 x 的信息可以获得函数转移的福利估计值，但 Bateman 等（2011）认为函数转移的做法应当建立在一般的经济学理论基础上，只包含我们明确的、有预期信息的变量。此外，Brouwer（2000）、Spash 和 Vatn（2006）认为在函数转移中加入一些变量，例如人口统计学特征，不是总能够提高函数转移的精确程度。

（三）耕地保护的社会福利评估

自 20 世纪 70 年代以来，随着人们对耕地非市场价值认可程度的提高，政府实施了对耕地资源保护的公共投资计划，经济学家也从 20 世纪 80 年代初开始，使用非市场价值评估技术对耕地提供的非市场价值进行量化，同时对影响这些非市场价值的因素进行了分析，为政府改善耕地投资的计划提供更多的决策信息。其中应用的研究方法除了陈述偏好法之外，还有显示偏好法（包括享乐价值评估、旅行成本法等），如 Irwin（2002）、Geoghegan 等（2003）的研究。但由于本书关注的是休耕政策，该政策的着眼点很大程度上体现在非市场价值中的非使用价值上，因此这里综述了使用陈述偏好法的研究。

不同国家耕地政策差异较大，本书仅针对中美两国使用陈述偏好法对耕地资源社会福利评估的文献进行整理，得到的结果如

表 1-2 所示。其中，对多位作者的价值评估文献仅列出了第一作者的姓名；年份指的是文献发表的年份，而非数据收集的年份；价值评估的研究地点一般是县、市，这里只具体到省份；由于不同文献在计算过程中采用了有明显差异的折现率，表 1-2 中列出的价值是文献评估得到的，是以户均每年的支付意愿为单位衡量的价值，且这里将单位统一为元/（公顷·年·户）、美元/（公顷·年·户），并分别以中美两国的 CPI 指数转换为 2016 年可比价格；同一篇文献中可能有针对多个区域的研究或使用不同的价值评估方法，如任艳利（2010）、Johnston 和 Duke（2007），因此这里的表格将同一篇文献获得的不同区域的结果进行了平均，列出的是同一文献使用不同评估方法、针对不同价值评估地区得到的评估的均值；样本量是作者价值评估中所使用样本的总量，如蔡银莺（2007）的研究区域包含武汉、荆门、宜昌等多个地区，是所有地区样本数量的加总，反映了该研究所具有的精度（Rosenberger & Stanley，2006）。

**表 1-2　使用陈述偏好法量化耕地保护政策
社会福利的文献总结**

第一作者	年份	研究地点	方法	价值	样本量
王瑞雪	2005	湖北，中国	CV－双边界	¥ 0.0017	678
蔡银莺	2006	湖北，中国	CV－支付卡	¥ 0.0006	1656
蔡银莺	2007	湖北，中国	CV－支付卡	¥ 0.0016	471
杨欣	2009	湖北，中国	CV－开放式	¥ 0.0470	383
牛海鹏	2010	河南，中国	CV－支付卡	¥ 0.0013	445
马爱慧	2011	湖北，中国	CV、CE	¥ 0.0011	856
陈竹	2013	湖北，中国	CE	¥ 0.0032	580
Yang	2015	湖北，中国	CE	¥ 0.0051	288
陈艳蕊	2011	河南，中国	CV－支付卡	¥ 0.0039	248
任斐	2012	河南，中国	CV－开放式	¥ 0.0027	238
赵凯	2013	辽宁，中国	CV－开放式	¥ 0.0020	155
庄皓雯	2015	山东，中国	CV－支付卡	¥ 0.0006	328

续表

第一作者	年份	研究地点	方法	价值	样本量
姚柳杨	2017	甘肃，中国	CE	￥0.0089	586
江冲	2011	浙江，中国	CV–单边界	￥0.0068	206
Jin	2013	浙江，中国	CV–单边界	￥0.0127	206
任艳利	2010	江苏，中国	CV–支付卡	￥0.0006	889
李明利	2009	江苏，中国	CV–支付卡	￥0.0006	721
姜昊	2009	江苏，中国	CV–单边界	￥0.0058	250
邱国梁	2010	江苏，中国	CV–单边界	￥0.0067	250
杨宁宁	2015	河南，中国	CV–单、双边界	￥0.0010	536
高汉琦	2012	河南，中国	CV–支付卡	￥0.0011	501
景莉娜	2008	新疆，中国	CV–单边界	￥0.0052	759
刘祥鑫	2017	新疆，中国	CV–开放式	￥0.0028	581
任朝霞	2011a	陕西，中国	CV–支付卡	￥0.0001	1455
任朝霞	2011b	陕西，中国	CV–双边界	￥0.0001	1522
Beasley	1986	Alaska，美国	CV–连续投标	$0.0953	119
Bergstrom	1985	South Carolina，美国	CV–支付卡	$0.0012	127
Bittner	2006	Colorado，美国	CV–开放式	$0.0003	472
Duke	2004	Delaware，美国	CE	$0.1365	199
Duke	2007	Delaware，美国	CE	$0.7578	491
Halstead	1984	Massachusetts，美国	CV–连续投标	$22.0729	85
Johnston	2007	Connecticut，美国	CE	$2.0049	356
Johnston	2001	New York，美国	CE	$0.5671	1123
Kashian	2002	Wisconsin，美国	CV–单边界	$0.0379	630
Kricger	1999	Illinois，美国	CV–双边界	$0.0105	1800
Ozdemir	2003	Maine，美国	CE	$0.0029	162
Ready	2004	Kentucky，美国	CV–单边界	$0.0764	194
Roe	2004	Ohio，美国	CE	$5.4526	776
Swallow	2002	Rhode Island，美国	CE	$1.2888	258
Volinskiy	2007	Georgia，美国	CE	$0.0006	195
Waddington	1990	Pennsylvania，美国	CV–开放式	$0.0038	512

注：为保证研究的可比性，本书在文献筛选过程中仅保留了以支付意愿为价值引导手段测算的社会福利评估结果，其他的标准包括研究对象是以家庭为单位的，并对城市、农村居民样本进行了区分。a、b 对应的文献分别为任朝霞和陆王麟（2011）、任朝霞和王丽霞（2011）。

　　根据以往耕地保护研究的综述，可以得出以下方面。从研究方法来看，对美国耕地资源价值评估的方法在 2000 年以前以 CV 为主，在 2000 年以后使用 CE 的文献逐渐增多并超过使用 CV 的文献数量；对我国耕地资源机制评估的方法仍是以 CV 为主，使用 CE 对耕地资源进行价值评估的文献自 2011 年开始出现，在数量上仍少于 CV。其中可能的原因是，CE 在国内应用的时间较短，在应用上仍缺乏与我国具体国情相结合的步骤来加以指导。

　　从评估的结论来看，对两个国家耕地资源社会福利评估的结果存在较大的差异，单位耕地面积上我国户均每年支付意愿的范围为 0.0001 ~ 0.0470 元，平均值为 0.0049 元（标准差为 0.0093 元）；而美国社会福利评估结果的范围为 0.0003 ~ 22.0729 美元，平均值为 2.0318 美元（标准差为 2.4172 美元）。二者均值悬殊，美国以户均每年每公顷计量的耕地保护政策产生的社会福利明显高于中国；美国研究的标准差与平均值的比（即变异系数）明显低于中国，研究结论的数据离散程度较小。这一方面是我国与美国的经济发达程度，特别是人均产出水平相差较大造成的；另一方面也与评估过程有关，对国内耕地的评估问卷设计往往未指明所评估对象的面积，而默认为研究县、市的所有耕地均能够得到所描述的改进，而针对美国价值评估的问卷设计往往指明了所能改善的耕地面积，仅是研究所在区域耕地中的一部分。此外，当我们用研究区域所在户数乘以表 1 - 2 所呈现的户均支付意愿时，由于中国单位耕地面积上的人口密度相对于美国高出很多，以人口为权重进行社会福利的加总时，中国的评估结果极有可能高于美国。由此，表 1 - 2 所列出的对国家之间社会福利评估结果的对比，当以"每公顷"或"户均每公顷"为计量单位时有着不同的对比结果，对其绝对数量值的对比缺乏可信度。因而，在后续研究中，对本书社会福利评估结果外部有效性的说明也将以我国的评估实践作为参照。

从现有耕地保护政策的社会福利评估结果来看，评估过程的差异不仅体现在研究地点的不同上，同时体现在使用了不同的研究方法上，那么不同研究的区域特征、方法特征是否以及在何种程度上影响了评估的结果，是进一步需要研究的问题。此外，现有文献均未对休耕政策这一特定的耕地保护政策进行评估，这也构成了本书研究问题的核心。

四　研究内容

本书研究的核心内容是对我国休耕政策产生的社会福利进行价值量化。为了实现这一目的，在实践层面，选取甘肃省武威市的凉州区、民勤县、古浪县作为研究区域，设计了用于收集受访者个体偏好信息的休耕社会福利评估问卷，并在城市、农村进行了调研；在理论层面，以纳入空间异质性的选择实验分析为主，并结合使用单、双边界二分式 CV，条件打分，条件排序方法对价值评估结果的稳健性进行了检验，首次对比并检验了多种 SP 方法价值评估结果的差异；此外，使用 Meta 分析综合本书的研究结论与已有的相关文献，实现了对本书研究结论的拓展，并在该领域首次提供了一个量化的转移函数。

（一）社会福利评估的问卷设计

陈述偏好法的问卷设计是建立假想生态环境市场的过程，只有当受访者从调研中获得了足够且可靠的信息，才能准确地表达对生态情景变化的价值偏好，从而为相应政策的设计提供有意义的参考（全世文，2016；胡喜生等，2013；张茵、蔡运龙，2005；Hanemann，1994）。为获得可靠的受访者个人偏好信息，SP 问卷采集数据过程中可能出现的偏差也受到了环境经济学家的重视（Zhao et al.，2013；Louviere et al.，2011）。因而，使用 SP

方法对休耕的社会福利进行评估，问卷设计质量的高低直接影响了社会福利评估结论的可靠性。

本书综述了价值评估的方法和问卷的实验设计技术，包括休耕政策实践、生态系统服务和价值评估理论，如何挑选个体福利价值评估的指标；实验设计理论，如何进行部分实验设计（本书中具体指贝叶斯最优实验设计）；陈述偏好法的相关理论，如何减小问卷设计过程中的偏差。针对休耕社会福利评估的问卷设计，本书详述了价值评估指标的选取过程、不同指标水平组合的实验设计、如何避免由研究方法本身带来的偏差等，特别是本书关于贝叶斯最优实验设计（Bayesian Optimal Experimental Design）步骤的说明，将能够在极大程度上避免由实验设计带来的偏差；设计了条件打分、条件排序、选择实验和双边界二分式条件价值评估问题，将能够检验价值评估结果的稳健性；对数据采集过程进行了科学的控制，这些科学的控制方法包括设计了用于补充问卷信息的图册和规范调研员行为的调研手册，在问卷中设计了热身问题、确定性和校准性问题、抗议性支付识别问题等，对受访者也给予了一定的激励以获取受访者真实的偏好信息。

（二）基于选择实验方法的社会福利测算

应用选择实验方法评估休耕政策的社会福利，并纳入公众对休耕方案偏好的异质性。对偏好异质性的分析，特别是空间异质性的研究受到了国外学者的广泛关注，例如 Brouwer 等（2010）、Aregay 等（2016）、Martin（2012）、Schaafsma 等（2013）对水质、湿地面积等流域生态系统服务改善政策的研究，Tinch（2013）对能源政策的研究，Rabotyagov 和 Lin（2013）、Czajkowski 等（2014）、Valck 等（2014）对林业保护项目的研究，Jobstvogt 等（2014）对海洋生态系统保护的研究，León 等（2016）对固体废弃物处理政策的研究等。这些学者将空间异质性作为线性的（Schaafsma et al.，2013）或离散的（Brouwer et al.，2010），评估了生态系统服务的空间异质性。

本书以位于石羊河流域内的武威市为研究地点，具体包括流域内上游古浪县、中游凉州区和下游民勤县。在研究地点收集了城市、农村居民的价值偏好信息，在此基础上，分别建立了城市和农村居民子样本的随机参数 Logit 模型。在模型设定上，不仅将福利指标的边际效用设定为随机分布，而且纳入了离散形式的空间异质性分析：一是将流域异质性（上游、中游、下游）体现到参数分布的设定上，通过 AIC 信息准则比较不同的模型设定形式，检验了流域空间异质性的显著性；二是在城市、农村居民样本分开估计的基础上，通过经验仿真的方法检验了城乡居民支付意愿的差异及其显著性。

（三）福利测算结果的稳健性检验

CE 是相对于 CV 更为前沿的环境价值评估方法（Christie & Azevedo，2009），对资源利用的决策具有更高的参考价值（Nick & Douglas，1998；Christie & Azevedo，2009）。但同时，CE 和离散型 CV 均以随机效用理论为理论基础，对二者差异的检验也得到了一些学者的重视，如 Jin 等（2006）、Dachary-Bernard 和 Rambonilaza（2012）认为二者的价值评估结果不存在明显的差异；而 Boxall 等（1996）、Christie 和 Azevedo（2009）的研究却认为二者的价值评估结果存在显著的差异。显然，对 CE 和离散型 CV 的差异的研究尚未得出一致的结论，需要更多的研究提供检验结果的额外证据。另外，现有文献都是对两种价值评估方法的对比研究，尚没有文献同时对比多种价值评估方法，如单边界 CV、双边界CV、条件排序和 CE 结果的差异。

本书使用单边界 CV、双边界 CV、条件排序方法，对使用 CE 得到的社会福利评估结果进行了稳健性检验。受访者在选择实验投票问题之前，对评估指标的不同水平进行了偏好程度的排序，如果不同水平的排序结果与隐含价格的估计结果相似，那么使用 CE 计算得到的福利分析结果就是稳健的。受访者在选择实验之后，连续对具体的休耕政策进行了单边界 CV 投票实验、双边界 CV 投票实验，如果使用单边界 CV、双边界 CV、CE 方法得到的价值评估结果之间不存在显著的差异，那么不仅验证了单、双边界 CV 估计结果的一致性，同时也验证了 CE 价值评估结果的稳健性。

（四）福利测算结果的效益转移分析

基于 Meta 的效益转移分析相对于实地调研能够节省大量的时间、资金成本，而且能够克服价值评估单一案例研究可能带来的偏误。参数的效益转移分析通过建模量化了区域特征等因素对支付意愿的影响，从而可以发现以往研究所不能得到的结果。Meta 的分析在自然资源非市场价值中得到了广泛的应用（Nelson & Kennedy，2009；张玲等，2015），在耕地保护方面也已有 Johnston 和 Duke（2007）的研究。针对我国耕地资源保护价值评估的研究已有数十篇文献（见表 1-2），但仍缺乏相应的分析性综述研究；此外，建立参数的 Meta 效益转移分析，还能够通过转移误差分析校验本书价值评估的研究结果。

由于休耕政策属于耕地保护政策中的一类，所以本书在建立 Meta 回归模型时将文献检索范围扩大至对我国耕地保护政策的分析。本书对国内耕地保护的文献进行了检索和综述，得到相应的户均年支付意愿，结合本书量化的福利分析结果，建立了 Meta 回归模型以量化分析不同文献价值评估结果之间差异的来源，并对 Meta 效益转移的误差进行了分析。Meta 回归模型的结果提供了以往通过单一案例研究所不能发现的结论，同时能够服务于我国休耕政策成本收益分析的快速计算，可以为我国的耕地保护工作提供参考。

五 研究思路和方法

本书的研究思路从公众偏好出发分析我国休耕政策产生的社会福利，始终以实现研究目的为中心，设计了用于收集公众偏好信息的价值评估问卷，建立了包含空间异质性的公众偏好分析模型并计算了休耕的社会福利增量，检验了不同价值评估方法得到社会福利评估结果的一致性，完成了价值评估结果从特殊到一般的 Meta 效益转移分析。本书研究的技术路线如图 1 - 4 所示。图中所涉及的研究方法均为资源环境的价值评估技术，具体的研究方法包括选择实验方法、条件排序和条件价值评估方法、效益转移方法；建模方法主要包括 Mixed Logit 模型、单边界 Logit 模型、双边界 Logit 模型、Meta 回归模型等。本节对主要方法的说明如下。

（1）选择实验方法和 Mixed Logit 模型。这一研究方法目的在于使用 CE 获得休耕的社会福利，是本书的核心。通过选择实验的问卷设计和调研，收集了居民对休耕政策的偏好信息；使用数据估计了包含流域空间异质性、城乡空间异质性的 Mixed Logit 模型，模型估计结果反映了城乡居民在实验过程中对不同休耕指标的权衡，计算了居民的边际偏好；在 Mixed Logit 模型结果的基础上，使用经验仿真计算了指标不同水平的隐含价格，汇总得到特定休耕政策下研究地区居民的平均补偿剩余，即社会福利的 CE 结果。由指标不同水平组合而成的休耕政策存在多种情况，隐含价格可以为我们识别什么样的休耕政策能够实现最大化的社会福利，也可以计算特定休耕政策下的社会福利。社会福利的 CE 结果能够为休耕政策的改进提供方向，这对国内尚处于试点阶段的休耕实践有着重要的现实意义。

（2）条件价值评估和 Logit 模型。这一研究方法目的在于对

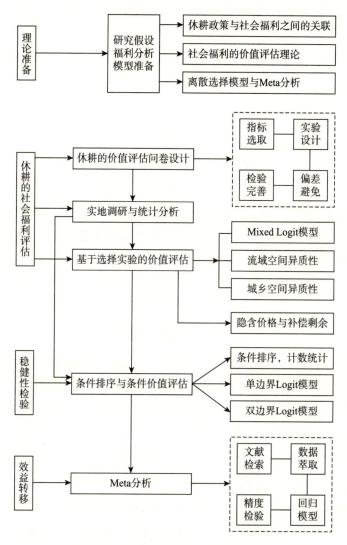

图1-4 休耕社会福利分析的技术路线

社会福利的 CE 结果进行稳健性检验。只有离散型的条件价值评估才有与选择实验方法相同的理论基础,即随机效用理论。因此,使用两类离散型的 CV,单、双边界 CV 收集了居民对特定休耕方案的偏好信息,分别建立了二元 Logit 模型和双边界 Logit 模型,在获得模型估计结果后计算了特定方案社会福利的 CV 结果。

对比社会福利的 CE 结果、社会福利的 CV 结果，可以对不同价值评估结果的稳健性进行相互验证。

（3）效益转移的 Meta 回归模型。这一研究方法目的在于对休耕等耕地保护政策的社会福利进行效益转移。本书使用 Meta 分析的过程包含文献检索、数据萃取、回归模型、精度检验四个部分。文献检索依赖中英文文献搜索引擎，获得学者使用 SP 方法计算耕地保护政策的价值评估结果；数据萃取是最为耗时的阶段，本书提取了不同文献的社会福利评估结果，量化了研究区域、研究方法、研究样本特征；用萃取得到的数据建立了 Meta 回归模型，得到原本单一案例研究中无法获得的量化分析结果，如区域特征、评估方法特征对价值评估结果的影响。通过 Meta 分析实现了将研究地点的社会福利评估结果转移到其他政策区域。

六　创新之处

在研究内容上，对生态环境的社会福利评估是环境经济学和福利经济学研究的热点问题，而对价值评估结果的稳健性分析和效益转移是社会福利评估的核心和难点所在。为尽可能地提供一个关于社会福利变动的准确估计，国外的研究一方面往往是针对不同的研究环节进行了零散的验证，缺乏研究的系统性；另一方面在研究结论的有效性和研究方法的选择上还存在一定的争议。而从国内的研究来看，前沿评估方法（如 Meta、CE）的应用还很少出现，更是缺乏对评估结果的可靠性的分析或检验。本书立足于我国尚处于制度试点阶段的休耕政策，通过严谨的实验设计环节和前沿的计量模型，分析和量化休耕的社会福利。一是在研究对象的选取上贴合我国生态文明建设顶层设计的需求，严格控制了问卷设计、数据收集过程中可能出现的偏差，在研究方法的设定上探索了前沿的选择实验和效益转移方法在国内价值评估领域的应用，预期能够做出可靠的实证创新；二是通过本书的研究可以灵活计算不同休耕方案对于社会福利的影响，检验个体偏好的随机性和区域偏好的异质性，并使用参数的效益转移方法实现单一地点价值评估结果向其他区域的拓展，这些研究都增加了本书研究结论的现实意义。此外，本书基于同一组反映个体偏好信息的样本数据，深入分析了空间异质性的存在特征，并对多个陈述偏好法价值评估结果的一致性进行了检验，为目前国际上尚存争议的相关议题提供了额外的研究证据；结合耕地保护的社会福利评估文献，首次建立了耕地保护政策效益转移的量化文献分析模型。

在研究方法上，我们有一定的创新之处。一是在个体效用函数中，解释变量使用了效应变量的编码方式。先前的价值评估研究较多采用了虚拟变量的编码方式，实际上假定了将特定的政策情景作为参照，参数估计的结果均是与参照变量的差异。其优点在于便于对所选定的政策情景进行分析。但是，我国现阶段实施的休耕政策由于尚未成熟，存在多样化的特点，也就难以选定某一个假想情景作为参照。效应变量的编码方式将休耕政策的平均效应作为参照，从而便于识别最佳的休耕指标水平的组合。另外，采用效应变量的编码方式，也能够避免同一指标不同水平对效用的边际影响不变的假定，能够揭示更多的偏好信息。二是加入了空间异质性分析，包括"流域上中下游"异质性和"城乡结构"异质性两类。先前研究中纳入的空间异质性只包含一个维度，如距离、流域位置等因素，且多采用了连续型的处理方式，本书通过先分组、再建模的方式实现了对复杂空间异质性的处理。三是将贝叶斯最优实验设计用于耕地保护的社会福利评估。先前研究对实验设计环节的重视不足，多数文献采用的是正交实验设计方法，少部分文献使用了最优实验设计方法，实验设计环节的假定过强影响了数据收集过程。而本书使用了贝叶斯最优实验设计，对休耕社会福利的问卷设计过程进行了详细的说明。

在实证结论上，本书的创新点体现在政策和理论两个方面。政策创新点之一，为休耕政策的成本收益分析提供了参考。武威市现阶段规划的休耕方案（面积 1 万亩、期限 3 年）将能够使得社会福利平均增加 1.14 亿元/年；优先在武威市的风沙源区休耕，在政策到期后通过续签合约的方式适度延长休耕时间至 5 年、继续扩大休耕面积至 5 万亩将显著增加社会福利，而更长的休耕时间（如 10 年）则会显著降低社会福利；城市居民偏好更大的休耕面积、更高的林木比例，而农村居民对于休耕面积的扩大和种植林木持保留态度。政策创新点之二，使用 Meta 分析得到了用于区域休耕社会福利的概算公式。为适应公众逐渐增强的耕地保护意识，财政资金中用于耕地保护的支出年均增长率应为 7.1%，并发现使用义务劳动与出资结合、义务劳动的支付工具的文献存在偏误，导致政策的经济价值分别被高估 65%、221%，可用于对相关研究的纠偏。理论创新点之一，休耕政策对社会福利的影响存在离散的城乡空间异质性、流域空间异质性，忽略对空间异质性的分析将不能反映现实并导致福利估计的偏误。理论创新点之二，条件排序，单、双边界二分式条件价值评估和选择实验三种陈述偏好法适用于不同的评估场景，但在研究结论上是一致的，为国际上关于使用不同陈述偏好法得到结果差异的研究提供了额外的证据。

第二章 ◀

社会福利评估的理论基础

一 福利经济学理论

（一）福利经济学流派

庇古（Arthur C. Pigou）在 1920 年出版了《福利经济学》（*The Economics of Welfare*）（庇古，2007），标志着福利经济学作为一门学科的诞生。在此之前，边沁（Jeremy Bentham，1748～1832 年）、穆勒（James Mill，1773～1836 年）、霍布森（John Atkinson Hobson，1858～1940 年）、帕累托（Vilfredo Pareto，1948～1923 年）等学者为福利经济学的诞生做出了理论铺垫（黄有光，1991；巴尔、怀恩斯，2000）。在此之后，罗宾斯（Lionel C. Robbins，1898～1984 年）、卡多尔（Nicholas Kaldor，1908～1986 年）、希克斯（John Richard Hicks，1904～1989 年）、柏格森（Abram Bergson，1914～2003 年）、萨缪尔森（Paul Anthony Samuelson，1915～2009 年）、阿罗（Kenneth J. Arrow，1921～2017 年）、阿玛蒂亚·森（Amartya Sen，1933～ ）等学者为福利经济学的进一步发展做出了卓越的贡献（黄有光，1991；贺蕊莉，2005；Just et al.，2004；阿玛蒂亚·森、伯纳德·威廉姆斯，2011）。

从历史的发展时期看，福利经济学可以分为不同的流派。首先出现的是旧福利经济学流派，以庇古的理论为代表，建立在基数效用理论的基础上，提倡通过政府干预实现公平的分配；新福利经济学产生于对基数效用理论的批判，以卡多尔、希克斯福利补偿理论为代表，把福利经济学建立在序数效用论的基础上，回避分配问题而是以经济效率为核心；社会福利函数（Social Welfare Function）流派认为新福利经济学将公平和效率分开研究的理论存在缺陷，柏格森和萨缪尔森的理论认为社会福利可以由多元函数来表示，经济效率必须以公平为前提，提出了柏格森-萨缪尔森社会福利函数；在此之后，阿罗和阿玛蒂亚·森分别创立并发展了社会选择理论，即从有差异的个体偏好汇集成集体选择，"阿罗不可能定理"给帕累托最优标准和社会福利函数带来了挑战从而产生了社会选择理论，证明了既包含公平又包含效率的社会选择机制是不存在的，而阿玛蒂亚·森通过引入可度量的个人满足感，向"阿罗不可能定理"发起了挑战，建立了新古典功利主义（Neo-utilitarianism）福利函数。

纵观福利经济学的发展历程，可知其始终围绕着从个人价值判断出发获得社会福利最大化的中心议题，对效率和公平侧重点的不同发展形成了不同的理论流派。福利经济学理论的发展框架如图2-1所示。

（二）福利变动的测量

对生态政策的社会福利评估，可以通过消费者效用变动反映，即消费者剩余、补偿变化和等价变化。以商品价格 $p = (p_1, \cdots, p_i, \cdots, p_n)$、消费束 $x = (x_1, \cdots, x_i, \cdots, x_n)$、预算约束（$m$）为自变量的效用函数包括直接效用函数 $u(x)$ 和间接效用函数 $v(p, m)$。间接效用函数是最大化了的直接效用函数，即：

$$v(p, m) = \max u(x), \text{ s.t. } px \le m, x \in R_+^n \qquad (2-1)$$

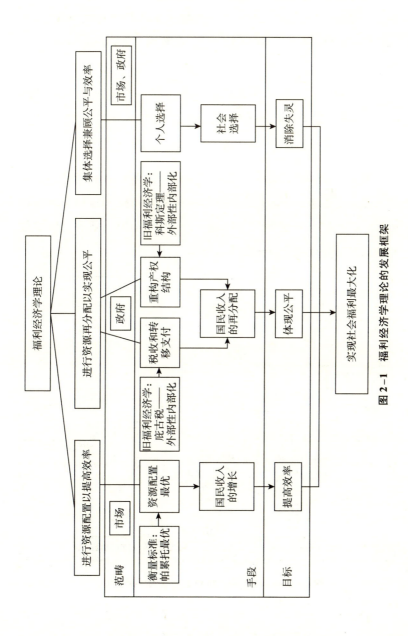

图 2 - 1 福利经济学理论的发展框架

其中，使得效用最大化的消费束是收入（预算约束）和商品价格的函数，即 $x(p, m)$，该函数被称为马歇尔需求（Marshallian Demand）函数，又被称为普通需求（Ordinary Demand）函数。

支出最小化是效用最大化的对偶问题，因此支出函数 $e(p, u)$ 是间接效用函数的逆函数：

$$e(p, u) = \min px, \text{ s. t. } u(x) \geqslant u, x \in R_+^n \qquad (2-2)$$

其中，使得支出最小化的消费束是一定效用水平和商品价格的函数，即 $h(p, u)$，该函数被称为希克斯需求（Hicks Demand）函数，又被称为补偿需求（Compensated Demand）函数。间接效用函数和支出函数之间的关系如图 2-2 所示。

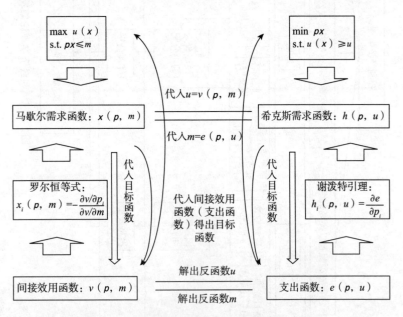

图 2-2　间接效用函数和支出函数之间的关系

消费者愿意为商品支付的价格是由边际效用（$\partial u / \partial x$）决定的，而消费者实际支付的价格是由市场上商品的供求关系决定的，从而使得消费者获得的实际利益超出实际付出的代价。消费者获得的利益和付出的代价之间的差额，就是消费者剩余（Consumer Surplus，CS）。如果需求函数是连续的，当商品价格由 p_1 变化到 p_2 时，消费者剩余的变化可以用马歇尔需求函数表示为（萨缪尔森、诺德豪斯，2013）：

$$\Delta CS = \int_{p_1}^{p_2} x_i(p_i,m)\,\mathrm{d}p_i \qquad (2-3)$$

补偿变化（Compensating Variation，CV）指的是在价格变化后，通过对消费者收入变动调整（如征税、补贴）所带来的效用变动，刚好使得其效用与价格变化前一样好。例如，两种商品在价格变化前的价格分别为 p_1、p_2；价格变化后，商品 1 的价格变化为 p'_1，商品 2 的价格不变。当 $p'_1 > p_1$，即商品价格上升，补偿变化是需要补贴消费者收入的货币数量，此时 $CV>0$；当 $p'_1 < p_1$，即商品价格下降，补偿变化是从消费者的收入中取走的货币数量，此时 $CV<0$。那么，CV 参照的是价格变化前的效用水平 u^0，为确保价格的变化，需要对收入进行的调整可以表示为公式（2-4）。对公式（2-4）进行变化后，可以得到补偿变化的表达公式（2-5）。

$$v(p_1,p_2;m) = v(p'_1,p_2;m+CV) \qquad (2-4)$$

$$CV(p_1,p'_1) = \int_{p'_1}^{p_1} h_1(\boldsymbol{p},u^0)\,\mathrm{d}\boldsymbol{p} = e(p_1,p_2;u^0) - e(p'_1,p_2;u^0) \qquad (2-5)$$

等价变化（Equivalent Variation，EV）指的是价格变化前，通过对消费者收入变动调整（如征税、补贴）所带来的效用变动，刚好使得其效用与价格变化后一样好。同样地，对于两种商品，当 $p_1 < p'_1$，即商品价格上升，等价变化是需要减少消费者收入的货币数量，此时 $EV<0$；当 $p_1 > p'_1$，即商品价格下降，等价变化是需要补贴消费者收入的货币数量，此时 $EV>0$。EV 参照的是价格变化后的效用水平 u^1，为防止价格的变化，需要对收入进行的调整可以表示为公式（2-6）。对公式（2-6）进行变化后，可以得到等价变化的表达公式（2 - 7）。

$$v(p_1,p_2 ; m + EV) = v(p'_1, p_2 ; m) \qquad (2-6)$$

$$EV(p_1,p'_1) = \int_{p'_1}^{p_1} h_1(\boldsymbol{p}, u^1) \mathrm{d}\boldsymbol{p} = e(p_1,p_2 ; u^1) - e(p'_1,p_2 ; u^1) \quad (2-7)$$

使用消费者剩余、补偿变化和等价变化来衡量的效用变化并不是等价的。由 Slutsky 方程可以得到：

$$\partial x_i(\boldsymbol{p_x},m,q)/\partial p_i = \partial h_i(\boldsymbol{p_x},q ; u)/\partial p_i - x_i \partial x_i(\boldsymbol{p_x},m,q)/\partial m \quad (2-8)$$

因此，在价格上升时，有 $0 < (WTA = CV) \leqslant \Delta CS \leqslant (WTP = EV)$；在价格下降时，有 $(WTP = CV) \leqslant \Delta CS \leqslant (WTA = EV) < 0$。

（三）支付意愿和受偿意愿

由于生态政策的作用对象往往缺乏用于计算值的市场价格，通过创造假想的市场可以反映消费者对研究对象的偏好。如果环境质量朝着消费者希望的方向变化，如休耕政策的实施让流域内居民感受到个人福利的改善，他们可能会愿意支付一定金额来确保这一改善的实现，这部分金额反映了他们对环境质量改善的经济价值估计；反之，如果生态环境的变化使流域内居民的福利状况更糟糕，他们可能会愿意接受一定金额的补偿来允许环境质量的退化。由此，环境经济学中常用支付意愿（Willingness to Pay，WTP）和受偿意愿（Willingness to Accept，WTA）测度生态政策实施前后消费者效用的变动。

消费者的效用可以表示为商品消费束 $\boldsymbol{x}$ 和环境物品（Environmental Good） q 的函数 $u(\boldsymbol{x},q)$，此时消费者效用最大化可以表示为：

$$\max u(\boldsymbol{x},q), \text{s. t.} \sum p_i x_i \leqslant m ; \boldsymbol{x}, q \in R_+^n \qquad (2-9)$$

求解公式（2 - 8）可以得到消费束的马歇尔需求函数为 $x_i =$

$x_i(\boldsymbol{p}_x, m, q)$，间接效用函数为 $v(\boldsymbol{p}_x, q; m)$；根据图 2-2，求解效用最大化的对偶问题，得到消费束的希克斯需求函数 $h_i = h_i(\boldsymbol{p}_x, q; u)$，支出函数 $e(\boldsymbol{p}_x, q; u)$。当消费者将环境物品作为一种消费商品时，同理可以得到环境物品的希克斯需求函数，即 $q = h_q(\boldsymbol{p}_x, p_q; u)$；环境物品的价格（$p_q$）可以由逆希克斯需求对 q 求微分得到［见公式（2-10）］，即消费者对环境物品的边际支付或受偿意愿。

$$p_q = - \partial e(\boldsymbol{p}_x, q; u) / \partial q \qquad (2-10)$$

公式（2-10）中环境物品数量变动与价格变动之间的关系可以分别由 CV 和 EV 来表示。当环境物品价格上升时，WTP = EV，是消费者为了避免环境物品价格上涨而愿意支付的价格；WTA = CV，是消费者支持环境物品价格上涨而愿意接受的补偿。当环境物品价格下降时，WTP = CV，是消费者为促成环境物品价格下降而愿意支付的价格；WTA = EV，是消费者同意保持环境物品价格不下降而愿意接受的补偿。由于 CV 和 EV 的计算过程中，商品的消费数量能够自由变动，所以消费者可以对商品数量进行调整达到最优效用；而对于环境物品，其质量或数量只可能是变化前或变化后的一种状态，消费者不能对其进行自由选择。因此，在环境经济学研究中，学者经常使用"剩余"（Surplus）而非"变动"（Variation）来衡量消费者支付或受偿价格的变化（黄有光，1991），如表 2-1 所示。

表 2-1　支付、受偿意愿与消费者剩余

	$q_0 < q_1$	$q_0 > q_1$
CS（事前）	获取的 WTP	同意的 WTA
ES（事后）	放弃的 WTA	规避的 WTP

表 2-1 中，补偿剩余（Compensating Surplus，CS）和等价剩余（Equivalent Surplus，ES）代表消费者的支付或受偿意愿，q_0

为环境物品变化前的价格，q_1 为环境物品变化后的价格。根据公式（2-5）~公式（2-7），CS 和 ES 可以表示为：

$$CS(q_0,q_1) = e(\boldsymbol{p_x},q_0;u^0) - e(\boldsymbol{p_x},q_1;u^0) \qquad (2-11)$$

$$ES(q_0,q_1) = e(\boldsymbol{p_x},q_0;u^1) - e(\boldsymbol{p_x},q_1;u^1) \qquad (2-12)$$

二　价值评估理论

对生态系统服务的价值评估是一项复杂而又有争议的任务：一方面，负责保护和管理自然资源的机构需要自然资源的价格信息来帮助它们做出资源配置的决策；另一方面，经济学家又经常因试图为自然资源贴上"价格标签"而被批评。然而，经济决策往往是基于明确或是隐含的社会价值观，通过对价值进行评估可以将这一价值观量化，用于证明和确定生态系统恢复方案的经济性，明确政策或行动的优先级。因此，我们需要对生态环境状况及其变化的经济价值进行评价和估计。

（一）评估对象

生态系统服务的价值可以分为时点上的存量价值和时段上的流量价值，存量和流量的概念往往是造成不同价值评估实证研究结果迥异的重要原因。存量评估是对生态资产的评估，通过面积、生物量、蓄积量等指标来确定资产的实物量，存量价值是在市场和非市场交换中一次性取得这些生态资产所有权的交易价格，如覃雯霞（2014）对森林资产的价值评估。存量评估往往被用于对比生态系统服务价值在不同时间点的变动（存量资产的变动），从而判断生态资产的可持续性。流量评估是对一段时间内生态系统为人们提供产品和服务价值的评估，关注的是生态系统服务的价值，如 Costan-za 等（1997）对全球生态系统服务价值的核算。流量价值反映的是生态环境与人类福祉之间的关联，往往被用于政策制定的成本收益分析。由于流量价值能够体现生态环境效益的外部性，且与微观个体效用直接相关，所以经济学更偏重于在边际分析的基础上对生态系统服务进行价值评估。

生态系统服务（Ecosystem Services，ES）更为全面的叫法是"生态系统的产品与服务"（Ecosystem Goods and Services），这一概念最早出现于 1970 年的 *Report of the Study of Critical Environmental Problems*（Wilson & Matthews，1970）和 1981 年的 *Extinction：The Causes and Consequences of the Disappearance of Species*（P. Ehrlich & A. Ehrlich，1981）中，用于反映生态系统对人类社会的重要作用，随后得到了越来越多的关注。ES 概念的发展反映了生态系统功能的商品化历程，从时间上可以分为起源与形成（20 世纪 70 ~ 80 年代）、主流化（20 世纪 90 年代）和市场衔接（20 世纪 90 年代和 21 世纪早期）三个阶段，如图 2 - 3 所示。

生态系统服务地位的确立来自千年生态系统评估（Millennium Ecosystem Assessment，MA），MA（2005）将 ES 定义为人类直接或者间接地从生态系统的功能中获得的各种收益。ES 的概念建立了生态系统与人类社会之间的价值关系，并在发展过程中逐渐与以下生态学的概念区分开来：①生态系统进程（Ecosystem Process）是指构成生态系统的生物及非生物因素为达到一定的结果（物质、能量和信息的传输）而发生的一系列复杂的相互作用（Odum，1971）；②生态系统功能（Ecosystem Function）是指生态系统为人类提供直接或间接生态系统服务的关键进程（MA，2005），分为调节功能（Regulation Function）、生境功能（Habitat Function）、产出功能（Production Function）和信息功能（Information Function）四大类（De Groot，1992）。目前，生态系统服务的概念被广泛应用于生态和环境政策的制定，例如生态系统服务市场（Bayon，2004）和生态系统服务付费计划（PES）（Landell-

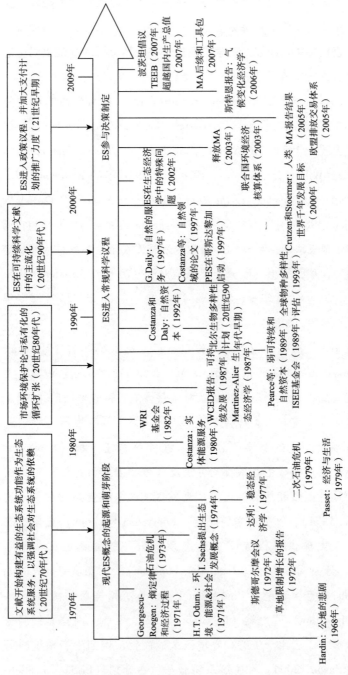

图 2-3　生态系统服务概念发展的脉络

资料来源：Gomex-Baggethun 等（2010）。

Mills & Porras, 2002；Pagiola et al., 2005）。

不同学者对生态系统服务进行了分类，以避免在价值评估过程中有遗漏或重复计算。Daily（1997）在服务的表现形式上做出了开创性的工作，将人类从生态系统中获得的有形和无形的收益称为"生态系统服务"，并将生态系统服务概括为 10 项内容：缓解干旱和洪水、废物的分解和解毒、产生和更新土壤及其肥力、植物授粉、农业害虫的控制、稳定局部气候、物质生产、缓解气温巨变和海浪冲击、支持不同的人类文化传统、提供美学和文化娱乐。Costanza 等（1997）则更多地从经济价值角度对全球主要的 16 类生态系统进行分析，提出了 17 项生态系统服务。De Groot 等（2000）在此基础上对生态系统提供的服务进行了更加详细的分类，即共分为四大类（调节服务、生境服务、生产服务、信息服务）和 23 个小类。目前使用范围最广的分类标准是由联合国环境规划署（UNEP）在 2003 年千年生态系统评估项目中提出的（MA, 2003），其将生态系统服务划分为支持（Supporting）、供给（Providing）、调节（Regulating）、文化（Cultural）四大类，并进一步细分为 23 个小类，对 10 个生物群系的 1100 个价值进行了识别。

（二）评估范围

生态系统服务价值是衡量生态系统服务对人类重要性的指标，从外部性的角度可以划分为使用价值和非使用价值（Pearce & Moran, 1994）：使用价值是现在或未来的生态系统产品提供的福利，包括直接使用价值、间接使用价值和部分选择价值；非使用价值则是通过当代人的努力为后代人留下的可能获得的福利，包括部分选择价值、馈赠价值和存在价值（见图 2-4）。McNeely 等（1990）根据生态系统服务是否具有实物形态，将外在价值分为直接价值和间接价值：直接价值与生物资源消费者的直接享用和满足有关，其中包括消费使用价值、生产使用价值；间接价值主要包括非消费使用价值、选择价值、存在价值。从直接使用价值到存在价值，系统价值的外部性越来越强，因而也越来越难以被货币化。

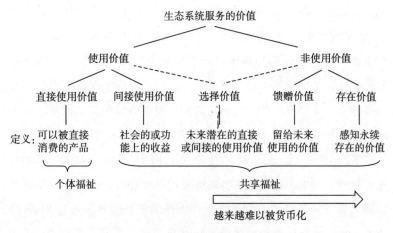

图 2 - 4　生态系统服务价值的内涵

显然，人们从生态系统中获得的收益不是仅包括上述价值中的一种。因此，价值评估的范围应当是从生态系统中获得的所有相关使用和非使用价值的总和。

（三）评估方法

广义上的生态系统服务价值评估包括生物物理学评估和经济价值评估两类。

生物物理学评估能够对生态系统的存量进行评估，或用于间接估计一定存量的生物量所能提供的流量。通过生物物理学方法评估存量，可以提供不同时间和空间下人们从生态系统中获取服务的范围和数量（EPA，2000）。同时，结合一定的技术手段（如卫星图像、GIS 等），生物物理学评估方法可以为政策的设计提供以下两个方面的好处：一是便于与非技术性的政策制定者进行信息的传递和交流；二是便于对不同时空尺度下的生态系统进行监控（MA，

2005）。但是生物物理学评估也存在一定的缺点：通常情况下，生物物理学评估的结果是生态系统服务的一个聚合值，不能详细反映各类指标的好坏（Viglizzo et al.，2012）；由于缺乏合适的市场价格，生物物理学评估不能全面反映生态系统服务的全部收益和复杂性（Layke，2009），因此难以用于成本收益分析。

相对于生物物理学评估，经济价值评估能够提供与成本和收益相关的信息，从政策制定的角度来看更具优势。表 2 - 2 全面呈现了现有的经济价值评估方法①，分为基于成本的方法、显示偏好法、陈述偏好法和其他方法。经济价值评估也可以有其他分类方法，如 Chee（2004）根据市场信息完全与否分为市场价值法、替代市场价值法、假想市场价值法。此外，还可以划分为主观评价法（Objective Valuation Approach）和客观评价法（Subjective Valuation Approach），主观评价法根据人们的意见或根据对人们行为的观察对可能的损害进行间接估计，如直接询问法、观察法；客观评价法直接根据环境变化所造成的物质影响进行评价，如受损函数（Garrod & Willis，1999）。

本书所采用的方法，由于包含非使用价值而采用了陈述偏好法中的条件价值评估和选择实验方法，其是以公众偏好为基础评估社会福利变化的政策分析工具。此外还包括效益转移方法，基于本书对流域内不同位置居民的效用函数计算效益转移。

（四）实证框架

目前具有影响力的生态系统服务价值评估的实证框架主要有五个（见表 2 - 3），这五个实证框架有着各自不同的特点，最大不同体现在价值计算方式上，可将之分为货币价值评估、非货币

---

① 不能对价值进行量化的评估方法并未包括在内。如前所述，陈述偏好法大类下，还包括条件打分和条件排序的方法，但二者是以序数效用论为基础的，无法对价值量化。

表 2 - 2 资源环境价值的经济价值评估方法汇总

方法		应用	优势和局限
基于成本的方法 Cost - based	重置成本 Replacement Cost	当人类活动对环境造成破坏时，重建这一环境资产在现行市场条件下所必须支付的全部货币价值总额	粗略衡量生态环境与消费商品之间替代程度，相对于收益，成本的计算更加快速和便捷。
	替代成本 Substitute Cost	用于衡量代替某些生态系统服务，人工建造所需要的成本	系统服务常不能精确测量；不能反映个人对生态系统服务的偏好；投资收益要远大于重置的成本，因此缺乏政策价值（政策上很难找到相应的重置参照物，缺乏公众支持
	规避风险支出 Damage Cost Avoided	环境质量下降对人们健康造成了危害，人们为避免这一类危害所进行的投入	析）；在市场上很难找到相应的重置参照物，缺乏公众支持
	市场价格 Market Price	针对存在于市场的生态系统服务，收集市场上生态系统服务和属性的相关信息，价格与数量相乘就是市场价值的真实反映	基于市场价格对价值的衡量，反映了真实的支付意愿，可以用于计算者剩余；市场价格并不总是可用，可能存在由外部性导致的市场价格扭曲；需要收集大量的实验数据，才能估量生态系统服务对产品数量和价格
显示偏好法 Revealed Preference	生产函数 Production Function	估算生态环境对生产和消费活动的经济贡献，并根据实际的生产和消费活动价值计算生态系统服务的价值	影响的信息；旅行费用法仅能用于娱乐收益，且当旅行存在多个目的地时这一方法变得非
	旅行费用 Travel Cost	依据实际的旅行成本数据导需求曲线	常困难
	享乐价值 Hedonic Pricing	通过对比，提取生态环境对商品价格的影响，价格的差异反映了生态系统服务的价值	

续表

方法		应用	优势和局限
陈述偏好法 Stated Preference	条件价值评估 Contingent Valuation	建立用于生态系统服务交易的假想市场，测度人们对生态系统服务的支付意愿和受偿意愿	能够反映人们对生态系统服务的偏好，是唯一可用于测算使用价值和非使用价值的方法。策略偏差：在人们真的需要付费时会少报WTP，反之则会高报WTP。假想偏差：由假想市场造成的，缺乏真实市场的奖惩激励而造成的偏差。信息提供：人们缺乏衡量生态福利价值的先验信息
	联合分析 Conjoint Analysis	选择分析不同生态系统服务，基于不同的价格或成本，收集人们对不同生态系统服务产品或服务的偏好信息	
	选择实验 Choice Experiment	被调查者从一系列具有属性的备选项中选出他们认为最优的选项，通过假定效用函数的形式计算价值	
其他方法 Others	效益转移 Benefit Transfer	单元值转移、基于同一个背景（流域、区域、国家）获得的结果，经过调整后用于评估另一相似背景下的生态系统服务价值，也可用于不同背景下研究结果的对比；函数转移，包括偏好校准和荟萃分析转移，对同一主题不同结果的分析，收集已有或未发表的具有某一可比特性的文献，对其特定的应用的设计和统计学方法进行分析与综合评价	用于快速计算，减少了价值评估的成本。受限于已有研究结果；即使背景相似，很多因素的变化也会非常大，得到的结果很可能不准确。避免了局限性，分析结果更全面可靠。文献转移过程、对象和指标可能存在偏差；需要收集大量高质量文献及其分析所用数据

价值评估、结合货币价值和非货币价值的评估三类（TEEB in Local and Regional Plicy，2010）。其中，货币价值评估的代表性实证框架是全价值评估框架（Total Economic Value，TEV）；非货币价值评估的代表性实证框架是关键生物多样性区域（Key Biodiversity Areas，KBA）、关键自然资本（Critical Natural Capital，CNC）；结合货币价值和非货币价值评估的代表性实证框架是千年生态系统评估（Millennium Ecosystem Assessment，MA）、可持续生计分析（Sustainable Livelihoods Approach，SLA）。

表 2 – 3　生态系统服务价值评估的实证框架

实证框架	评估重点	目标
MA	经济 – 生态属性	将生态系统提供的服务进行价值视角的分类，对系统性议题进行了说明（如恢复力）
TEV	经济属性	对生态系统服务价值进行货币化估计，并考虑生态系统的内在价值
KBA	生态属性	根据生态标准划分的优先区域，关注生态系统的生物和物理进程
CNC	生态属性	根据生态价值和生存压力指定的生态系统优先保护区域
SLA	可持续发展属性	与社会福利和经济效益相关，包含能力建设和风险暴露的社会文化评估方法

（1）MA 框架注重于研究生态系统如何影响人类福祉与贫困（MA，2005）。将生态系统服务划分为供给、调节、支持、文化四大类，定性和定量评价了这四大类服务如何影响人类福利中的安全、维持高质量生活的基本条件、健康、良好的社会关系、自由与选择。MA 提出了评估生态系统与人类福祉之间相互关系的框架，并初步建立了多尺度、综合评估它们各个组分之间相互关系的方法，首次在全球尺度上系统、全面地揭示了各类生态系统的现状和变化趋势、未来变化的情景和应采取的对策，其评估结果为履行有关的国际公约、改进与生态系统管理有关的决策制定过

程提供了充分的科学依据。

（2）TEV 和 MA 类似，都是考虑生态系统是如何影响人类福利的，与 MA 不同的是，TEV 仅对生态系统的经济价值进行评估，而非经济价值福利（如健康、社会关系、安全）不计入评估范围。TEV 将生态系统的直接使用价值、间接使用价值、选择价值、非使用价值加总，得到生态系统的总价值。

（3）KBA 作为生态系统评估方法的一种，是快速评价具有全球重要性物种资源的生态区域方法。生态系统评估是对生态系统服务价值优先次序进行排列的一种方法，其本身并不是一种经济学方法，而是从生态学的观点划分生态系统的重要性。KBA 是按照生态系统内部物种多样性状况和分布状况对生态区域的重要性进行排列（Langhammer et al. , 2007）。

（4）CNC 是指实现重要环境服务且不能被人造资本所替代的自然资本（Chiesura & De Groot, 2003），如臭氧层，CNC 也属生态评估的范畴。1997 年欧洲委员会发起的关键自然资本与强可持续性标准（CRITINC）构造了识别 CNC 的理论框架，研究并推行强可持续性标准来维持 CNC 的存量。该框架提及的 CNC 服务至少体现在以下方面：提供资源、生命支持、调节、人类健康、社会文化、可持续性等。

（5）SLA 是一种分析个体、家庭、团体如何在长期内确保自己福利水平的框架（Serrat, 2008；Carney, 2003）。英国国际发展部（UK's Department for International Development, DFID）2000 年建立了 DFID 模型来进行 SLA（Goldman, 2000）。SLA 不仅对生态系统的经济价值进行了分析，还包含其他形式的资本，如人力资本、社会资本、自然资本、物化资本、金融资本。SLA 的关键问题是自然冲击和季节性变化将如何影响人们的生计，以及如何减少贫困。

三　离散选择理论

离散选择模型（Discrete Choice Model）的研究兴起于 19 世纪 50 年代，属于微观计量经济学的范畴。该模型能够对个体和家庭行为进行经验性的统计分析，因而在经济学及其他社会科学中得到了广泛的应用。本节首先讨论离散选择模型选择集的特征，这是进行模型分析的基础与前提；其次，以随机效用理论为基础推导出离散选择概率；最后，介绍常见的三种离散选择模型，即 Logit 模型、Probit 模型与 Mixed Logit 模型，并说明不同模型的理论背景及应用条件。

（一）选择集

离散选择模型描述了决策主体（个人、家庭、企业或者其他的决策单位）在不同的选项（如竞争性产品、行为的方案等）之间做出的选择（Train，2009）。选择集（Choice Set）是指可供决策主体选择的备选项的集合，它需要满足以下三条性质。①互斥性，决策主体一旦选中选择集中的任何一个元素，就不能再选择其他元素，即不同选择项之间互相排斥，彼此不能兼容。②完备性，在特定情景下决策主体所面临的各种选择项都包含在选择集中，即选择集中的每个元素都是决策主体可能选择的结果。③有限性，选择集中的元素是有限的，即决策者所有可能的选择结果是可以穷尽的，这保证了选择过程的有效性和可操作性。

选择集的上述三条性质中，互斥性和完备性是非限制性约束，通过对选择项进行恰当定义，可以保证选择项之间彼此互斥，也能够实现选择集的完备性。而有限性则是限制性约束，即离散选择模型必须满足有限性的条件，这一条件是离散选择模型的定义性特征，也是将离散选择模型的应用领域和回归模型的应用范围区别开来的依据。因为回归模型的因变量多是连续的，意味着有无限多可能的结果，而离散选择模型的选择项都是离散变量，选择项的数量是有限的、可以穷尽的。离散选择模型又被称为品质反应模型（Qualitative Response Models）（Train，2009），品质是相对于数量而言的，并认为区分回归模型和离散选择模型的关键在于：回归模型是关于数量的选择，往往用"有多少"来提问，选择集往往是无限的；而品质反应模型的因变量，往往用"哪一个"来提问，选项集往往是离散的、有限的。但实际上，离散变量和连续变量的区分并不总是有意义的，例如提问"家庭轿车拥有量"时，也可以用"有多少"来提问，因而不能作为研究者是否决定选择离散选择模型进行研究的依据；同时也有很多连续变量用离散变量形式表示并不会降低其精度，有时反而会提高精度（聂冲、贾生华，2005）。

（二）随机效用理论

离散选择模型通常是在决策者效用最大化行为假设下推导出来的。Thurstone（1927）从心理激励的角度，提出了比较判别定律（Law of Comparative Judgement），该定律指出选择项 i 被感知的激励水平和真实的激励水平之间存在一个服从正态分布的误差项，即 $V_i + \varepsilon_i$；Marschak 和 Arrow（1960）将这种感知到的激励 $V_i + \varepsilon_i$ 解释为效用，并在效用最大化条件下推导了选择项 i 被选择的概率，之后，他们将效用最大化下推导出的选择模型称为随机效用模型（Random Utility Maximization，RUM），但这并不意味着随机效用理论就排除了非效用最大化行为下的决策主体的其他选择行为。随机效用模型（RUM）的推导基于以下假设：①决策主体 n 在 J 个选择项中进行选择，每种选择都带给其一定的效用水平，决策主体 n 从选择项 j 中获得的效用记为 U_{nj}，$j = 1$，2，…，J；②决策者基于效用最大化原则进行选择，因而决策者

n 在所有 J 个选择项中选择 i 的条件为 $U_{ni} \geqslant U_{nj}$，$\forall j \neq i$。此时，决策者 n 从选择项 j 中获得的效用 U_{nj} 可表示为：

$$U_{nj} = V_{nj} + \varepsilon_{nj} \qquad (2-13)$$

其中，V_{nj} 为效用的可观测部分，又被称为代表性效用（Representative Utility），V_{nj} 表示为 $V_{nj} = V_{nj}(X_{nj}, S_n)$，$X_{nj}$ 为备选项的属性，S_n 为决策主体的社会经济特征。ε_{nj} 为效用的不可观测部分，包括那些影响效用水平但不属于 V_{nj} 中的因素，表示实际效用 U_{nj} 与可观测效用 V_{nj} 之间的差距，将其看作随机项，随机向量 $\varepsilon_n = (\varepsilon_{n1}, \varepsilon_{n2}, \cdots, \varepsilon_{nJ})$ 的概率密度函数表示为 $f(\varepsilon_n)$，则决策者 n 选择 i 的概率可表示为：

$$
\begin{aligned}
P_{ni} &= Prob(U_{ni} \geqslant U_{nj}, \forall j \neq i) \\
&= Prob(V_{ni} + \varepsilon_{ni} \geqslant V_{nj} + \varepsilon_{nj}, \forall j \neq i) \\
&= Prob(\varepsilon_{nj} - \varepsilon_{ni} \leqslant V_{ni} - V_{nj}, \forall j \neq i) \\
&= \int I(\varepsilon_{nj} - \varepsilon_{ni} \leqslant V_{ni} - V_{nj}, \forall j \neq i) f(\varepsilon_n) \, d\varepsilon_n
\end{aligned}
$$

$$(2-14)$$

其中，$I(\cdot)$ 表示的是示性函数，当括号内的条件成立时，$I(\cdot)$ 等于 1，否则等于 0。不同的离散选择模型是通过对不可观测效用 ε_n 的概率密度函数 $f(\varepsilon_n)$ 的不同设定而获得的。当假设不可观测效用 ε_n 服从 IID 分布（独立同分布）时，多元积分式具有完全封闭形式，即存在解析解，Logit 模型和嵌套 Logit 模型都满足 IID 分布的假定；Probit 模型假定不可观测效用 ε_n 服从多元正态分布，Mixed Logit 模型假设 ε_n 由两部分组成，一部分服从研究者指定的任何分布，另一部分服从 IID 分布，这两种离散选择模型的选择概率不具有完全封闭形式，对概率的估计采用数学仿真的形式。

（三）常见离散选择模型

不同离散选择模型是通过对概率密度函数 $f(\varepsilon_n)$ 的不同设定

而推导出来的，所有的离散选择模型都是在完善 Logit 模型局限性的基础上发展而来的，本节依次对 Logit 模型、Probit 模型和 Mixed Logit 模型进行介绍。在对 $f(\varepsilon_n)$ 的设定形式上，Logit 模型是完全封闭式独立同分布的极值分布，Probit 模型是完全仿真式的多元正态分布，Mixed Logit 模型是半封闭半仿真式的混合分布。

1. Logit 模型

Logit 模型是 Luce（1959）通过对选择概率的特性进行假设推导而来的，引入了"无关选择项独立性"（Independent from Irrelevant Alternatives，IIA）的假定，即对特定个体，其选择一组选项中任何两项的概率比不随其他选项的加入或者剔除而变化。Marschak 和 Arrow（1960）证明了在一个有限的范围内，具备 IIA 特性就意味着是随机效用模型。Logit 模型与不可观测效用 ε_n 之间的联系是由 Marley 发展而来的，他揭示了极值分布导致 Logit 模型的产生。McFadden（1974）也进一步论证了用于选择概率的 Logit 模型必然暗含着不可观测效用 ε_n 服从极值分布。

在 $U_{nj} = V_{nj} + \varepsilon_{nj}$ 中，Logit 模型假设每一个 ε_{nj} 服从 I 型极值分布，效用函数中不可观测部分 ε_{nj} 的概率密度函数和累积概率分布函数分别为：

$$f(\varepsilon_{nj}) = e^{-\varepsilon_{nj}} e^{e^{-\varepsilon_{nj}}}; F(\varepsilon_{nj}) = e^{-\varepsilon_{nj}} \qquad (2-15)$$

ε_{nj} 分布的方差为 $\pi^2/6$，均值不为 0。因为 ε_{ni} 与 ε_{nj} 都服从 IID 的极值分布，进而两者的差额 $\varepsilon_{nji}^* = \varepsilon_{nj} - \varepsilon_{ni}$ 服从 Logistic 分布，相应密度函数为：

$$P_c(i) = \frac{e^{V_{ni}}}{\sum_{j \in c} e^{V_{nj}}} \qquad (2-16)$$

由于选择概率公式的封闭性和易于解释，Logit 模型成为使用最为广泛的离散选择模型，但它在处理实际问题中也存在以下三个方面的局限性。①不能表示出非系统因素对决策者选择的影响。Logit 模型只能表示出可观测特性的变化对决策者选择的影响，而不能处理随机因素的变化对选择的影响，即决策者所表现出的口味变化不能与可观测的特性相关的口味有所差异。②替代形式。Logit 模型在给定研究者代表性效用的设定时，暗含了选择项之间成比例的替代，即 Logit 模型具有 IIA 特性。具备 IIA 特性意味着选择项 i、j 的概率之比与在包含这两个选项的选项集 c 中选择 i、j 的概率之比是相同的，即 $\dfrac{P_{(i,j)}(i)}{P_{(i,j)}(j)} = \dfrac{P_c(i)}{P_c(j)}$。这一特性在多数情形下是符合实际的，但在一些情况下则不成立，如"红巴士/蓝巴士"难题中（Chipman，1960；Debreu，1960）。③跨时间的重复选择情景。如果那些影响决策者效用的不可观测因素在重复选择中是独立的，则 Logit 模型就可分析决策过程中可观测因素的相关动态性。然而，Logit 模型无法处理与不可观测因素相关的动态性，因为该模型假设不可观测因素在不同的选择项之间是不相关的。

2. Probit 模型

Probit 模型是假定不可观测效用 ε_{nj} 服从联合正态分布时推导出来的。Thurstone（1927）使用心理激励推导出能够区分不同激励水平的二元 Probit 模型，Marschak 和 Arrow（1960）将其解释为经济学上的效用。Probit 模型能够解决 Logit 模型的上述三种局限性，但其本身唯一的局限性体现在要求不可观测效用部分 ε_{nj} 服从正态分布 $\phi(\varepsilon_n)$，因为在许多情形下，不可观测变量并不服从正态分布。Probit 模型的选择概率为：

$$P_{ni} = Prob(V_{ni} + \varepsilon_{ni} \geqslant V_{nj} + \varepsilon_{nj}, \forall j \neq i)$$

$$= \int I(\varepsilon_{nj} - \varepsilon_{ni} \leqslant V_{ni} - V_{nj}, \forall j \neq i)\phi(\varepsilon_n)\,\mathrm{d}\varepsilon_n \quad (2-17)$$

上述积分公式是非封闭性的，只能通过数学模拟进行估计，主要的模拟方法有瞬间模拟、极大似然模拟、GHK 模拟等。Hajivassiliou 等（1996）对众多的 Probit 模型采用的模拟方法进行了综述。

3. Mixed Logit 模型

Mixed Logit 模型又被称为随机参数 Logit 模型，因为其具有高度的灵活性，且广泛包含任何形式的混合分布，所以它可以近似于任何随机效用模型（聂冲、贾生华，2005）。它不仅可以解决标准 Logit 模型的三种局限性，效用不可观测部分 ε_n 也不受限于正态分布。由 Boyd 和 Mellman（1980）、Cardell 和 Dunbar（1980）共同创建的汽车需求模型是 Mixed Logit 模型的早期应用，随着简单模拟方法的发展（Revelt & Train，1997），Mixed Logit 模型得到了更广泛的运用，如 Brownstone 和 Train（1999）在横截面数据上的运用，Bhat（2003）在面板数据上的运用。在 Mixed Logit 模型中，个体选择所获得的效用能够被分解为：

$$U_{ni} = X'_{ni}\beta + \xi_{ni} + \varepsilon_{ni} \tag{2-18}$$

其中，X_{ni} 为可观测效用部分 V_{ni} 中影响效用水平的因素，既包括被选项的属性特征，也包含决策者 n 的经济社会特征；误差项 ξ_{ni} 允许选项之间存在相关性，同时也满足个体之间的异质性要求；ε_{ni} 服从 IID 分布。ξ_{ni} 的分布可由研究者根据需要进行指定，常见的有正态分布、对数正态分布、均匀分布。Mixed Logit 模型的概率函数为多项 Logit 模型在其密度函数上的积分形式（刘振、周溪召，2006），表示为 [其中，$L_{ni}(\beta)$ 为待估参数 β 的多项 Logit 模型概率]：

$$P_{ni} = \int L_{ni}(\beta) \cdot f(\beta/\theta)\,d\beta;\ L_{ni}(\beta) = \frac{e^{V_{ni}(\beta)}}{\sum_{j \in c} e^{V_{nj}(\beta)}} \tag{2-19}$$

进而 Mixed Logit 模型的概率可以表示为：

$$P_{ni} = \int \frac{e^{V_{ni}(\beta)}}{\sum_{j \in c} e^{V_{nj}(\beta)}} \cdot f(\beta/\theta)\,d\beta \tag{2-20}$$

其中，$f(\beta/\theta)$ 是某种分布的密度函数，Mixed Logit 模型的选择概率可以看作多个 Logit 模型选择概率的加权平均数，$f(\beta/\theta)$ 决定权重，也因此被称为混合 Logit 模型。参数 β 的密度函数是通过一定的参数空间 θ 来描述的，如正态分布的密度函数通过均值 μ 和方差 δ^2 来表示。普通 Logit 模型只需要估计参数 β，Mixed Logit 模型需要估计参数 β 的均值和方差两个参数，由此使得 Mixed Logit 模型摆脱了 IIA 假设的限制，不同选择项的交叉弹性可以不同。同时，Mixed Logit 模型可以捕捉到选择项的不可观测效用，体现了个体的偏好异质性。Mixed Logit 模型也是离散选择模型的通用形式，任何其他离散选择模型都可以在一定条件下通过 Mixed Logit 模型转换得到。因此，Mixed Logit 模型能够趋近于任何其他随机效用模型（Train，2009）。

四　本章小结

本章阐述了休耕社会福利评估的理论基础，包括福利经济学理论、价值评估理论和离散选择理论。在福利经济学理论分析部分，从福利经济学的不同流派过渡到本书将要使用的社会福利测量标准——希克斯补偿剩余的 WTP 方法；在价值评估理论分析部分，从评估对象、评估范围、评估方法、实证框架四个方面对自然资源价值评估理论进行了综述；在离散选择理论分析部分，基于随机效用理论对典型的 Logit 模型、Probit 模型和 Mixed Logit 模型的概率形式进行了介绍。

第三章 ◀

休耕社会福利评估的问卷设计

由于缺乏被评估环境物品的市场价格信息，SP 方法只能在假想的环境市场中寄希望于受访者能够根据个人偏好理性地做出真实的选择。为构建一个"可信的"假想环境市场，其核心是问卷设计。研究者要选择合适的支付方式及价值引导技术，为受访者提供关于研究对象的背景知识，从而唤起受访者对生态环境的价值感知。在假想的环境市场中，受访者权衡个人从相关生态系统服务增加中获得的收益和所要付出的成本，或是权衡个人因相关生态系统服务减少所受到的损失和所能够获取的收益，在问卷上表达个人真实的偏好（Mitchell，2002；Mitchell & Carson，1989）。

如前所述，选择实验（CE）逐渐成为发达国家应用最广泛的环境物品价值评估方法之一。CE 在一定的假想市场中，通过受访者的选择建立和估计偏好函数，得到以个体补偿剩余计算的环境物品的价值。作为前沿的 SP 方法，CE 适用范围的广泛性和价值评估的完整性都预示着其在中国等发展中国家中也有广阔的应用前景。但与条件价值评估类似，被调查者对假想市场的理解程度直接影响福利分析的准确性。为了使得 SP 方法更为有效地获得受访者的偏好信息，我们需要对调查问卷进行仔细研究、精心设计，在已有 SP 方法关于问卷设计技术文献的基础上，减小由问卷带来的偏好信息偏差，从而提高福利分析结果的准确性。

本章系统地分析了 CE 的问卷设计技术，包括指标的选取与指标水平值的确定、选择集的构建、实验设计和偏差避免的措施，并将其应用于我国休耕政策社会福利评估的问卷设计中，以减小实证环节价值评估结果的偏差。

一　CE 的问卷设计技术

CE 作为一种实验方法，和其他社会学或自然科学实验有着同样目的，即量化不同的变量对于实验结果的影响。在 CE 中表现为，要求受访者（Respondent）完成投票（Voting）实验，每一个投票问题都要求受访者从包含若干个选项（Alternatives）的选择集中选择"性价比最高"的一个选项，选择集中的选项是评估指标不同水平（Levels）的组合。通过这种投票实验，确定不同指标对受访者投票结果的独立性的影响。为了获得可信的估计结果，通常需要较大的样本量作为基础；与此同时，为了获得稳定的投票结果，最好能够观测到同一个受访者的多次投票结果。由此，在一个 CE 问卷中通常需要受访者完成多次投票实验，每一次投票实验都要求他们在选择集的有限选项中投票给其中的一个选项。每一个选项都是由一组指标的水平值定义的，每一个指标的水平值都是通过预调研和一些先前的研究得到的。每个受访者需要回答的选择集的数量通常是由实验设计（Experimental Design）生成的，每位受访者需要依次完成一定数量的投票问题，产生需要使用的观测样本。

（一）指标和指标的水平值

价值评估的指标是生态学理论和福利经济学理论之间的桥梁，也是问卷设计和模型设计的关键。价值评估的指标包括非货币指标和货币指标：非货币指标指的是能够全面反映研究对象属性的代表性指标，货币指标在这里指 WTP 或 WTA。例如在描述生态环境可能的改善时，生态环境包含很多不同的方面，不可以直接使用一个指标测量的，就需要使用多个非货币指标，如生态平衡、生物多样性、水质等（Mitchell & Carson，1989）。货币指标的选取要满足全面性和科学性，要做到既能反映生态系统对人类福祉有显著影响的服务，又要便于受访者识别和后期量化分析。也正因如此，需要针对特定研究地区的情况，在参考大量的文献研究和行业专业人员的支持下，识别被评估地区大量的生态信息，挑选能够用于建立效用函数和生态恢复结果之间联系的指标（Bateman et al.，2002）。WTP 或 WTA 同样需要针对特定研究地点进行设计，并选择合适的支付或受偿方式，以保证在假想的情景下这一支付或受偿是有效的，也是激励兼容的。

　　非货币指标的设计过程一般包括以下步骤。首先，进行焦点小组访谈和认知测试（Kaplowitz et al.，2014），识别初级的与福利相关的生态结果，缩小指标选择范围。其次，从这些受访者中了解到他们所关注的生态恢复的结果，将这些与福利相关的政策结果划分为不同的类别，并区分哪些是能够直接提高公众效用的终极指标，哪些是中间过程指标，以避免对价值的重复计算（Johnston & Russell，2011）。最后，生态恢复结果的某个方面可能对应于多个指标，在选取时我们还应注意根据数据的可获得性和准确程度，确定能够便于被相关领域专家计算和被受访者理解与接受的指标。此外，受个体认知能力的限制，公众能够同时考虑的生态指标是有限的，因此问卷必须使用尽可能简洁的指标来阐明生态恢复政策的结果或措施（Deshazo & Fermo，2002）。在完成非货币指标选取的基础工作之后，进行尽可能多次的预调研，直接询问受访者面对可供替代的指标所感知到的生态恢复结果是不是一致的。例如，对于被评估的生态政策结果，是否每一个指标都提供了独一无二的信息，或者不同的指标以不同的方式传达同样的信息，并做到在语义上没有歧义和重叠。

货币指标的设计根据所评估生态政策的特点，包括使用支付意愿，或是受偿意愿。如果同时可以使用 WTP 和 WTA，那么使用 WTP 是比 WTA 更为激励兼容的价值评估方法（Arrow et al.，1993）。受访者以何种形式来表达支付或是受偿意愿，即支付工具也会影响投票实验的结果。常见的支付工具包括直接支付现金、慈善捐赠、政府征税或者提高物品价格等方式（Bateman et al.，2002），国内还会使用义务劳动投入作为支付工具（姜昊，2009）。对于不同的支付方式，被调查者的支付意愿大小可能会有所改变。因而，在具体的价值评估场景中，应当选择与现实相符的支付方式，保证价值支付的结果是激励兼容的。

完成指标选取之后的工作是关于指标水平值的设置。为了做到科学与合理，我们在设置指标水平值时应充分考虑被调查者对指标的理解程度与敏感程度。首先，指标水平值的划分应该减少被调查者的认知负担，受访者很难对指标水平值较小的变动敏感或很难判断其重要性，因而要确定合理的指标水平值让被调查者可以清楚地辨别并做出确定的选择。其次，根据当地的实际情况以及专家建议来确定指标水平值，使调查结果更贴近现实。最后，要结合卡片与文字描述尽可能体现指标与个体福利之间的关联，观察被调查者对指标变动的敏感程度，测试指标内涵及其水平值设计的合理性。

指标及其水平值的组合建立了被评价环境物品的假想市场，因而在价值评估中有着重要的意义。以上过程为最终问卷中指标的确定提供了依据，通过这一过程选取的指标能够满足价值评估中对结果可靠性的要求。

（二）选项的设定

一个选择集中包含的选项的个数对参数估计误差的方差会有

很大的影响（Caussade et al., 2005）。如果选项的个数过多，会增加受访者的认知负担；而过少的选项又会降低更为准确地衡量受访者偏好的可能性。根据以往的研究，包含保持现状的三个或四个选项往往是可取的，其中，包含保持现状的四个选项（即有三个政策方案）的选择集相比于三个选项（即有两个政策方案）的设计，能够让受访者更多地参与到投票实验中（Rolfe & Bennett, 2009）；而受访者在包含四个选项的选择集中，相对于三个选项，更有可能选择保持现状（Adamowicz et al., 2005）。

选择集中的选项有标记（Labeled）的和非标记（Unlabeled）的两种形式。标记的选项形式往往被更多地用于交通、医疗等领域；在资源环境价值评估领域更为常见的是非标记的选项形式。标记指的是对选项命名，例如 Washbrook 等（2006）研究了人们对自驾、拼车和公共交通三类出行工具的偏好，并设置了出行成本、时间等指标用于选项的构建。但是，选项本身的命名提供了指标之外的信息，例如这三类交通工具的私密性是依次降低的，自驾比其他两类交通工具更为灵活也更具有操控感。因此，标记的选项形式需要纳入选项本身对效用的影响。非标记的选项形式，例如本书的研究，休耕方案是相对于不休耕而言的，而将不同的休耕方案命名为"选项1""选项2"，不同的选项本身并不能对效用产生影响。在资源环境价值评估方面，使用非标记的选项形式会使得受访者专注于被评估的指标，在指标之间做出权衡（Bekker-Grob, 2009）。

对选项的投票机制可以使用"选择一个最佳选项""最佳选项—最差选项排序"的方式。"选择一个最佳选项"是更为常见的做法，因为这一机制可以更好地模拟现实生活中的决策过程，对受访者首要偏好信息的获取往往也是更为准确的（Lancsar et al., 2013）。虽然"最佳选项—最差选项排序"的方式也揭示了受访者的首要偏好，并且对不同选项的排序能够让我们获得受访者更多的偏好信息，但这往往会增加受访者的认知负担，而且受访者往往很难对非首要偏好的选项进行权衡（Potoglou et al.，2011）。在足够的样本量保证下，使用"选择一个最佳选项"的投票机制足以获得"最佳选项—最差选项排序"机制下的额外偏好信息，该机制具备明显优势。

（三）实验设计的方法

生成选择实验的过程是对指标水平值的组合过程，如何确定数量合适的选择集并更好地把指标水平值分配到不同的选择集中，是实验设计所要解决的问题。实验设计生成的选择集将很大程度上影响投票实验结果和相应的福利评估结果（Rolfe & Bennett，2009），一个好的实验设计应当能够解释更多的指标水平值之间的方差，并能够产生最小的随机误差。关于实验设计，大致有三种思路——全因子实验设计（Full Factorial Experimental Design）、正交实验设计（Orthogonal Experimental Design）和最优实验设计（Optimal Experimental Design，又被称为效率实验设计，Efficient Experimental Design）。

全因子实验设计通过对所有指标的水平值进行全排列组合得到选择集。由于全因子实验设计包含所有指标水平值的组合，因而能够避免指标间的多重共线性问题，并能够在建模时计入交互作用对选择结果的影响。但是，在选择实验中往往有多个指标的多个水平值，导致全因子实验设计生成的选择集数量过多，对实验规模的要求往往是不切实际的，也不可能应用于问卷调查。那么一个自然的想法是，从全因子实验中挑选出一部分有代表性的指标进行实验，通过对指标水平值的最优组合的分析来了解全面实验的情况，即部分因子（Fractional Factorial）实验设计。

正交实验设计是使用最早、应用最为广泛的部分因子实验设计方法，其原理是兼顾指标水平值的均衡和分散，找出最具代表性的实验组合，对该方法的介绍参见 Louviere 等（2000）的综述。正交实验设计是基于指标之间的直角关系和每个指标的水平值出现频率相同的均衡原则生成的（Kuhfeld，2006）。然而最近的研究中，越来越多的学者开始质疑在 CE 研究中使用正交实验来安排指标水平值的组合，如 Huber 和 Zwerina（1996）、Kanninen（2002）、Kessels 等（2006）、Sándor 和 Wedel（2001，2002，2005）的研究。主要的批评在于正交实验中指标的选项之间相关性为零的假定。这一性质虽然使得正交实验能够很好地适用于线性离散选择模型分析，如 Logit 模型、Probit 模型可以测量每个指标的独立效应，但在随机参数 Logit 模型中，指标的效应之间是存在相关性的（Train，2009），如果在数据处理中没有使用 Logit 模型，那么在实验设计时也应当考虑指标水平值之间的相关性，此时使用正交实验设计是不合适的。

最优实验设计使用新的算法，促进了部分因子实验设计的发展，Huber 和 Zwerina（1996）的研究开创了适用于离散选择模型非线性计量设定的实验方法，放宽了正交实验设计中对指标间相关性为零的假定条件。Huber 和 Zwerina（1996）证明了当允许待估参数之间存在相关性时，减小参数估计时的渐近标准误（即渐近方差－协方差矩阵中对角元素的平方根）通常会在设计中导致以下情况中的一种：①当样本量相同时，使用新的实验设计方法能够提高离散选择模型中参数估计的可靠性；②当参数估计的可靠性相同时，使用新的实验设计方法能够减少所要使用的样本量。通过降低参数估计的渐近标准误之和，新的部分因子实验设计算法将能够产生比正交实验设计更具有实验效率的结果，因此这一方法被称为最优（Optimal）或效率（Efficient）实验设计。最优实验设计需要事先确定待估效用函数的形式和效用函数中评估指标对于边际效用影响的先验信息。先验信息可以通过相关理论、以往类似的研究文献、预调研来确定。例如本书研究中，先验信息的获取主要来自两个方面：一是笔者在类似地点进行的耕地资源保护的价值评估实践；二是在调研地点进行了小规模的预调研，参考了预调研问卷的数据处理结果。经济学理论也可以提供关于评估指标边际效用大小和正负的判断，例如支出的增加对效用的影响一定是负的。

贝叶斯最优实验设计是最优实验设计中的前沿算法，可以通过较少的先验信息生成较之于最优实验设计更可靠的结果。特别是在先验信息较少和不确定的情况下，更需要贝叶斯最优实验设计将先验信息视为一个区间，而非固定的一个点，因而对先验信息的依赖程度较之于最优实验设计更低。本书中使用了贝叶斯最优实验设计的方案：首先，进行文献综述和专家访谈，收集相关理论和数据；其次，根据笔者以往的研究经验，进行初始的实验设计；再次，在调研地点进行预调研，测试相关理论和问卷质量；最后，将来自预调研的数据使用随机参数模型进行估计，将得到的结果和前两步的结果结合，进行贝叶斯最优实验设计。

（四）研究偏差的形式

使用 SP 方法建立的假想环境市场是无法直接被观测到的，而是由价值评估指标组成的指标集来反映假想的生态恢复结果。使用不同的 SP 方法，如 CV 和 CM 的相同之处在于，投票实验结果的稳定性依赖假想情景设计和受访者认知，因而受问卷设计、调研过程等因素的影响。使用 SP 方法得到的价值评估结果与真实的福利变动之间可能出现偏离的情况，即偏差（Bias）。对各类偏差的研究至今仍是 SP 方法研究的热点问题，总结起来如表 3 -1 所示（姜昊，2009；胡喜生等，2013；Mitchell & Carson，1989；Geleto，2011；Herriges & Shogren，1996；Bateman et al.，2002）。

表 3 - 1　陈述偏好法价值评估中可能出现的偏差类型

研究过程	偏差形式
研究方法	1. 假想（Hypothetical）偏差；2. 部分 – 整体（Part – Whole）偏差；3. 加总（Adding）偏差；4. 投标起点（Starting Point）偏差；5. 策略性（Strategic）偏差
问卷设计	1. 支付工具（Payment Vehicle）偏差；2. 信息（Information）偏差；3. 指标漠视（Attributes Non-attendant）偏差；4. 嵌入性（Embedding）偏差；5. 问题顺序（Sequential）偏差；6. 范围（Range）偏差
问卷调研	1. 指标漠视（Attributes Non-attendance）偏差；2. 调研方法（Survey Method）偏差；3. 代表性（Representativeness）偏差；4. 抗议性（Protest-zero）偏差；5. 抽样（Sampling）偏差；6. 不确定性（Uncertainty）偏差；7. 停留时间长度（Time-length）偏差；8. 调研者（Investigator）带来的偏差
数据处理	1. 模型设定（Model Specification）偏差；2. 清理（Cleaning）偏差

为避免上述偏差的出现，需要对价值评估的整个阶段进行优化设计，特别是进行严谨的调研问卷设计，以尽可能地提高评估结果的准确性。

二　休耕社会福利评估的 CE 问卷设计

本书针对休耕社会福利评估的 CE 问卷设计包括两部分：问卷主体部分以及用于对休耕具体内容、CE 指标进行解释的调研辅助讲解手册（以下简称小册子）（见附录二）。问卷主体部分和 CE 直接相关，包括热身问题（Warming-up Questions）、CE 投票方案的示例和说明、4 次 CE 投票问题、对 CE 投票实验偏差的控制四个部分。在小册子中，对休耕提供的生态系统服务、休耕方案的指标进行了图文并茂的介绍，以提升受访者对休耕的价值感，减少各类偏差的出现。本节是对休耕社会福利评估问卷设计中指标及指标水平值的确定、通过指标及其水平值生成选择集的描述。

（一）休耕社会福利评估的指标和指标水平值

　　针对耕地资源或其他环境政策的社会福利评估，从目前的文献来看评估指标的设置可以分为两类：一类是从耕地保护结果的角度选取了有显著改善的生态系统服务的变化，在此称之为"结果指标"，如 Hanley 等（1998）、谭永忠等（2012a）的研究；另一类是从耕地保护行为的角度选取了能够对生态系统服务造成影响的措施，在此称之为"行为指标"，如 Johnston 等（2001）、Duke 等（2002）的研究。无论是结果指标还是行为指标，其所描述的耕地资源状态的变化都应是与个体福利直接相关的。

　　针对所要研究的休耕政策，本书从生态系统属性、生态系统功能与生态系统服务之间关系的角度出发（李文华等，2009），建立休耕政策与个体福利之间的价值联系，得到的结果如图 3 - 1 所示。反映个体福利的生态系统服务可以划分为支持、供给、调节、文化四类，其中，支持属于中间服务。为避免重复计算，从最终服务，即供给、调节、文化三个方面选取与福利相关的指标。

　　但是，并不是每一种生态系统修复的结果都可以被清楚地描述，对于终极服务不明确的生态系统修复政策，如果仍旧采用基于结果指标的选取方法会产生不可估计的偏差。针对调研地点进行焦点小组讨论和认知测试后，我们发现受访者，特别是农村居民不熟悉图 3 - 1 中的多数指标对个体福利产生的影响。访谈中，一些受访者反馈说，"我们也知道（这些指标）重要，但是我判断不出来这个多重要"，"（休耕）好些不牵扯（这些指标），我感受不来你讲的对我有什么大的影响"，以及"有没有一个说明，能让我知道它（休耕）打算怎么做"。此外，在实验设计中如果涵盖所有的生态系统服务指标，将会造成选择集包括的内容过于复杂而使受访者产生认知负担；而如果仅对其中的指标进行挑选，又会造成价值评估的结果不完整。

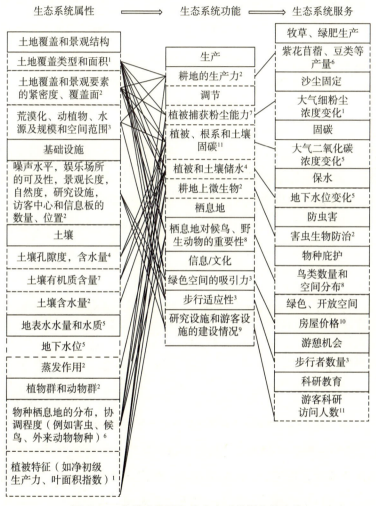

图 3-1 休耕政策引起的生态系统服务的变化

注：图中参考文献按引用顺序依次为：1. Foley 等（2005）；2. Baveco & Bianchi（2007）；3. De Vries 等（2007）；4. De Vries & Camarasa（2009）；5. Mulder & Querner（2008）；6. Naeff 等（2009）；7. Layke（2009）；8. Grashof-Bokdam & Langevelde（2005）；9. Van Oudenhoven 等（2012）；10. Goossen & Langers（2000）；11. Goossen 等（1997）。

然而，生态系统服务是提升人们对生态政策价值感的主要手段，只有让受访者了解到休耕政策与生态系统服务之间的关联才能辅助受访者对休耕进行价值判断。对于受访者对生态系统服务认知困难的状况，我们采取了图片展示方法，在小册子中使用图片展示了休耕与生态系统服务的如下关联（见附录二）："在武威市，休耕可以缓解沙漠边缘耕地荒漠化、灌区耕地盐渍化，减少地下水水位的下降，减轻水土流失带来的地表水污染，增加野生动物的生存空间。"在问卷中，我们使用条件打分法，列举了休耕导致的生态系统服务的增加，请受访者对这些生态系统服务的重要程度打分。我们访谈的结果表明，在调研员展示、受访者打分后，受访者对休耕与个体福利之间的关联会有一个总体的把握。对于过多的生态系统服务指标造成认知负担的情况，我们选择了会对生态系统服务产生影响的"行为指标"，而没有选择反映生态系统服务的"结果指标"，如图3-2所示。

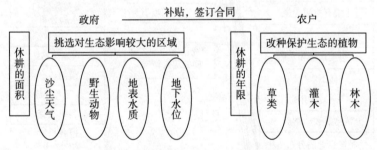

图3-2　休耕社会福利分析的"行为指标"选取依据

图3-2是根据休耕实施的特点，兼顾减少受访者认知负担和政策要点，使用以下指标来定义休耕实施的方案。政府制定规划：规划休耕的面积，例如1万亩、2万亩、5万亩；规划休耕的地点，例如风沙源区、野生动物保育区、水源保护区、地下水超采区。农户自愿参与：确定休耕多长时间，例如3年、5年、10年；确定休耕后种什么，例如紫花苜蓿、针茅等草类，羊柴、油蒿等灌木，柽柳、胡杨等林木（见附录二）。对这四个价值评估指标水平值的设计如表3-2所示。从社会福利最大化的角度

出发，政府与农户签订休耕的补贴合同，在一定预算的约束下实现社会福利的最大化。在合同期内，政府补贴农户改种防风固沙、涵养水分、保护耕作层的植物，改善生态；合同到期后，农户可以重新决定耕地的用途；政府的补贴资金来自每个城乡家庭生活成本的增加。

表 3-2 休耕政策对社会福利影响分析的价值评估指标水平值

指标	可能的数值			
休耕面积	1万亩耕地	2万亩耕地	5万亩耕地	
休耕区域	风沙源区	野生动物保育区	水源保护区	地下水超采区
持续年限	3年	5年	10年	
种植类型	草类	灌木	林木	
付费（每年，所有家庭成员总共的付费）	50元	100元	150元	200元

笔者对指标水平值的设定咨询了土壤科学家以及石羊河流域管理局、武威市农业部门的政策制定者和执行者的意见。在武威市农业生产条件和休耕试点政策的背景下，笔者通过座谈询问了他们对休耕制度的看法，对政策未来走向的判断。结合武威市具体情况，设定了休耕面积、休耕区域、持续年限、种植类型这四个指标的水平值。对支付指标水平值的确定是通过对调研地点的城市和农村居民的支付意愿进行测试，观察受访者对支付指标不同水平值变动的敏感程度，合理设定了支付指标的水平值。为减小假想偏差，我们

针对问卷中的指标及其水平值，设计了用于指标解释的卡片（见附录二）。在卡片中，尽量使用来自调研地点的拍摄照片，并配以文字描述，以尽可能地体现指标与个体福利之间的关联。在设定的调研地点进行选择实验的预调研，直接询问受访者对其所感知的指标的含义是否明确和易于理解，观察受访者对指标水平值变动的敏感程度，测试指标内涵及其水平值设计的合理性。

（二）构建选择集的贝叶斯最优实验设计

实验设计是价值评估指标（包括政策方案指标与支付意愿指标）的不同水平值组合生成选择集的过程。根据本书对指标和指标水平值的设定，设计得到由两个方案组合而成的选择集可能的个数有 $(3^3 \times 4^2)^2 = 186624$ 个。全因子实验组合形成的选择集数量过多，无法在有限预算内完成全部实验选择集的设定，因此需要使用部分因子实验设计对选择集的生成和分组进行优化。

在确定了实验设计所使用的指标和指标水平值后，部分实验设计对选择集的挑选（即指标水平值的配置）在很大程度上影响了投票结果。因此，实验设计者选择的实验设计将在 CE 研究中发挥重要的作用。使用部分因子实验设计的步骤如下。

（1）模型设定。CE 的目的是估计某个或某类模型，因此在实验设计的同时就需要指定待估模型的形式。在实验设计时，模型形式的设定需要考虑的内容包括：①每个选择集要包括几个备择选项？②每个备择选项中，需要包含哪些指标？针对第一个问题：在本书研究中每位受访者所面临的选项不仅包括两个休耕政策方案（选项1、选项2），同时还包含一个不休耕方案［包括"我支持休耕，但不能（或不愿意）付费"的选项和"我选择'不休耕'，不付费"的选项］。针对第二个问题，本书所使用的指标属于无序分类变量，因此对不同水平边际效用的估计是非线性的，需要设置虚拟变量（Dummy Variable）或是效应变量（Effect Variable)。本书使用了效应变量的编码方式，具体设置方式将在数据处理章节展开讨论。实验设计过程中比较重要的一点是，通过模型设定来决定实验设计，在最终建模估计时要使用与实验设计相同的模型，用其他模型得到的估计结果可能会不理想。比如，实验设计的模型为 MNL 模型，参数估计时也要用 MNL 模型；而本书的实验设计使用了 Mixed Logit 模型，在参数估计时也将使用 Mixed Logit 模型来获得参数估计结果。

（2）部分实验设计——贝叶斯最优实验设计的生成。在模型设定完成后，就可以通过软件生成实验设计的结果。在软件操作过程中，需要考虑以下几个方面的问题来获得最优的设计结果：①采用标记实验还是非标记实验；②实验设计是否需要均衡的指标水平值；③每一个指标水平值的个数；④不同指标水平值之间的间隔；⑤采用哪种具体的设计方法；⑥确定生成选择集的总数；⑦确定每份问卷中选择集的个数；⑧选择合适的实验设计软件，得到实验设计结果。

针对第一个问题，对于标记实验而言，选项的命名往往提供了指标之外的信息；而对于非标记实验而言，选项的命名是无差异的。在本研究中使用了非标记实验，关于休耕的所有信息都被包含在指标中，而选项名（选项1、选项2）是无差异的。

针对第二个问题，几乎所有的设计都使用了均衡的指标水平值，这意味着每个指标的每个水平值在选项中出现的次数相同。例如本书的休耕面积指标有1万亩、2万亩、5万亩三个水平值，在最终设计的选项1、选项2中出现的次数相同。均衡的指标水平值能够使得指标所有范围内的水平值都可以被估计到，不会出现参数估计偏向一边的情况。因此，多数实验设计（除 Federov 算法外）使用了均衡的指标水平值。

针对第三个问题，指标水平值的确定是通过前期调研和访谈得到的，并决定了选择的最少数量。选择集的最少个数是指标水平值的最小公倍数，因此指标水平值的多少决定了选择集所需要的最少个数。由此可知，为了减少选择集的个数，最好不要设定太多层级的水平值，更不要全部使用单数层级水平值。例如，本书中有 5 个指标，分别有 3、4、3、3、4 个指标水平值，则最少的实验设计应该是 12 个选择情景，因为 12 是 3、4、3、3、4 的最小公倍数。

针对第四个问题，模型估计中较宽的水平值范围变动相对于较窄的水平值范围在统计学上更优，但是用过宽的水平值范围也会产生问题。水平值范围会影响选择的概率，较窄的水平值范围将会导致选项之间难以有显著的差异和不稳定的选择结果，从而产生较大的标准误和较差的参数估计结果。与此同时，过宽的水平值范围容易导致绝对占优选项的出现，也会使被调研者对假想的情景产生怀疑。因此，在指标水平值的设定过程中，我们权衡了统计学意义的优化与现实的休耕政策，设置了本书休耕面积、持续年限的指标水平值。

针对第五个问题，由于全因子实验设计生成的选择集数量过多，在实践过程中使用部分因子实验设计往往是更可取的。部分实验设计方法包括正交实验设计、最优实验设计。正交实验设计是使用最早，也最为广泛的部分因子实验设计方法，其挑选选择集的目的是最小化指标水平值在选择集中的相关性。但正交实验设计存在的缺陷是，往往生成的选择集内部会出现占优选项，也就是理论上一个选项中的所有指标均优于另一个选项，这样的选择集并不能提供任何信息。近年来，最优实验设计正在被越来越多的学者采用，然而由于历史和惯性的原因，正交实验设计仍被广泛应用于实验设计中。最优实验设计不仅能最小化指标水平值之间的相关性，而且可以有效利用待估参数的先验信息（如系数的正负、分布等），通过预测的渐近方差－协方差矩阵最小化参数估计的标准误。也因此，最优实验设计的效果和先验信息的准确程度相关，当我们有准确的先验信息时最优实验设计的表现优于正交实验设计。此外，为了获得不那么依赖先验信息准确程度的、更为稳定的实验设计结果，在最优实验设计基础上发展而来的贝叶斯最优实验设计是更为可选的方法。贝叶斯最优实验设计将先验信息视为随机的，而非固定参数，生成选择集的过程往往更为耗时，是前沿的实验设计方法。本书针对休耕的实验设计使用了贝叶斯最优实验设计：没有采用正交实验设计的原因是，我们至少有关于家庭支付的先验信息，即家庭支付对效用的影响一定是负的；也没有采用最优实验设计，虽然笔者在该区域有过多次数据收集和调研的经历，且在生成本次实验设计前进行了长时间的预调研，但休耕在我国是一个新现象，不能过多地依赖先验信息。

　　针对第六个问题，这个问题属于模型识别问题，需要权衡选择集的个数和所要估计的参数个数。在每一个选择集中，如果包含 j 个选项，那么根据离散选择理论就可以得到 $j-1$ 个独立的选择概率的估计；在一个实验设计中如果包含 s 个选择集，那么总共可以获得的概率信息的个数是 $(j-1) \times s$。将模型设定中所要估计的效用函数包含的待估参数的个数记为 k，包括常数项和所要估计的边际效用。那么如果模型是可识别的，就需要待估信息的个数 (k) 小于实验设计所提供的信息个数 $[(j-1) \times s]$。在本书对休耕问题的研究中，根据预先设定的效用函数，待估的参数个数最多为 $k=22$ 个（此时，所有的指标水平值均被视为非线性影响时，使用效应编码形式进行参数估计）；选项个数的设定为 $j=3$ 个（包括选项1、选项2、不休耕），由此可知选择集的个数应当大于11个。结合第三个问题，本书所要获得选择集的个数最少是12个。最终，为了通过更高的参数估计自由度获得稳定的参数估计结果，本书将选择集的个数设定为12的4倍，即48个。

　　针对第七个问题，这一问题与实践过程紧密联系，依赖实验

设计者的经验。在交通、医学等领域，往往要求每位受访者完成
10 次投票或者回答更多的投票问题（Ryan & Watson，2009；Hen-
sher & Greene，2003）。而在环境经济学领域，由于对生态环境的
选择相对于交通等往往更难被受访者所理解，为了防止由认知疲
劳、配合失效而导致的问卷质量的下降，往往研究会使用较少的
投票问题。本书针对休耕的问卷实验设计，通过预调研和以往多
次调研经验，在每个问卷中设计了 4 个投票问题。

　　针对第八个问题，较为流行的实验设计软件有 SAS 和 Ngene。
SAS 有着丰富的数据处理能力，其"MktEx"宏命令可以实现对
全因子实验设计的挑选，但不能生成贝叶斯最优实验设计。本书
使用了软件 Ngene 1.1.1 进行最优实验设计，根据隐含价格方差
最小化原则生成包含 3 个选项的 48 个选择集，同时分为 12 组，
得到贝叶斯最优实验设计。反映实验设计优度的 D 误差均值为
0.031298（方差等于 0.005183），A 误差均值为 0.210029（方差
等于 0.035681），可以认为显著地拒绝了实验设计无效的原假设。
实验设计得到了 12 个版本（每个版本包含 4 个投票实验）的 CE
问卷，每份问卷需要受访者进行 4 次独立的投票，每次投票均要
求受访者从自身家庭的情况出发从 3 个选项中选择最佳的生态情
景（其中的一个选择集如图 3 - 3 所示）。其中，选项 1、选项 2
代表了不同的休耕政策；如果受访者不支持休耕可以选择"我选
择'不休耕'，不付费"。相对于现有国内研究，本次问卷设计的
另一个特色是，加入了"我支持休耕，但不能（或不愿意）付
费"选项。这是由于，在以往调研中，我们发现受访者选择了生
态环境改善方案，但实际上并不愿意承担相应的费用，导致我们
得到的付费比例超出实际愿意的付费比例。为避免假性支付的出
现，本书增加了"我支持休耕，但不能（或不愿意）付费"选
项，并在后续数据处理中，将其合并到"我选择'不休耕'，不
付费"选项中分析。

评估指标	选项1	选项2
休耕面积 （10亩相当于1个足球场的面积）	10000亩	 50000亩
休耕区域	 地下水超采区	 野生动物保育区
持续时间	 10年	 3年
种植类型	 林木	 灌木
付费 （每年，所有家庭成员总共的付费）	 150元	 150元

请选择一个：

    ○我投票给"选项1"，每年支付150元。

    ○我投票给"选项2"，每年支付150元。

    ○我支持休耕，但不能（或不愿意）付费。

    ○我选择"不休耕"，不付费。

图3-3　休耕社会福利评估的选择实验问题示例

三　评估结果稳健性检验的问卷设计

（一）条件打分和条件排序

通过条件打分和条件排序的问题同样可以反映受访者的偏好信息。

　　条件打分在本书中的作用在于，由于我们使用了行为指标而非结果指标，在 CE 的投票实验之前使用打分的方式帮助受访者建立起休耕政策与生态系统服务价值之间的联系。在条件打分中，调研者首先讲解了可能实施的休耕政策的目的和做法，即"为促进武威市生态环境的改善，政府和农户签订一定时期的合同，补贴农户连续几年停止农事活动，在耕地上改种防风固沙、涵养水分、保护耕作层的植物"。之后，列出了休耕政策所导致的耕地资源生态系统服务的增加，并请受访者对于这些生态系统服务变化的认可程度进行打分。本书运用李克特五级量表进行条件打分，具体的休耕社会福利评估的条件打分问题如表 3 - 3 所示。

表 3 - 3　休耕社会福利评估的条件打分问题

	完全不认可		一般		完全认可
	1	2	3	4	5
a. 节约了灌溉用水，可以提升地下水水位，减少自然植被的枯死	O_1	O_2	O_3	O_4	O_5
b. 减少了农药、化肥、农膜的使用，减少了水土流失，可以保护地表水水质和水量	O_1	O_2	O_3	O_4	O_5
c. 改种防风固沙的植物，用植被覆盖裸露地表，可以减缓沙漠的前进，减少沙尘天气	O_1	O_2	O_3	O_4	O_5
d. 植被更多了，野生动物会有更多的生存空间，如蜜蜂、蝴蝶、野鸭、雀鹰的数量会增加	O_1	O_2	O_3	O_4	O_5
e. 改种耐盐、耐旱的植物，能够改善盐碱化耕地的质量，未来农产品的质量和产量更有保障	O_1	O_2	O_3	O_4	O_5

　　条件排序在本书中被用于让受访者提前熟悉相关的价值评估指标，并通过对比条件排序和 CE 价值评估结果的差异，反映 CE 结果的稳健性。条件排序研究了武威市居民休耕政策方案指标水

平值偏好的优先级别，包括"如果耕地改种防风固沙、涵养水分的植物，您更希望种草类、灌木、林木中的哪一类"和"补贴在耕地上植树种草，您更希望哪个区域的耕地得到保护，请按风沙源区、地下水超采区、水源保护区、野生动物保育区的重要性排序"。在问卷中，具体列出了旱区环境中适宜种植的草类、灌木、林木可能的种类，如草类包括紫花苜蓿、披碱草、冰草、针茅、碱草等；灌木包括羊柴、油蒿、膜果麻黄、盐爪爪等；林木包括胡杨、柽柳、梭梭树、红叶李等。同样地，也举例说明了不同区域的耕地位置，如风沙源区包括沙漠边缘的耕地；地下水超采区包括灌溉耗水过高的耕地；水源保护区包括祁连山脚、河流沿岸的耕地；野生动物保育区包括昆虫、马鹿、鸟类的栖息地。在排序的过程中，如果受访者认为待排选项之间是无差异的，可以选择并排。

（二）对比 CV 与 CE 的方法

CE 是设计了不同水平值的生态指标组合得到变化的假想情景，这一点与 CV 不同，CV 往往使用特定水平值的生态指标得到确定的假想情景（Dachary-Bernard & Rambonilaza，2012）。CE 通过效用函数估计每个指标的隐含价格，在此基础上加总得到社会福利；而 CV 往往使用特定水平值的生态指标得到确定的假想情景，对社会福利进行整体估计。这也就意味着我们可以使用 CV 对 CE 中的一个特定的休耕方案进行评估，并检验 CE 和 CV 二者之间的差异。

NOAA 在 1993 年关于 CV 有效性报告中推荐使用一个假想的 WTP 投票问题来评估自然资源价值，例如"如果项目 A 的实施会导致你的支出增加 P 元，你是否会投票支持项目 A"，并认为：受访者出于个人策略的原因，如果不愿意支付 P 元，将不会回答"是"；如果愿意支付 P 元，将没有理由回答"否"（Arrow et al.，1993）。使用投票机制来评估环境物品价值的 CV（即单边界二分式 CV）的做法相对于开放式 CV 更为有效，因为这一情景更好地模拟了受访者熟悉的市场购物情景，他们只需要对特定的价格标签给出"是"或"否"的回答，而不是得到一个最大支付意愿的点估计。然而，在此之后的研究者扩展了单一投票问题的估值方法，采取两个或多个投票问题来得到 WTP 的范围。在双边界或多边界二分式 CV 中，受访者首先被问及"如果项目 A 的实施会导致你的支出增加 P 元，你是否会投票支持项目 A"；第二个及之后的问题，会根据受访者对前一个问题的回答，给出另一个投标值（比 P 元高或低）。双边界二分式的 CV 问卷相对于单边界二分式的 CV 问卷，其优势在于能够更为精确地确定受访者的偏好信息，从而得到更有效率的估计结果（Hanemann et al.，1991；Alberini，1995）。

然而使用更多的投票问题，在获得受访者更多偏好信息的同时，也增加了可能的偏差来源（Arrow et al.，1993），最大的争议在于激励兼容问题（Pearce et al.，2006）。在回答第二个投票问题时，受访者将很有可能受到第一个问题的干扰，即第二次的投票结果与第一次的投票结果之间并不是独立的，从而产生如锚定偏差、肯定性回答的问题（Herriges & Shogren，1996；Bateman et al.，2002）。但也有研究表明，两次投票结果之间不存在明显的相关关系（Cameron & Quiggin，1998）。此外，如果受访者知道有第二个投票问题的存在，也有可能会影响第一个问题的投票结果，例如受访者对一个问题给出"否"的回答后将能够争取到关于自然资源更低的报价，因而会产生策略性偏差（Cooper et al.，2002）。Bateman 等（2002）、Carson 等（2009）、Champ 等（2003）在对比了不同类型 CV 的优缺点后，推荐使用单边界二分式作为封闭式 CV 的首选方法，或是使用支付卡作为开放式 CV 的首选方法。

因此，关于使用单边界或是双边界 CV 的研究并没有得出一致的结论。本书针对 CV 问卷的设计，其目的在于检验 CE 与 CV

结果的一致性，因而在同一份问卷中同时包含单边界和双边界二分式的价值引导技术。为避免第二个投票问题影响第一个投票问题的结果，本书将第二次投票安排在了问卷的下一页并对调研员进行了培训，使得受访者在回答第一个投票问题时并不知道第二个投票问题的存在。通过这一处理，本书保证了第一次投票问题是激励兼容的，而对第二次投票的结果是不是激励兼容的属于研究方法本身带来的争议，不在本书的研究目的之内。

（三）单、双边界 CV 的设计

1. 投标值的范围和分布

对投标值的研究涉及两个方面：一是投标值的设定问题，二是每一个投标值的分布问题。国内对二分式 CV 投标值的研究，无论是在理论层面还是在实践层面都停留在第一个问题上，通过实践经验或文献研究设定了投标值的范围和投标值之间的间隔；而国外的研究则是基于 D-optimality、C-optimality、均方误差最小化等原则，同时对第一个和第二个问题进行研究。

本书根据预调研的结果确定了人们对特定休耕方案①支付意愿均值可能的范围，大致范围为 0 ~ 300 元。在设定投标值的个数时，考虑到如果设定过多的投标值将需要较大的样本容量并会提高调研的成本，设定过少的投标值又会影响数据的质量，综合考虑后设定了 16 个投标值。基于 Duffield 和 Patterson（1991）、Cooper（1993）的最优实验设计理论，得到了如表 3 - 4 所示的结果。表 3 - 4 对实验设计生成的投标值进行了简化处理，如将末位数字基本设定为 5 或 0，以减少受访者的认知负担。

---

① 笔者在整理国内耕地资源价值评估的 CV 文献时，发现大部分的问卷设计仅仅是交代了评估对象，即耕地保护，而缺乏对耕地保护的范围和强度的说明。这会造成不同的受访者在面对同一份问卷时，假想的市场情景是不一样的，我们也就无法得知支付意愿是对什么的支付，即缺乏对耕地保护的范围和强度说明的问卷缺乏效度。

表 3 – 4　CV 问卷中投标值的范围和频数

投标值（元）	2	5	10	15	25	35	50	65	80	100	120	150	190	240	300	400
频数（次）		0.5	2	3	4	4	7	7	6	5	4	3	2	2	1	

所有 16 个投标值中，2 元和 400 元仅出现在第二次投票问题中，因而对此不做频数上的限制。第一个投票问题中的投标值的最小值为 5 元，最大值为 300 元，投标值的频数合计为 50.5 次。从投标值之间的间隔来看，从最小值到最大值，间隔基本是越来越大，符合市场行为中人们对价格的敏感程度；从投标值出现的频率来看，投标值为 50 元、65 元时出现的频率最高，是因为在最优实验设计中假定支付意愿均值的分布在所选范围内服从正态分布（Cooper，1993）。

2. 核心问题的设置

不同于 CM 是由指标不同水平值组合而成的变化的休耕方案，CV 是指标单一水平值形成的特定休耕方案。在问卷中，单边界二分式 CV 的休耕问题表述如下：

> 假如当前，武威市计划实施的休耕为：
> 10000 亩耕地，选择风沙源区的耕地，连续休耕 3 年，改种灌木。
> 您的家庭每年要为此支付 ___P___ 元，您是否赞成？
> ○我赞成　○我支持休耕，但不能（或不愿意）付费
> ○我不赞成

为避免 CV 中肯定回答（Yea-saying）偏差[①]，问卷中加入了"我支持休耕，但不能（或不愿意）付费"选项来避免这一偏差。

---

① 心理学认为，人们在面对生态环境的改善时，出于道德的考虑，会避免给出否定的回答。

横线部分的 P 是问卷中待填入的投标值，其出现的频率由表 3 - 4 决定。对双边界二分式 CV 的设计，是在问卷的下一页紧随上述单边界二分式 CV 问题，根据受访者的回答情况追问以下问题：

①您前面支付 ___P___ 元，选择了不赞成，如果每年支付 ___P_L___ 元，您是否赞成？

〇我赞成　〇我支持休耕，但不能（或不愿意）付费 〇我不赞成

②您前面支付 ___P___ 元，选择了赞成，如果每年支付 ___P_H___ 元，您是否赞成？

〇我赞成　〇我支持休耕，但不能（或不愿意）付费 〇我不赞成

其中，P_L 和 P_H 是在投标值分布表 3 - 4 中紧邻 P 的两个较小值和较大值。受访者仅根据前一个问题的投票结果，回答问题① 和问题②中的一个。

四　偏差的避免

对问卷内容的整体性安排参考了国内外学者关于 SP 调研问卷设计的专门性论述，如 Alberini 和 Kahn（2006）、Street 和 Burgess（2007）、Bennett（2010）、李莹（2001）、胡喜生等（2013）的研究。在具体问题的设置上，笔者结合研究区域的多次焦点小组讨论、访谈、预调研的结果和以往调研实践的经验，对问卷措辞、问题顺序、内容的丰富程度进行了仔细斟酌和反复修改，得到的问卷见附录一。针对使用 SP 方法可能带来的偏差，本节主要是对休耕的问卷设计中偏差避免方法的说明。

（一）指标定义方面

1. 支付工具

在支付工具的选取上，本书使用了"城乡居民生活成本的增加，如资源管理费和税收等"，并使用小册子辅助讲解了生态环境变化是如何影响家庭支出的。在问卷设计过程中，我们注意到一些文献，特别是针对农村地区的问卷设计中将参加义务劳动的"工时"作为支付工具，在数据处理时使用当地居民平均工资水平推算的"工时"的价值（姜昊，2009；景莉娜等，2008）。但本书认为这一处理方式是不合适的：一方面，使用平均劳动"工时"的方法假定了每位受访者的时间成本的同质性，但显然不同受访者的时间成本存在差异①，如果时间成本同质性的假定不成立也就意味着我们并不知道收集到的数据代表了什么价值；另一方面，"工时"这一支付工具并不具有强制性，受访者对义务劳动的日期和强度的判断具有很强的主观性，因而容易产生策略性偏差和肯定性回答的倾向。因此，本书在支付工具的选择上，使用了家庭不可避免的生活成本的增加，并告知受访者"如果您选择了相应的支付费用，休耕政策的实施会造成当地税费、物价的上涨，也将必然影响您家庭的生活成本"。

2. 照片和图片

为了减小假想偏差，并让受访者熟悉休耕所能提供的生态系统服务和所要评估的指标，我们在小册子设计中使用了大量的图片。首先，在小册子封面展示调研地点的地图，使受访者清楚自

---

① 笔者考虑到，可以根据每位受访者的收入水平计算个体的时间成本，从而避免做出同质性的假定。但这一做法会带来其他方面的问题，如投标值最优设计的失效，因为最优设计隐含的假定是支出变量"工时"对效用的影响不存在随机性。此外，如果能够根据受访者的收入准确地判断个体时间成本，那么意味着受访者可以准确回答是否接受相应的投标值，也就没有必要通过"工时"进行间接计算。

己所处位置，并引起受访者的兴趣。其次，笔者从调研地点的政府宣传机构（石羊河流域管理局、武威市农牧局）收集了照片等媒体资料，将收集到的相关资料整理设计，用于反映被评估地点的生态环境状态、休耕能够提供的生态系统服务和休耕指标水平值的状况。最后，将价值评估指标的水平值图标化，更能够引起受访者参与投票的兴趣，减小指标被漠视的偏差。

（二）投票方式方面

1. 廉价协商

廉价协商是指通过问卷和受访者沟通，达成一种口头上的约定。在受访者回答 CE 问题之前，被要求朗读一段文字：

> 如果您选择休耕，带来生态环境改善的同时，您的家庭也需要支付一定的成本（如税费水平的提高等）；不付费，生态环境将保持现状。
>
> 付费，金额是所有家庭成员总的支付；付费，每年都要支付，和休耕持续时间无关。

这段文字的核心在于，能够让受访者理解休耕会造成家庭生活成本的增加，且成本的增加是不能避免的永续年金。通过廉价协商，进一步减小了假想偏差，并保证投标结果是激励兼容的。

2. 选项的个数

虽然本书中仅设定了两个休耕方案，但在投票问题中设定了四个备择选项，即"我投票给'选项 1'，每年支付 A 元""我投票给'选项 2'，每年支付 B 元""我支持休耕，但不能（或不愿意）付费""我选择'不休耕'，不付费"。在本书中之所以将不付费分为两类，是因为在以往的调研经验中我们发现一些受访者出于道德感虽然选择了生态环境改善方案，但实际上并不愿意支付所选方案对应的价格。增加"我支持休耕,但不能(或不愿意)付费"选项,将能够减小肯定回答的偏差。在具体的数据处理中,由于后两个选项都没有具体的生态环境的改善,因而二者将被合并。

(三)有效样本识别方面

1. 识别抗议性支付

抗议性支付是指受访者不能理解本书所构建的假想情景,不能够权衡生态环境改善带来的福利和生活成本增加带来的损失。如果受访者在 4 次投票实验中的付费均为 0,将会被要求回答没有选择投票给休耕方案的原因。在问题中列出了"对我的家庭的影响不大,我不关心""我感觉生态环境现在也不错,不需要改善""经济原因,如果家庭收入高我就愿意支付"这三个选项,如果受访者选择这三个选项中的任意一个,说明受访者从休耕方案中获取的收益小于所需支付的费用,因而没有选择休耕方案,是符合成本收益原则的。但如果受访者选择了"我没有责任为改善耕地质量付费,这不公平""担心支付的钱可能无法达到目标"这两个选项中的一个,那么就意味着受访者不是从个体偏好出发进行的选择,也就是不能理解我们问卷中的假想情景,将被视为抗议性支付。存在抗议性支付的问卷将被作为无效问卷,不计入模型分析中。

2. 受访者自评

受访者被要求对投票实验中问卷提供的信息质量和自己的作答质量进行评价(见附录一)。如果受访者不能理解问卷的内容、没有认真回答问卷中的问题、不能够代替整个家庭的支付意愿、认为问卷没有给自己提供充分的信息,这四类样本将会被认为是无效样本。

3. 调研员评价

调研员在调研结束后,对受访者的配合程度、对问卷的理解

力、停留时间、问卷整体有效程度等方面进行判断（见附录一
Interview Protocol 部分），从调研员的角度进一步避免假想市场偏
差。如果调研员认为受访者的配合程度低、对问卷的理解力差、
停留时间过短、问卷整体有效程度不高，此类将会被视为无效
问卷。

五　本章小结

本章在总结国内外研究的基础上，对陈述偏好法的问卷设计技
术进行了说明，并在此基础上设计用于休耕社会福利评估的问卷。

本章分四个方面，即价值评估指标（货币指标、非货币指
标）及其水平值的选取，选择集选项（标记的、非标记的）的设
定，实验设计的生成方法（全因子实验设计、正交实验设计、最
优实验设计），研究偏差（研究方法、问卷设计、问卷调研、数
据处理）的出现形式，对选择实验的问卷设计技术进行了综述。

对于休耕社会福利评估的指标设置，本书从行为指标的角度设
定了休耕面积、休耕区域、持续年限、种植类型四个非货币指标，
采用家庭每年生活成本的上升作为支付指标。使用 Ngene 1.1.1 软
件，基于贝叶斯最优实验设计生成了包含 48 个选择集的 CE 问卷，
每个选择集中包含两个休耕选项、两个不休耕选项，每份问卷需要
受访者完成 4 次独立的投票实验，每次均要求受访者从自身家庭的
情况出发投票给选择集中的一个选项。为满足后期对 CE 价值评估
结果稳健性检验的要求，在问卷中设定了条件打分、条件排序问
题，单、双边界 CV 问题。本章的最后，对使用选择实验问卷收集
数据的偏差避免方式进行了说明。

▶ 第四章
调研地点特征和样本描述性分析

一 调研地点

（一）地理位置

本书的研究区域为石羊河流域的甘肃省武威市，选取了武威市古浪县（上游祁连山脚）、凉州区（中游走廊平原）、民勤县（下游荒漠区）三个行政区域作为调研地点。石羊河流域是我国河西走廊三大内陆河流域（石羊河、黑河、疏勒河）之一，发源于西南部祁连山的八个支流，位于河西走廊东侧，自西向东蒸发量递增而降雨量递减。流域内水系向地势较低的东北方向汇集，并分为三大水系：南部的大靖河水系、北部的西大河水系和中间的六河水系。石羊河流域从行政区划上以凉州区和金川区为两大发展中心并辐射武威、金昌、张掖和白银4个地级市的9个县（区），总面积4.16万平方公里。本书的研究区域——武威市主要位于六河水系，整体呈现倒置的扇形特征：六个支流流经中游走廊平原区并汇集成石羊河干流，石羊河经红崖山进入下游民勤盆地，流至石羊河尾闾青土湖后消失于沙漠之中。

（二）社会经济发展概况

甘肃省武威市是石羊河流域经济、政治、社会发展的中心区域之一（Yao et al.，2017），人口占流域总人口的 78.4%，灌溉面积占 70%，GDP 占 61%，粮食总产量占 80%，是河西地区人口最集中、水资源使用程度最高、水土资源供需矛盾最突出的地区。武威市下辖三县一区，即凉州区、天祝藏族自治县、民勤县、古浪县，是以农业发展为主的地区。其中，位于下游的民勤县平均海拔 1400 米，被巴丹吉林沙漠和腾格里沙漠三面包围，是全国荒漠化面积较大、危害最严重的地区之一；位于中游的凉州区平均海拔 1632 米，大部分为走廊平原，此外还包括少部分的西南山地和东北的沙漠区，该区域为武威市经济、社会发展的核心，曾因灌溉规模的扩大与下游的民勤县形成严重的用水冲突；上游的古浪县平均海拔 2500 米，通过降雨和冰川融雪水补给石羊河流域内用水，人口主要集中于中部的平原绿洲农业区，此外还包括南部山地和北部荒漠地带；上游的天祝藏族自治县仅有一部分属于石羊河流域，且以畜牧业为主，和本书研究的休耕政策相关性不强，因此在调研地点的选取上没有包括这一区域。

本书的调研区域为凉州区、民勤县、古浪县，2015 年三个县（区）的经济统计数据（甘肃发展年鉴编委会，2016；武威市统计局，2016）表明：凉州区经济发展水平最高，GDP 为 261.16 亿元，人均收入为 25318.25 元，城市和农村居民可支配收入分别为 22885 元、11178 元；民勤县经济发展水平次之，GDP 为 69.56 亿元，人均收入为 25421.10 元，城市和农村居民可支配收入分别为 18661 元、10519 元；古浪县经济发展水平最低，GDP 为 40.85 亿元，人均收入为 10570.20 元，城市和农村居民可支配收入分别为 17782 元、5412 元。2015 年末人口总数为 169.16 万人（凉州区、民勤县、古浪县占比分别为 60.98%、16.18%、22.85%），常住人口为 164.05 万人（凉州区、民勤县、古浪县占比分别为 61.66%、14.70%、23.64%），城市人口为 37.91 万人（凉州区、民勤县、古浪县占比分别为 79.82%、11.19%、8.99%）。凉州区总面积为 5081 平方公里，2015 年耕地资源面积为 147.27 万亩，农村人口人均占有耕地面积为 2.02 亩，有效灌溉面积为 138.75 万亩，有效灌溉率为 94.21%，全年完成农作物播种面积为 167.20 万亩，其中粮食作物为 108.63 万亩（占农作物播种面积的 64.97%），经济作物播种面积为 58.57 万亩（占农作物播种面积的 35.03%）。民勤县总面积为 15907 平方公里，2015 年耕地资源面积为 89.31 万亩，农村人口人均占有耕地面积为 3.86 亩，有效灌溉面积为 79.07 万亩，有效灌溉率为 88.53%，全年完成农作物播种面积为 83.77 万亩，其中粮食作物种植面积为 23.56 万亩（占农作物播种面积的 28.12%），经济作物为 53.14 万亩（占农作物播种面积的 63.44%），饲草面积为 7.07 万亩（占农作物播种面积的 8.44%）。古浪县总面积为 5103 平方公里，2015 年耕地资源面积为 112.97 万亩，农村人口人均占有耕地面积为 3.20 亩，有效灌溉面积为 57.14 万亩，有效灌溉率为 50.58%，全年完成农作物播种面积为 90.96 万亩，其中，粮食作物种植面积为 57.98 万亩（占农作物播种面积的 63.74%），经济作物为 26.91 万亩（占农作物播种面积的 29.58%），饲草面积为 6.07 万亩（占农作物播种面积的 6.67%）。

（三）资源环境压力

武威市属于我国资源环境压力巨大，生态环境脆弱的典型区域。区域内自然条件恶劣，集中表现为水资源严重匮乏和土地荒漠化严重两个方面。在水资源方面，2015 年平均降雨量为 255.7 毫米，且主要集中在每年的 4 ~ 9 月这个时期（占全年的 80% 以上），特别是集中在 7 ~ 9 月（占全年的 70% 以上）；蒸发强烈，上游祁连山高寒半干旱湿润区蒸发量为 700 ~ 1200 毫米，中游走廊平原温凉干旱区年蒸发量为 1300 ~ 2000 毫米，下游温暖干旱区年蒸发量为 2000 ~ 2600 毫米。区域内水资源总量为 14.93 亿立方米，其中地下水资源总量为 8.67 亿立方米，人均水资源量为 820.42 立方米，人均水资源量略高于甘肃省平均水平的 787.49 立方米，但严重低于全国人均水平的 2348.03 立方米。区域内降雨量不足与蒸发量过高造成了严重的生态环境问题，特别是改革开放之后，经济的增长、人口规模的扩张、灌溉面积的持续增加，加之不合理的水资源开发规划使得中游的凉州区耗水逐年递增，下游民勤县地表来水量日益减少。下游民勤县为保障灌溉用水，大量开采地下水补充地表水的不足，年均过量超采地下水 2.96 亿立方米。中游过量使用地表水，下游过度抽取地下水，中游和下游用水矛盾造成了地下水位的下降，天然植被大量枯死和沙漠化蔓延。直到 2016 年，武威市的绿洲承载人口每平方公里在 300 人以上，供水总量为 15.85 亿立方米（其中地表水总量为 10.31 亿立方米，占 65.05%），其中农业用水、工业用水、居民生活用水、城市公共用水、生态环境用水分别占到 89.93%、5.81%、2.20%、1.16%、0.91%，水资源开发利用率为 106.16%。在土地资源方面，地下水的过量开采、地表水蒸发强烈和水资源矿化度较高，导致了严重的土地盐碱化；此外，由于该区域距离沙漠较近，春季干旱少雨，下游的民勤绿洲更是占据着遏制巴丹吉林沙漠和腾格里沙漠合围的重要生态地位，整体上各类荒漠化土地面积占到区域面积的一半以上，土地荒漠化严重。

为缓解区域内水土资源的严重压力，缓解日益严重的生态环境问题，上级政府从 2001 年开始启动流域综合治理实践，设立了统一的流域管理机构并组建流域管理委员会，出台了包括《甘肃省石羊河流域水资源管理条例》等多项政策规定。2006 年中央政府开始实施以 2020 年为目标年份的《石羊河流域重点治理规划》，对上游、中游、下游水资源配置进行详细的规划，提出了调整产业结构、生态建设与保护工程等六项重点治理措施；2011 年对原有治理规划进行了调整，将 2011~2020 年实施的任务集中到 2015 年实现。2014 年底，《石羊河流域重点治理规划》的远期规划（2011~2020 年）明确地提出增加蔡旗断面下泄水量至 2.9 亿立方米和民勤盆地地下水开采量控制在 0.86 亿立方米，这两个最为重要的约束性目标要提前 6 年实现，水资源压力将暂时得到缓解。而耕地资源依然面临盐碱化、荒漠化的严重威胁，人为垦殖种植玉米、胡麻、葵花等农作物，造成高海拔地区灌木林线上移，低海拔地区林草地的退化。其结果是土壤保墒能力的下降，造成了严重的水土流失、河流淤塞和水库淤积；此外，产生了严重的沙尘天气，如 2016 年全年沙尘天气 16 天，当年（11 月 18 日）最大的一次沙尘天气单位立方米空气内 PM10 的小时浓度值达到 4770 微克，能见度仅为 0.8 千米。

调研的三个县（区）耕地总面积为 349.55 万亩，当地脆弱的生态环境和水资源短缺严重制约了耕地的持续利用和农民生活水平的提高。通过休耕可以缓解当地资源环境的压力，改善农村生活和生态环境，从而对于实现区域经济、社会可持续发展有重要的现实意义。本书对休耕的社会福利评估能够体现耕地资源对于流域内生态环境的重要性，为管理者制定休耕政策提供直接的支持。

二 调研过程和样本特征

(一) 调研过程

本书所使用的调研材料由针对城市、农村居民的调研问卷

（见附录一）和辅助调研讲解的小册子（见附录二）两部分组成。武威市休耕政策社会福利评估的调研问卷包含5个部分：第1部分是受访者对生态环境的看法，包括受访者对生态环境重要性判断、生态环境变化认知、生态政策满意度、生态环境问题感知等问题的看法；第2部分是受访者对农业生产的看法，包括对农业生产和生态环境关联的看法，对可能实施的休耕政策对生态环境影响的认可程度，对可能实施的休耕政策的实施方法偏好；第3部分是选择实验投票（4次投票实验），如前所述，包括休耕面积、休耕区域、持续年限、种植类型四个生态指标和一个生态付费的价值指标；第4部分是条件价值评估问卷，选择一类具体的休耕（如休耕面积为1万亩、休耕区域为风沙源区、持续年限为休耕3年、种植类型为灌木）方案，询问受访者的支付意愿，并在下一页请受访者对所需支付的价格进行第二次投票；第5部分为受访者个人和家庭的基本情况，包括个人的性别、年龄、受教育年限等方面。调研辅助讲解手册（小册子）包含大量的图片，对休耕的目的、实施方法、价值评估指标、成本支付方式等进行了详细的说明。

　　预调研在2016年7月25日至7月30日，在预调研后对问卷中存在语义模糊和信息不当的内容进行了修改和优化。在正式调研前对调研员进行了为期两天的培训，调研员在此之前均有CE问卷调研的经历，并被要求严格遵守统一的调研流程，如出示调研卡和介绍信，给予受访者充分的时间阅读问卷，帮助受访者理解问卷内容，不允许过度阐述问卷的内容，保持一致的措辞，赠予调研礼品等。正式调研在2016年8月16日至8月29日，使用了分层随机抽样的方法。根据与城市中心区域的远近，选取了调研地点：凉州区，在城市选取了东关街、南关街、东大街、西大街、南环路、天马路等分散的街道地点，在农村选取了丰乐镇、黄羊镇、双城镇、武南镇、西营镇、谢河镇、永昌镇、永丰镇等

8 个调研地点；民勤县，在城市选取了东大街、西大街、南大街、北大街、广场路等分散的街道地点，在农村选取了三雷镇、大坝乡、大滩乡、红沙梁乡、泉山镇、苏武乡等 6 个调研地点；古浪县，在城市选取了东大街、西大街、昌盛街、新民街等分散的街道地点，在农村选取了定宁镇、泗水镇、土门镇、永丰滩乡等 4 个调研地点。在具体的调研地点，根据人口比例分配了调研问卷的数量，并采用分层随机抽样的方式抽取了调研样本。

由于在 SP 研究中相关学者推荐采用面对面调研的方式（Carson，2005）以获取受访者信任和提供及时的辅助，我们在数据收集过程中也以户为单位，采取调研员以入户的方式进行面对面调研。10 位调研员首先就问卷中的热身问题（前两个部分）进行询问；其次，在受访者回答第二部分休耕政策认知的问题之前，开始展示小册子，调研员将受访者带入本书对休耕的假想情景，请受访者进行条件打分和条件排序；再次，调研员讲解了反映耕地非市场价值的指标，并示范如何进行生态环境变化的选择；最后，请受访者完成问卷之后的三个部分。调研员在每份问卷调研结束后，对受访者的配合程度、受访者的理解程度、问卷整体的有效程度等方面进行判断。

（二）城乡居民样本特征

本次调研回收问卷 779 份，在剔除无效问卷（80 份）后得到有效问卷 699 份[①]，有效问卷占回收问卷的比例为 89.73%。本书筛选有效问卷的标准主要包括信息不完整、受访者自评和调研员评价等，对回收问卷进行整理发现，存在数据缺失、不确定性支付、抗议性支付、对问卷理解程度低、配合程度低等各项偏差的

────────

① 由于调研采用了一对一面对面的调研方式，被调研者在开始填写问卷后，均被记为回收问卷。经调研员估算，在了解到我们问卷调研目的后，拒绝填写问卷的受访者比例占回收问卷的比例不超过 1/4。

问卷合计 80 份。对 699 份有效问卷进行描述性统计分析，结果如表 4 - 1 所示。

表 4 - 1 对有效样本的描述性统计分析

变量	城市	农村	合计
样本量（个）	319	380	699
性别（男性比例，%）	62.38	69.74	66.38
年龄（岁）	37.01	47.26	42.58
居住年限（年）	33.30	45.52	39.94
持续居住比例（%）	78.68	85.00	82.12
受教育年限（年）	12.49	8.39	10.26
家庭人口规模（人）	4.10	4.46	4.29
无收入人口比例（%）	39	38	39
家庭支出（元）			
教育医疗支出	13785.86	15933.16	14953.20
人情礼品支出	5772.10	5312.85	5522.44
通信支出	2885.13	2472.53	2660.82
能源支出	4040.16	3949.68	3990.97

有效样本中，城市样本占 45.6%，农村样本占 54.4%。男性样本占 66.4%，女性样本占 33.6%，男性比例高于女性的原因是，我们采取了入户调研的方式，家庭往往推举作为户主的男性来填写我们的问卷。从样本特征来看，抽取的被调查居民总体平均年龄为 42.6 岁。被调查居民在武威市所辖范围内的平均居住年限为 39.9 年，是平均年龄的 93.7%，且未来十年继续留在武威市居住的比例占到样本总量的 82.1%，说明我们选取的样本对武威市的生态环境状况感知度较高，且会顾虑到未来武威市生态环境的发展。样本所在家庭的平均人口规模为 4.3 人；家庭中无收入的老人、儿童与失业人员（无收入的家庭人口）占总人口的比例为 39%。本书使用教育医疗支出、人情礼品支出、通信支出

（包括宽带费、电话费等）、能源支出（包括电、煤、汽油、天然气等费用）① 四个方面来分别反映家庭的日常负担、社会网络、信息获取、家庭财富状况。这是由于，在以往的调研过程中，我们发现被调研人往往隐瞒家庭财富状况，特别是在入户调研过程中更容易引起被调研人对调研员的警惕。而使用家庭支出作为家庭日常负担、社会网络、信息获取、家庭财富状况的代理变量，更容易被对方接受并获取真实的家庭信息。对比城市居民和农村居民样本，城市受访者样本量、平均年龄和家庭人口规模低于农村受访者，受教育年限长于农村受访者，这一样本特征符合城乡居民的分布特征，样本具有代表性。家庭支出方面，农村居民的教育医疗支出高于城市居民，这是由于我们在实地调研中发现农村居民家庭为了孩子的教育往往会选择进城陪读，同时农村居民家庭老人患病的报销比例不高；人情礼品支出、能源支出（主要指非生产经营性油耗、家庭能源动力等）方面差异不大，这是由于当地农村居民"随礼"（如考上大学、生育、婚丧嫁娶等）氛围浓厚，且家庭能源往往以电力、液化天然气为主，与城市居民差异不明显；通信支出（主要指邮寄费、电话费、上网费等）农村略低于城市，这是由于当地城市信息通信发达程度高于农村。

（三）分行政区域的样本特征

有效问卷分布于凉州区、民勤县、古浪县，对样本进行分组的描述性统计分析结果如表 4－2 所示。从有效样本的分布情况可以看出，凉州区、民勤县、古浪县三个行政区域内的有效样本所占比例分别为 37.20%、33.33%、29.47%。在每个行政区域内，城市居民的样本数量均低于农村居民，例如凉州区内城市和农

---

① 这里的支出均指正常支出，不包括为获取经营性收入而进行的投资行为。例如为维持销售业务而产生的通信支出、为搞运输而产生的能源支出并不包括在内。这一处理方式避免了异常值的产生，且数据统计口径一致。

村样本的比例分别为 **48.08%**、**51.92%**。由此可见，有效样本在不同行政区域内和城乡之间的分布较为平均，与调研过程中在各个区域的调研问卷分配比例相当，没有出现较大的样本分布偏误。

表 4 – 2　分行政区域的样本描述性统计分析

变量	凉州区			民勤县			古浪县		
	城市	农村	合计	城市	农村	合计	城市	农村	合计
样本量（个）	125	135	260	98	135	233	96	110	206
性别（男性比例，%）	69.60	71.85	70.77	66.33	71.11	69.10	48.96	65.45	57.77
年龄（岁）	38.58	44.24	41.52	37.37	51.27	45.42	34.59	46.02	40.69
居住年限（年）	34.50	42.88	38.90	33.88	48.64	42.40	31.17	44.92	38.50
持续居住比例（%）	78.40	80.00	79.23	80.61	87.41	84.55	77.08	88.18	83.01
受教育年限（年）	12.45	8.83	10.57	12.91	8.43	10.31	12.11	7.80	9.81
家庭人口规模（人）	4.11	4.67	4.40	4.07	3.99	4.02	4.11	4.77	4.47
无收入人口比例（%）	42	40	41	32	32	32	45	43	44
家庭支出（元）									
教育医疗支出	14341	14012	14170	12313	18107	15670	14567	15623	15131
人情礼品支出	6180	4473	5294	5857	4936	5323	5154	6807	6037
通信支出	3193	2174	2664	3211	2396	2739	2151	2932	2568
能源支出	3880	2921	3382	4052	4187	4130	4237	4921	4602

从样本的个体特征来看，凉州区和民勤县的受访者性别比例接近，古浪县城市居民中男性受访者比例低于其他区域，但未产生明显的偏差；在年龄和受教育年限上，三个区域城市居民年龄明显低于农村居民年龄且城市居民受教育年限明显长于农村居民，这与表 4 – 1 的总体特征是相似的，也符合当地实际。从样本的家庭特征来看，城市居民家庭人口规模接近或小于农村居民家庭人口规模，古浪县农村居民的家庭人口规模最大，民勤县农村居民的家庭人口规模最小；从无收入人口比例数值来看，古浪县的家庭无收入人口比例最高而民勤县的家庭

无收入人口比例最低，这是由于古浪县属于国家级贫困县，而民勤县人口结构偏年轻化（武威市统计局，2016）。最后，从家庭支出可以看出，民勤县农村的教育医疗支出明显高于其他区域，这是由于当地农村居民重视教育，在下一代学业的投资上不吝成本，一个有代表性的事实是民勤县第一中学是省级重点高中；在人情礼品支出方面，古浪县农村样本的平均值最高，其次为凉州区城市样本，说明在贫困的古浪县农村地区和经济发展水平较高的凉州区城市人与人之间的社会网络效应都较强[①]；在通信支出方面，社会经济发展水平较低的古浪县总体的人均支出最低；在能源支出方面，古浪县农村居民的能源支出水平最高，这与当地气候条件和地理条件是相关的，由于农村多位于高海拔山地，冬季需要使用较多的能源取暖，且出行多为长距离因而较依赖私人交通工具，从侧面说明了本研究原计划使用能源支出来代替家庭财富状况的做法是不合适的。

三　生态环境和休耕政策的认知

本书在获得受访者对休耕政策方案的偏好信息前，使用热身问题对受访者的认知进行了研究，具体包括受访者对生态环境、农业生产与生态环境关联、休耕政策的看法。

（一）受访者对生态环境的看法

1. 总体有效样本分析

从表 4 - 3 可以看出，由于《石羊河流域重点治理规划》的

[①] 此处的结果可能的解释是，以往对社会网络的研究表明，社会资本在群体中的分布与收入存在正相关关系（Grootaert et al., 1999；Grootaert, 2001）；但同时也有研究表明，穷人可能更依赖社会资本，因此可能在某些社会资本的拥有量如社团、组织参与方面具有一定的优势（Collier, 2002）。

实施，总体上居民认为流域内生态环境在近 5 年有所改善（Q1）且对未来生态环境的持续变好表现出积极的态度（Q4）；但是，整体上居民对目前生态环境的满意度为一般（Q2），甚至有较大比例（31.3%）的受访者曾经因生态环境条件恶劣而考虑过迁移（Q6）；多数居民对先发展经济，再治理生态的想法持否定态度（Q3），但同时也有较高比例的居民认同这一说法，说明样本内部对生态问题看法的异质性较强；受访者大多参加过甚至经常参加压沙、植树等生态保护行动（Q5）；整体上居民认为禁牧、节水、生态移民、退耕等生态环境政策对家庭收入的影响偏负面（Q7），但他们大多认为生态环境的改善对家庭很重要（Q8）。

表 4 - 3　有效样本受访者对生态环境的看法（$N = 699$）

问题	选项（赋值）	1（%）	2（%）	3（%）
Q1. 生态环境变化感知	1. 改善了；2. 没什么变化；3. 变差了	61.2	21.9	16.9
Q2. 生态环境满意度	1. 满意；2. 一般；3. 不满意	28.3	49.8	21.9
Q3. 先发展经济，再治理生态的想法	1. 不同意；2. 无所谓；3. 同意	46.5	14.7	38.8
Q4. 对以后生态环境的看法	1. 会变好；2. 没什么变化；3. 会变差	65.1	4.1	11.4
Q5. 是否参加过生态保护行动	1. 经常参加；2. 很少参加；3. 没参加过	33.2	42.2	24.6
Q6. 是否由于生态原因，而考虑迁移	1. 经常考虑；2. 考虑过；3. 没考虑过	4.4	26.9	68.7
Q7. 环境政策对家庭收入的影响	1. 降低了收入；2. 没有影响；3. 增加了收入	35.4	47.9	7.6
Q8. 生态环境改善对家庭的重要程度	1. 不重要；2. 一般重要；3. 很重要	0.7	17.0	82.3

注：这里对问题文字进行了简化表述，详细的问题表述见书中分析和附录一，下同；Q4 和 Q7 在问卷中还有第四个选项——"说不清楚"，这里作为缺失值处理，因而 Q4 和 Q7 的 3 个选项百分之和不等于 100%；生态环境改善对家庭的重要程度为 1 ~ 10 的等级打分，这里将其分为三类，即不重要（0 ~ 3 分）、一般重要（4 ~ 6 分）、很重要（7 ~ 10 分）三个程度。

2. 分城乡居民的样本分析

从表4-4可以看出，城市居民对生态环境的看法（Q1、Q4）相对于农村居民略为积极，且对生态环境不满意的比例略低于农村居民（Q2），这可能是农村地区更容易受到生态环境问题的威胁，如耕地退化、水污染、植被退化等，也更依赖自然资源提供的各类生态系统服务。在因生态威胁而考虑迁出石羊河流域的比例（Q6）上，参加压沙、植树等生态保护行动的比例（Q5）上，城市居民和农村居民有着相似的分布。城市居民和农村居民对生态环境看法较大的不同体现在Q3、Q7和Q8上：政府实施的生态政策，如禁牧、节水、生态移民、退耕政策，对城市居民家庭收入整体影响的负面程度（19.4%）要远低于对农村居民家庭影响的负面程度（48.4%）；城市居民多数（61.4%）不同意先发展经济，再治理生态的观点，而农村有约1/3的居民不同意这一观点，近一半的居民认同这一观点；城市居民家庭对生态环境重要程度的感知要高于农村居民家庭。从Q3、Q7和Q8这三个问题可以看出，城市居民相对于农村居民更加重视生态环境的改善，但农村居民相对于城市居民潜在的家庭收入受生态环境改善的负面影响更大。这一结论意味着，生态环境改善导致的社会福利变化在城市和农村居民之间并不是平均分配的，农村居民更多地承担了生态环境改善的成本，但城市居民则是更多地获得了生态环境改善的收益。由此，根据福利经济学理论，我们认为需要发挥政府和市场的作用，消除福利分配过程中的市场失灵，兼顾公平与效率。

表4-4　分城乡居民统计的受访者对生态环境的看法

问题	城市（$N=319$）			农村（$N=380$）		
	1（%）	2（%）	3（%）	1（%）	2（%）	3（%）
Q1. 生态环境变化感知	72.1	16.9	11.0	52.1	26.1	21.8
Q2. 生态环境满意度	22.6	59.9	17.6	33.2	41.3	25.5

问题	城市（N = 319）			农村（N = 380）		
	1（%）	2（%）	3（%）	1（%）	2（%）	3（%）
Q3. 先发展经济，再治理生态的想法	**61.4**	**9.7**	**28.8**	**33.9**	**18.9**	**47.1**
Q4. 对以后生态环境的看法	68.0	3.1	9.4	62.6	5.0	13.2
Q5. 是否参加过生态保护行动	35.4	42.9	21.6	31.3	41.6	27.1
Q6. 是否由于生态原因，而考虑迁移	3.1	29.2	67.7	5.5	25.0	69.5
Q7. 环境政策对家庭收入的影响	**19.4**	**58.0**	**8.5**	**48.4**	**39.5**	**6.8**
Q8. 生态环境改善对家庭的重要程度	**0.0**	**12.5**	**87.5**	**1.3**	**20.8**	**77.9**

注：该表中问题的赋值与表 4 - 3 相同；加粗部分为城乡居民差异较大的选项结果。

3. 分行政区域的样本分析

从表 4 - 5 可以看出，三个行政区域在对生态环境的看法（Q1、Q4）、因生态问题考虑迁出石羊河流域的比例（Q6）、对生态环境改善对家庭的重要程度的看法（Q8）上，有着类似的概率分布。主要的不同体现在三个行政区域的居民对其他四个问题的看法上。在生态环境满意度（Q2）上，中游凉州区和下游民勤县的居民对生态环境有着类似的满意度，上游古浪县的满意度最高，这符合我们对上游地理位置和生态环境条件的了解。在对先发展经济，再治理生态这一观点的看法（Q3）上，凉州区和民勤县有约一半的居民不同意这一观点，而这一比例在古浪县仅有37.9%，即在对生态环境满意度最高的古浪县，相对于其他区域更愿意将经济发展的优先次序放到生态环境之前。这是由于古浪县经济发展水平不高，但生态环境条件较好，因此当地居民更为迫切地希望获得经济的发展，而非生态治理。下游民勤县参加压沙、植树等生态保护行动的比例（Q5），以及环境政策对家庭收入负面影响的比例（Q7）都要显著地高于上游和中游地区，说明下游民勤县居民为生态环境的改善做出了巨大贡献和牺牲。从公平的角度考虑，公共政策的制定应当更加重视对下游民勤县居民的生态补偿。

表4-5　分行政区域统计的受访者对生态环境的看法

问题	凉州区 （N = 260）			民勤县 （N = 233）			古浪县 （N = 206）		
	1 （%）	2 （%）	3 （%）	1 （%）	2 （%）	3 （%）	1 （%）	2 （%）	3 （%）
Q1. 生态环境变化感知	57.3	23.1	19.6	63.9	19.3	16.7	63.1	23.3	13.6
Q2. 生态环境满意度	**25.0**	**48.5**	**26.5**	**25.3**	**50.6**	**24.0**	**35.9**	**50.5**	**13.6**
Q3. 先发展经济，再治理生态的想法	**51.2**	**16.9**	**31.9**	**48.9**	**13.7**	**37.3**	**37.9**	**13.1**	**49.0**
Q4. 对以后生态环境的看法	64.2	4.2	16.9	63.9	5.6	6.0	67.5	2.4	10.7
Q5. 是否参加过生态保护行动	**21.5**	**48.1**	**30.4**	**48.1**	**39.9**	**12.0**	**31.1**	**37.4**	**31.6**
Q6. 是否由于生态原因，而考虑迁移	2.7	26.5	70.8	4.7	29.2	66.1	6.3	24.8	68.9
Q7. 环境政策对家庭收入的影响	**34.6**	**48.8**	**6.5**	**46.8**	**41.2**	**6.0**	**22.8**	**54.4**	**10.7**
Q8. 生态环境改善对家庭的重要程度	0.8	19.2	80.0	1.3	15.0	83.7	0.0	16.5	83.5

注：该表中问题的赋值与表4-3相同；加粗部分为不同区域居民差异较大的选项结果。

4. 受访者对生态环境看法的多选题

从表4-6可以看出，总体上受访者认为近5年改善非常明显的生态问题包括沙尘暴、水资源短缺和白色污染，其中沙尘暴的改善尤为明显。这一结论与近5年流域内沙尘天气的快速减少、流域内大力发展节水农业和从流域外调水的措施是相符的。仍希望得到进一步改善的生态问题包括水资源短缺、沙尘暴和植被退化，说明水资源短缺、沙尘暴仍是当地生态环境改善的重点，此外植被退化仍是当地居民希望解决而未得到解决的生态环境问题。在造成流域内生态问题的原因方面，水总量短缺，毁林、开荒，下游配水量过少是居民感知的生态环境的主要问题，其中水总量短缺是最为主要的原因。这与石羊河流域干旱少雨、蒸发量巨大的气候环境是相符的，人为原因里面以毁林、开荒和下游配水量过少为主要原因。在对当地生态改善影响较大的措施里面，人们认为压沙治沙，退耕还林、还草，禁止放牧是三大主要措施。

表4-6　受访者对生态环境看法的多选题

样本类别	近5年改善非常明显的生态问题	希望得到进一步改善的生态问题	造成流域内生态问题的原因	对当地生态改善影响较大的措施
总体	沙尘暴 68.4% 水资源短缺 39.5% 白色污染 36.6%	水资源短缺 68.7% 沙尘暴 60.7% 植被退化 44.8%	水总量短缺 80.3% 毁林、开荒 36.5% 下游配水量过少 31.0%	压沙治沙 69.2% 退耕还林、还草 61.2% 禁止放牧 59.4%
城市	沙尘暴 72.7% 白色污染 40.4% 植被退化 35.7%	水资源短缺 66.5% 水资源短缺 59.2% 白色污染 43.9%	水总量短缺 75.2% 毁林、开荒 43.9% 下游配水量过少 34.8%	压沙治沙 73.4% 退耕还林、还草 63.3% 禁止放牧 51.1%
农村	沙尘暴 64.7% 水资源短缺 43.9% 白色污染 33.4%	水资源短缺 76.6% 沙尘暴 55.8% 植被退化 47.9%	水总量短缺 84.5% 农业灌溉耗水过高 32.4% 毁林、开荒 30.3%	禁止放牧 66.3% 压沙治沙 65.8% 退耕还林、还草 59.5%
凉州区	沙尘暴 73.5% 水资源短缺 37.7% 白色污染 35.8%	水资源短缺 67.7% 沙尘暴 58.1% 植被退化 48.8%	水总量短缺 79.2% 毁林、开荒 36.9% 农业灌溉耗水过高 34.2%	退耕还林、还草 64.6% 压沙治沙 61.5% 节水灌溉 52.7%
民勤县	沙尘暴 68.2% 水资源短缺 41.6% 白色污染 35.2%	水资源短缺 68.2% 沙尘暴 67.0% 植被退化 42.9%	水总量短缺 80.3% 下游配水量过少 60.1% 毁林、开荒 37.3%	压沙治沙 80.7% 退耕还林、还草 63.5% 禁止放牧 59.2%
古浪县	沙尘暴 62.1% 水资源短缺 39.3% 白色污染 39.3%	水资源短缺 70.4% 沙尘暴 56.8% 白色污染 50.0%	水总量短缺 81.6% 毁林、开荒 35.0% 农业灌溉耗水过高 27.2%	禁止放牧 69.4% 压沙治沙 66.0% 退耕还林、还草 54.4%

　　注：此处为受访者对生态环境看法的多选题，全部的选项见附录一，这里仅列出了受访者选择比例最高的三个选项。

从城市、农村居民以及二者与总体的差异来看，城乡居民对近5年改善非常明显的生态问题、对当地生态环境改善影响较大

的措施这两个方面的认知存在相似性。在希望得到进一步改善的
生态问题方面，城市中排到第三位的是白色污染，而农村中排到
第三位的是植被退化。这可能是由于农村居民对植被生长情况的
了解程度更高，受到植被退化的影响较城市居民也更为直接。在
对造成流域内生态问题的原因认知方面，城市居民和农村居民存
在分歧，城市居民认为下游配水量过少是主要原因之一；而农村
居民认为农业灌溉耗水过高是主要原因之一。这是因为城市居民
认识到下游民勤县重要的生态地位，希望通过增加下游的配水量
来阻止风沙对流域的侵袭；农村居民对节水灌溉农业有着切身的
体会，如中游从一年两熟转变为一年一熟的季节性休耕、下游的
关井压田和滴灌政策、上游退耕还林政策等，能够认识到节水灌
溉农业有着较高的节水潜力。

从行政区域上来看，凉州区、民勤县和古浪县在对近 5 年改
善非常明显的生态问题、对当地生态改善影响较大的措施这两个
方面的认知存在相似性。在希望得到进一步改善的生态问题方
面，古浪县居民有更高的比例选择了改善白色污染问题，而非植
被退化。这是由于上游地区植被退化问题并不严重，白色污染问
题就凸显了出来。在对造成流域内生态问题的原因认知方面，下
游民勤县居民更多地选择了下游配水量过少，上游和中游地区的
居民都未将此列为生态问题的前三位，而是对农业灌溉耗水过高
的问题表示了担忧。根据我们的实地调研经验，这是由于上游和
中游地区的居民认为《石羊河流域重点治理规划》实施以来，下
游民勤县已获得了足够多的生态配水量，希望未来能更多地关注
解决农业灌溉耗水占总耗水比例过高的问题。

（二）受访者对农业生产与生态环境关联的看法

本书通过李克特五级量表打分的方法，研究了武威市居民
对农业生产与生态环境关联的看法，如图 4 - 1 和图 4 - 2 所示。

图4-1表明，总体上，当地居民认为农业生产会对生态环境造成较大的影响，表现在有一半以上的居民完全认可流域内放牧、垦荒会造成生态问题；接近一半的居民完全认可农户为改善生态做出了很大的贡献；有约40%的居民完全认可愿意多花钱来换取生态环境的改善。城市和农村居民的差异主要体现在生态付费问题上，城市居民对多花钱换取生态环境改善的完全认可程度低于农村居民，这可能是生态环境的改善对农户生产活动的影响更大，因此农户愿意为此付费的比例要高于城市居民。但我们并不能确定两类样本付费总量上，农村地区是否高于城市地区，对付费总额的量化需要建立更为复杂的计量模型。

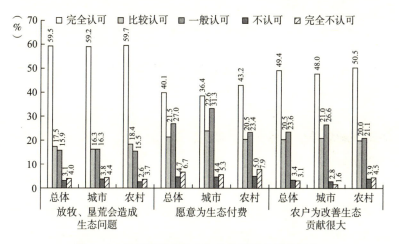

图4-1　居民对农业生产与生态环境关联的看法

分行政区域的居民对农业生产与生态环境关联的看法如图4-2所示。从图中可以看出，各区域居民对放牧、垦荒会造成生态问题的认可程度不存在较大差异，差异主要体现在其他两类问题上。在愿意为生态付费的认可程度上，民勤县居民的认可程度要显著高于其他两类样本；在农户为改善生态做出很大贡献方面，古浪县居民的认可程度要显著低于其他两类样本。可能的原因是，下游民勤县居民的生态危机感更为强烈，而上游的古浪县农业发展受水资源短缺的影响程度相对于中下游而言较低。

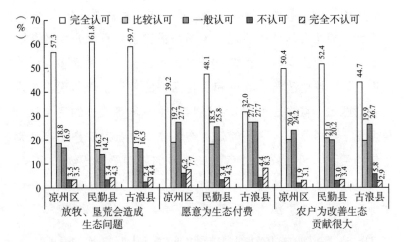

图 4 − 2 分行政区域的居民对农业生产与生态环境关联的看法

（三） 受访者对休耕政策的看法

从条件打分情况（见图 4 − 3）可以看出，总体上居民认可休耕政策能够导致耕地资源生态系统服务的增加，对每一类生态系统服务增加的完全认可程度都在一半以上，对生态系统服务增加的不认可和完全不认可程度基本在 5% 以下。对休耕政策导致生态环境改善的最高完全认可程度为 "改种防风固沙的植物，用植被覆盖裸露地表，可以减缓沙漠的前进，减少沙尘天气"；其次为 "减少了农药、化肥、农膜的使用，减少了水土流失，可以保护地表水水质和水量" "植被更多了，野生动物会有更多的生存空间，如蜜蜂、蝴蝶、野鸭、雀鹰的数量会增加" "节约了灌溉用水，可以提升地下水水位，减少自然植被的枯死"；最后为 "改种耐盐、耐旱的植物，能够改善盐碱化耕地的质量，未来农产品的质量和产量更有保障"。

这一结果表明，居民对休耕政策的认可程度结合了当地生态条件和政策本身的特征。我国休耕政策试点规划将甘肃省作为西北生态严重退化区域进行任务分配，我们的研究结果也表明，当地居民更加关注的是休耕带来的生态环境的改善，而非耕地质量和农产品产量。同时这一结果也暗示了，休耕政策符合当地居民对于生态环境改善的迫切希望，如当地居民最希望得到改善的三个生态问题是水资源短缺、沙尘暴和植被退化，反映在休耕政策中表现为地表水和地下水保护、防风固沙和植被恢复上。因此，在武威市实施休耕政策的假想情景既满足我国休耕政策试点规划的设计要求，也满足当地居民对生态改善的迫切需求。

　　从城市和农村的差异来看（见图4-3），城市、农村居民的选择不存在显著的差异。在前四个问题的选择上，城市居民的完全认可程度略低于农村居民；但在最后一个问题，即"改种耐盐、耐旱的植物，能够改善盐碱化耕地的质量，未来农产品的质量和产量更有保障"的完全认可程度上，城市居民略高于农村居民。可能的原因是，对于前四个问题，休耕政策会直接影响这些生态系统服务的变化，农村居民与相关生态系统服务的关系更为密切，因而会对休耕政策有着更高的完全认可程度；对于最后一

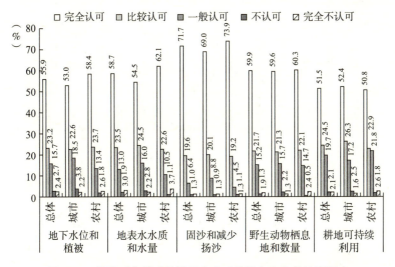

图4-3　居民对休耕政策引起生态系统服务变化的认可程度

个问题，城市居民由于不直接参与农业生产，相对于农村居民更加关注农产品产量的持续供给和质量的安全程度，因而会对休耕政策提供的保障作用更为认可。

凉州区、古浪县和民勤县居民对休耕政策的选择存在一定的差异（见图4-4）。具体表现为，凉州区、古浪县这两个区域的居民选择不存在大的差异，虽然凉州区居民对于前四个问题选择的完全认可程度基本略高于古浪县居民，但是最后一个问题的完全认可程度略低于古浪县居民；民勤县居民对每一类生态系统服务增加的完全认可程度均高于其他两类样本。因而，整体上从上游、中游到下游，居民对休耕政策产生的生态系统服务增加的完全认可程度越来越高。特别是下游的民勤县居民，由于特殊的生态条件而亟待采取进一步的措施缓解生态环境的压力，其对缓解耕地生态系统退化的休耕措施认可程度最高。

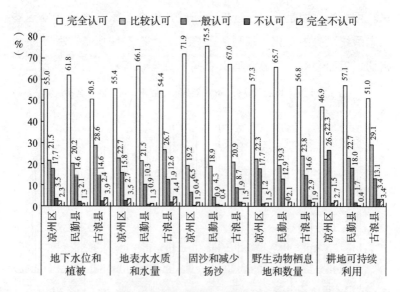

图4-4　分行政区域的居民对休耕政策引起生态系统
服务变化的认可程度

四　投票特征

（一）CE 投票特征

在 CE 的问卷中，每位受访者将会进行 4 次投票实验，因此 699 个有效样本可以得到 2796 个投票结果。

根据投票的结果（见表 4 - 7），可知全部样本中选择休耕选项 1 和选项 2 的比例分别为 43.8% 和 41.1%，比例不存在明显差异。这说明本书使用非标记的实验设计方法生成的结果是有效的，没有产生依休耕选项变动的常数项。合计 84.9% 的居民选择休耕选项，说明在 CE 中，绝大部分的居民对于休耕有支付意愿。此外，不愿意为休耕付费的占 15.1%，其中不支持休耕且不愿意付费的比例仅为 2.2%。这说明我们通过加入"我支持休耕，但不能（或不愿意）付费"的选项，能够很好地减小由道德压力造成的肯定性回答偏差。

表 4 - 7　有效样本 CE 投票实验的计数统计（括号内为组内占比）

项目	全部	城市	农村	凉州区	民勤县	古浪县
休耕选项 1	1226 （43.8%）	579 （45.4%）	647 （42.6%）	437 （42.0%）	415 （44.5%）	361 （43.8%）
休耕选项 2	1149 （41.1%）	530 （41.5%）	619 （40.7%）	440 （42.3%）	374 （40.1%）	339 （41.1%）
赞同休耕，不付费	360 （12.9%）	155 （12.1%）	205 （13.5%）	132 （12.7%）	123 （13.2%）	106 （12.9%）
不休耕，不付费	61 （2.2%）	12 （0.9%）	49 （3.2%）	31 （3.0%）	20 （2.1%）	18 （2.2%）
总计	2796	1276	1520	1040	932	824

对比农村居民和城市居民的差异，城市居民愿意支付的比例略高于农村居民；而且不付费的城市居民中，不支持休耕且不愿

意付费的比例低于农村居民。对比凉州区、民勤县和古浪县的数据，古浪县居民愿意付费的比例最高但与其他两个区域也没有形成较大差异，古浪县不支持休耕且不愿意付费的比例与其他两个区域也没有形成较大差异。分组统计的结果中，选项 1 和选项 2 的比例同样没有出现明显的差异，说明数据内在结构稳定。

（二）CV 投票特征

由于单边界二分式 CV 问题可能的投标值为 5，10，15，25，35，50，65，80，100，120，150，190，240，300（单位为元，见表 3-4），投标值的频数合计为 50.5 次，而有效的城市居民样本数量为 319 份[①]，因此可以估算出该频数被循环了 6.32 次。对投标值进行计数统计，得到的结果如表 4-8 所示。

表 4-8　城市居民投标值的频率分布

投标值（元）	5	10	15	25	35	50	65	80	100	120	150	190	240	300	合计
设计频数（次）	0.5	2	3	4	4	7	7	6	5	4	3	2	2	1	50.5
实际频数（次）	3	14	21	25	24	46	44	37	34	26	20	13	8	4	319
占比（%）	0.94	4.39	6.60	7.84	7.52	14.42	13.79	11.60	10.66	8.15	6.27	4.08	2.51	1.25	100

从表 4-8 可知，每个投标值设计频数出现的最大循环（实际频数除以设计频数）为 7 次（如 10 元、15 元），最小循环为 4 次（如 240 元、300 元），位于均值 6.32 次附近，符合样本统计特征。根据两次投票的结果，可以将样本分为 4 组，分别是：两

[①] 由于我们的调研包含若干研究目的，在针对农村居民的问卷设计中未能包含条件价值评估问题。在本书中，使用条件价值评估验证 CE 社会福利评估的稳健性时，仅限于城市居民样本。

次投票均支持休耕，记为 Yes - Yes；第一次支持休耕，第二次选择不休耕，记为 Yes - No；第一次选择不休耕，第二次支持休耕，记为 No - Yes；两次投票均选择不休耕，记为 No - No。对于单边界、双边界二分式投票结果的分组计数统计如表 4 - 9 所示。

表 4 - 9　城市居民各投标点的投票人数和分布

价格（元）	分组（A：人数，人　　B：比例，%）									
	Yes - Yes		Yes - No		No - Yes		No - No		合计	
	A	B	A	B	A	B	A	B	A	B
(2, 5, 1)	1	0.31	1	0.31	0	0.00	1	0.31	3	0.94
(5, 10, 2)	14	4.39	0	0.00	0	0.00	0	0.00	14	4.39
(10, 15, 5)	19	5.96	2	0.63	0	0.00	0	0.00	21	6.58
(15, 25, 10)	24	7.52	0	0.00	0	0.00	1	0.31	25	7.84
(25, 35, 15)	18	5.64	2	0.63	1	0.31	3	0.94	24	7.52
(35, 50, 25)	41	12.85	0	0.00	0	0.00	5	1.57	46	14.42
(50, 65, 35)	32	10.03	3	0.94	3	0.94	6	1.88	44	13.79
(65, 80, 50)	27	8.46	5	1.57	1	0.31	4	1.25	37	11.60
(80, 100, 65)	22	6.90	4	1.25	3	0.94	5	1.57	34	10.66
(100, 120, 80)	21	6.58	2	0.63	1	0.31	2	0.63	26	8.15
(120, 150, 100)	14	4.39	2	0.63	0	0.00	4	1.25	20	6.27
(150, 190, 120)	10	3.13	2	0.63	1	0.31	0	0.00	13	4.08
(190, 240, 150)	4	1.25	1	0.31	2	0.63	1	0.31	8	2.51
(240, 300, 190)	2	0.63	1	0.31	0	0.00	1	0.31	4	1.25
合计	249	78.06	25	7.84	12	3.76	33	10.34	319	100

表 4 - 9 的投票结果显示，仅看单边界二分式投票的结果，有 85.90%（78.06% 和 7.84%）的城市居民选择支持休耕，这与 CE 中 84.9% 的城市居民选择实施休耕政策的选项 1、选项 2 的结果是近似的。从双边界二分式投票结果来看，有 78.06% 的城市居民的两次投票结果均选择支持休耕；有 10.34% 的城市居民的两次投票结果均不愿意通过付费支持休耕。此外，受访者在

第一次投票选择支持休耕，第二次投票选择不休耕的比例仅为 7.84%；受访者在第一次投票选择不休耕，第二次投票选择休耕 的比例也较低，为3.76%。这一结果与 Bateman 等（2002）、Car-son 等（2009）的研究结果具有相似性，第二次投票实验结果与 第一次投票实验结果不同的比例低于两次投票实验结果相同的 比例。

五　本章小结

本章对研究区域——武威市的地理位置、社会经济状况和生 态环境特点进行了描述，阐明了武威市存在严重的生态退化问 题，符合国家在甘肃省实施休耕试点计划的初衷。在此基础上， 使用选择实验问卷在武威市的城市和农村调研得到 699 份有效问 卷，凉州区、民勤县、古浪县三个行政区域内的有效样本数量分 别为 260 份、233 份、206 份，城市和农村的有效样本数量分别为 319 份、380 份，分布较为均衡。另外，分城乡、分行政区域对 有效问卷的社会经济特征进行了描述性统计分析。

本章对受访者对生态环境的看法的统计分析得到了较为丰富 的结论，主要有：流域内居民普遍认为生态环境问题（特别是沙 尘暴、水资源短缺和白色污染三个方面）有所缓解并希望进一步 得到改善，认同生态环境的重要作用并身体力行地参与了生态环 境的建设，认同压沙治沙，退耕还林、还草，禁止放牧三大政策 在改善生态环境中的重要作用。城市居民相对于农村居民更加重 视生态环境的改善，同时农村居民相对于城市居民潜在的家庭收 入受生态环境改善的负面影响更高；农村居民相对于城市居民更 倾向于未来植被退化问题能够得到有效缓解并认为农业灌溉耗水 过高是造成流域生态问题的原因之一。上游的古浪县居民对生态 环境的满意度高于其他两个区域，改善的积极性低于其他区域；

下游的民勤县居民为生态环境的改善做出了巨大贡献和牺牲，并希望在未来获得更多的配水。在受访者对休耕政策的看法中，流域内居民认可休耕政策能够导致耕地资源生态系统服务的增加，民勤县居民相对于其他区域的居民更愿意多花钱换取生态环境的改善，整体上从上游、中游到下游，居民对休耕政策产生的生态系统服务增加的完全认可程度越来越高。这一结果表明，居民对休耕政策的认知结合了当地生态条件和政策本身的特征，在武威市实施休耕政策的假想情景既满足我国休耕政策试点规划的设计要求，也满足当地居民对生态改善的迫切需求。

投票实验结果的初步统计分析表明，CE 和 CV 中绝大部分的居民对于休耕有正的支付意愿，城市居民支付的比例略高于农村居民，古浪县的支付比例略高于其他两个区域。但对于 CE、CV 结果的绝对差异，即城市和农村居民支付意愿绝对值的差异、不同区域居民支付意愿绝对值的差异还需要后续章节的分析和检验，才能够得出确定性的结论。

第五章

纳入空间异质性的社会福利评估

一 模型设定

(一) 效应变量编码

本书中，根据福利指标的特点，将所有的福利指标均视为分类变量，而非连续变量。这是由于，一定的休耕面积和休耕时间（休耕年限或持续年限）是选择休耕区域和种植类型的前提：如果休耕面积为 0，讨论休耕时间、休耕区域或是种植类型都是没有意义的；同样地，如果休耕时间为 0，讨论休耕面积、休耕区域或是种植类型也是没有意义的。由此可知，受访者在选择集内权衡不同的休耕方案时，也是以一定的休耕面积和休耕年限为前提的。此时，如果将休耕面积或休耕时间作为连续变量处理，暗含的假定是：受访者对休耕时间、休耕面积的偏好是固定斜率的，不存在边际效用变动的可能。但是，我们并不能找到支撑这一假定的理论和现实证据。休耕制度的建立在国内尚属首次，仍处于探索试点阶段，政府和民众对于扩大休耕面积或增加休耕年限的判断都很谨慎。我们有理由认为，民众对于休耕面积和休耕年限的边际效用存在变动的可能。由此，在本书中的休耕时间、休耕区域指标应被视为离散的分类变量，并做出如下假设：休耕面积、休耕年限对个体效用的影响是非线性的。为检验这一假设，休耕面积、休耕年限、休耕区域、种植类型四个变量在本书中均被视为无序分类变量。

对分类变量的处理可以使用虚拟变量或效应变量的编码方式。以休耕面积为例，如果休耕面积增加 1 万亩、2 万亩、5 万亩，实际上将能够使得效用分别增加 1.0 个单位、3.5 个单位、4.5 个单位。表 5-1 是以休耕面积等于 1 万亩为对照组，展示了线性编码和两种非线性编码的方式。

表 5-1　变量的线性编码、虚拟变量编码、效应变量编码示例

指标	变量的线性编码	虚拟变量编码			效应变量编码		
	$area$	$area_1$	$area_2$	$area_5$	$area_1$	$area_2$	$area_5$
面积 1 万亩	1	0	0	0	0	-1	-1
面积 2 万亩	2	0	1	0	0	1	0
面积 5 万亩	5	0	0	1	0	0	1

首先，如果使用线性编码，效用函数中将只有一个变量，即休耕面积（$area$）。此时，休耕面积从 1 万亩增加到 2 万亩对效用的平均影响，被假定为等同于从 2 万亩增加到 5 万亩使得效用变化量的 1/3，即 1 万亩增加至 2 万亩的效用变化量／（2 万亩 -1 万亩）＝2 万亩增加至 5 万亩的效用变化量／（5 万亩 -2 万亩），$area$ 对效用的边际影响是一个常数，如图 5-1（a）所示。而实际上，边际效用存在变动的可能，例如效用变化量／（2 万亩 -1 万亩）＝2.5 个单位，效用变化量／（5 万亩 -2 万亩）＝1/3 个单位，即 $area$ 对效用的边际影响将是非线性的，那么需要使用虚拟变量编码或效应变量编码。

其次，在虚拟变量编码的方式下，变量回归系数的解释是处理组与对照组之间的差异，对照组对效用的作用被标准化为 0。此时，休耕面积等于 1 万亩被视为对照组，为避免"虚拟变量陷阱"将生成两个虚拟变量 $area_2$ 和 $area_5$，分别在 2 万亩、5 万亩的情况下取值为 1，在其他情况下取值为 0。$area_2$、$area_5$ 对效用的边际影响如图 5 - 1（b）所示，分别代表了 2 万亩休耕面积与对照组在对效用影响上的差别（2.5 个单位），5 万亩休耕面积与对照组在对效用影响上的差别（3.5 个单位）。研究采取合适的估计方法，虚拟变量编码的方式将能够反映边际效用的变动。

　　最后，在效应变量编码的方式下，变量回归系数的解释是处理组与平均水平之间的差异，也被称为处理效应（Treatment Effect），对照组的边际影响是其他所有处理效应之和的相反数。此时，休耕面积等于 1 万亩被视为对照组，同样地，生成两个虚拟变量 $area_2$ 和 $area_5$，分别在 2 万亩、5 万亩的情况下取值为 1，在 1 万亩的情况下取值为 -1，在其他情况下取值为 0。由于 1 万亩、2 万亩、5 万亩被视为无序分类变量，所以三者对效用的平均影响为 3 个单位。$area_2$、$area_5$ 对效用的边际影响如图 5 - 1（c）所示，此时回归系数代表了 2 万亩休耕面积与平均水平的差别（0.5 个单位），5 万亩休耕面积与平均水平的差别（1.5 个单位）。$area_1$ 对效用的影响是 $area_2$、$area_5$ 对效用的边际影响之和的相反数，即 -2 个单位（推导见附录三）。

　　有研究表明，两类非线性编码方式对建模分析的结果不会产生显著影响（Choice Metrics, 2012）。二者的不同体现在对模型回归结果解释的方式上：虚拟变量的系数解释是与对照组（此时，对照组作为基准）的差异，效应变量的系数解释是与平均水平（此时，平均水平作为基准）的差异。本书采用了效应变量的编码方式，不指定特定变量的某一类别作为基准，而是以平均水平作为基准。其好处在于，可以方便地计算休耕福利指标的平均效用，进而得出休耕政策对社会福利影响的平均增量。同样地，在

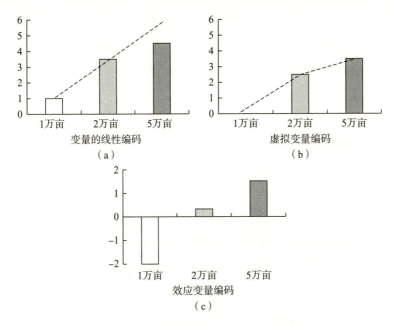

图 5 - 1　不同的变量编码方式对效用的影响

休耕政策的实践过程中，往往也并不以某一类福利指标（如单一休耕区域、单一种植类型）实施休耕政策，而是根据当地的实际情况选择多种方式的组合。因而，使用效应变量更能够方便地对回归系数进行解释，简化计算和反映现实。

（二）随机参数 Logit 模型

针对休耕的社会福利评估，在研究模型上选择了设定更加灵活的随机参数 Logit 模型。如第二章所述，随机参数 Logit 模型基于随机效用理论（Train，2009），将一定生态情景 i 下个体 n 的效用（U_{ni}）表示为：

$$U_{ni} = V_{ni}(\boldsymbol{\beta}_n) + \varepsilon_{ni} = \delta(ASC) + \boldsymbol{\alpha}_n(X_i) + \gamma_n(-P_i) + \varepsilon_{ni} \quad (5-1)$$

其中，$V_{ni}(\boldsymbol{\beta}_n)$ 是基于参数向量 $\boldsymbol{\beta}_n$ 的可观测的代表效用函数；ε_{ni} 是不可观测的随机效用，其概率密度函数记为 $f(\varepsilon)$。代表效用函数包括三个部分：ASC 是特定备择常数（Alternative Specific

Constant），在有生态恢复政策的情况下取值为 0，否则为 1，用于表示没有政策措施情况下的基准效用；向量 X_i 是用于价值评估的指标（即福利指标）在生态情景 i 下的取值； $-P_i$ 是为了达到生态情景 i 所不可避免的支出的相反数。由于支出对效用影响是负的，所以在效用函数中使用支出的相反数，这是为了便于将其参数分布设定为正值的分布，如对数正态分布、对称三角分布、Rayleigh 分布等（Hensher & Greene，2003）。$\boldsymbol{\beta}_n = (\delta, \alpha_n, \gamma_n)$ 是反映个体 n 对每个指标偏好程度的参数向量，研究者并不能观测到 $\boldsymbol{\beta}_n$，但可以对 $\boldsymbol{\beta}_n$ 在总体中的分布 $f(\boldsymbol{\beta}_n)$ 做出假定。

对福利指标 X_i 的设定如第三章表 3－2 所示，非货币指标全部变为效用变量：休耕面积，包括 2 万亩 $area_2$、5 万亩 $area_5$；持续年限，包括休耕 5 年 $year_5$、休耕 10 年 $year_{10}$；种植类型，包括草类 $grass$、灌木 $hedge$；休耕区域，包括水源保护区 $surf$、地下水超采区 $ground$、野生动物保育区 $animal$。模型设定如下：

$$\boldsymbol{\alpha}_n X_i = \alpha_{12n} \times area_2 + \alpha_{15n} \times area_5 + \alpha_{25n} \times year_5 +$$
$$\alpha_{210n} \times year_{10} + \alpha_{31n} \times grass + \alpha_{32n} \times hedge +$$
$$\alpha_{41n} \times surf + \alpha_{42n} \times ground + \alpha_{43n} \times animal \qquad (5-2)$$

其中，$\boldsymbol{\alpha}_n$ 服从均值为 $\boldsymbol{\mu}$、标准差为 $\boldsymbol{\sigma}$ 的正态分布。例如，α_{12n} 的分布为 N（μ_{12}, σ_{12}^2），μ_{12} 和 σ_{12} 均为模型的待估参数。

（三）空间异质性

国内已有研究表明，城市居民和农村居民在耕地保护的认知和支付意愿方面存在明显的差异（李明利，2009；马爱慧，2011；谭永忠等，2012a；王瑞雪，2005；姚柳杨等，2017）；同时，由于不同行政区域内的自然条件不同，居民偏好的耕地保护措施也会因居住地的不同而存在一定的差异（Johnston & Duke，2007；Aregay et al.，2016；Kosenius，2010）。这些差异在第四章（见表 4－4、表 4－5、图 4－3、图 4－4）中也有所反映，体现在城市和农村居民子样本，以及流域内不同位置（上游、中游、下游）居民子样本在休耕能够提供的生态系统服务的条件投票特征上均存在一定差异。因而模型设定也应当反映由流域位置带来的"流域空间异质性"和由城乡差异带来的"城乡空间异质性"。

对空间异质性的分析，可以根据空间位置将总体样本划分为不同的子样本分开进行估计，或是加入反映空间位置的变量，检验空间变量对偏好影响的显著性。本书有效样本数量为 699 个，如果同时按照流域位置和城乡差异划分总体，将会得到 6 类子样本，这将导致部分类别样本中的受访者不足 150 个，难以形成可信的估计结果；此外，如果同时将流域位置和城乡差异作为分类变量来处理，会产生过多的效应变量或虚拟变量，将导致严重的多重共线性问题，即模型估计中自变量之间存在过高的方差膨胀因子（Variance Inflation Factor，VIF），从而影响模型的正确估计（Allison，2012）。综合以上分析，本书在数据组织上将总体样本分为城市和农村两类子样本，在模型设定上根据受访者所处的流域位置设定了两个效应变量，具体如公式（5-3）所示：

$$< \mu, \delta > = < \mu_0, \delta_0 > + \lambda_u \times Gulang + \lambda_l \times Minqin \qquad (5-3)$$

其中，$Gulang$ 和 $Minqin$ 是代表受访者位于古浪县和民勤县的效应变量；λ_u 和 λ_l 是与 μ 维度相同的列向量，下标分别代表了上游（upper reaches）和下游（lower reaches），反映了流域异质性的处理效应。此时，本书的"城乡空间异质性"将通过分样本估计结果的对比来反映；"流域空间异质性"将通过效应变量估计结果的显著性来反映。

二　模型估计结果

（一）模型输出

使用基于 500 次 Halton 抽样的仿真似然 Mixed Logit 模型，并对效用函数进行如下设定。①ASC 的参数（δ）为固定参数，代表了效用的基准水平。②使用效应变量的编码方式，$area_2$、$area_5$、$year_5$、$year_{10}$、$grass$、$hedge$、$surf$、$ground$、$animal$ 这 9 个非货币指标的待估参数均为正态分布，是随机参数。③由于支出的边际效用总是负的，所以设定负的支付意愿的参数分布为均值等于分布范围一半的对称三角分布（Zhao et al.，2013），此时货币指标是随机参数。④在流域空间异质性上，使用了 $Gulang$、$Minqin$ 两个效应变量，引入效应变量编码方式的空间指标与 ASC 的交互项，以及与 9 个非货币效应变量待估参数均值的交互项。⑤在城乡空间异质性上，对城市、农村两个子样本进行分组估计。使用 Nlogit 5.0 软件估计上述模型，得到的结果如表 5 - 2 所示。

表 5 - 2 城市和农村居民包含空间异质性的随机
参数 Logit 模型 I 估计结果

参数类型	指标	城市			农村		
		估计值	标准误	z 值	估计值	标准误	z 值
固定参数及其异质性	ASC	- 2. 952 ***	0. 383	- 7. 710	- 3. 978 ***	0. 468	- 8. 490
	ASC × 民勤县	0. 122	0. 246	0. 500	0. 722 ***	0. 261	2. 760
	ASC × 古浪县	- 0. 194	0. 201	- 0. 960	- 0. 562 **	0. 228	- 2. 460
随机参数的均值（$\bar{\mu}_n$）	面积 2 万亩	0. 175	0. 161	1. 090	0. 189	0. 292	0. 650
	面积 5 万亩	0. 289 **	0. 113	2. 550	0. 240	0. 209	1. 150
	年限 5 年	0. 549 **	0. 227	2. 410	1. 115 ***	0. 377	2. 960
	年限 10 年	- 0. 026	0. 132	- 0. 200	- 0. 662 **	0. 264	- 2. 510
	类型草类	- 0. 029	0. 092	- 0. 310	- 0. 214	0. 201	- 1. 070
	类型灌木	- 0. 275 *	0. 144	- 1. 910	0. 419	0. 280	1. 500
	区域水源保护区	0. 014	0. 201	0. 070	- 0. 118	0. 349	- 0. 340
	区域地下水超采区	0. 345 ***	0. 130	2. 650	0. 260	0. 234	1. 120
	区域野生动物保育区	- 1. 395 ***	0. 279	- 5. 000	- 2. 761 ***	0. 671	- 4. 110
	付费相反数	0. 013 ***	0. 003	4. 900	0. 023 ***	0. 003	6. 720

续表

参数类型	指标	城市			农村		
		估计值	标准误	z 值	估计值	标准误	z 值
随机参数均值的异质性	面积 2 万亩 × 民勤县	0.055	0.224	0.250	0.338	0.428	0.790
	面积 2 万亩 × 古浪县	− 0.128	0.223	− 0.570	− 0.298	0.430	− 0.690
	面积 5 万亩 × 民勤县	0.123	0.155	0.790	− 0.344	0.305	− 1.130
	面积 5 万亩 × 古浪县	− 0.212	0.159	− 1.330	0.218	0.311	0.700
	年限 5 年 × 民勤县	− 0.388	0.294	− 1.320	− 1.060 **	0.515	− 2.060
	年限 5 年 × 古浪县	0.154	0.274	0.560	0.086	0.491	0.170
	年限 10 年 × 民勤县	0.408 **	0.194	2.100	1.057 ***	0.375	2.820
	年限 10 年 × 古浪县	− 0.141	0.188	− 0.750	− 0.096	0.352	− 0.270
	类型草类 × 民勤县	0.111	0.132	0.840	0.714 **	0.295	2.420
	类型草类 × 古浪县	− 0.088	0.132	− 0.670	− 0.015	0.289	− 0.050
	类型灌木 × 民勤县	− 0.208	0.198	− 1.050	− 0.872 **	0.418	− 2.090
	类型灌木 × 古浪县	− 0.044	0.196	− 0.230	− 0.390	0.407	− 0.960
	区域水源保护区 × 民勤县	0.214	0.290	0.740	0.276	0.527	0.520
	区域水源保护区 × 古浪县	− 0.290	0.283	− 1.020	0.263	0.531	0.490
	区域地下水超采区 × 民勤县	− 0.033	0.184	− 0.180	0.020	0.360	0.060
	区域地下水超采区 × 古浪县	0.013	0.180	0.070	− 0.052	0.350	− 0.150
	区域野生动物保育区 × 民勤县	0.099	0.318	0.310	0.591	0.763	0.770
	区域野生动物保育区 × 古浪县	− 0.195	0.324	− 0.600	− 0.431	0.779	− 0.550
随机参数的标准差 ($\hat{\sigma}_n$)	面积 2 万亩	0.229	0.503	0.450	0.056	0.316	0.180
	面积 5 万亩	0.440 **	0.222	1.980	0.684 ***	0.224	3.060
	年限 5 年	0.028	0.297	0.100	0.048	0.453	0.110
	年限 10 年	0.854 ***	0.169	5.060	0.840 ***	0.211	3.980
	类型草类	0.832 ***	0.183	4.540	1.278 ***	0.220	5.820
	类型灌木	0.431	0.476	0.910	1.235 ***	0.375	3.290
	区域水源保护区	1.543 ***	0.334	4.630	1.957 ***	0.410	4.780

续表

参数 类型	指标	城市			农村		
		估计值	标准误	z 值	估计值	标准误	z 值
	区域地下水超采区	1.002***	0.222	4.520	1.339***	0.263	5.080
	区域野生动物保育区	2.278***	0.353	6.450	4.176***	0.628	6.650
	付费相反数	0.013***	0.003	4.900	0.023***	0.003	6.720
样本量		319×4=1276			380×4=1520		
AIC 信息准则		2421.9			2826.6		
χ^2		461.75*** (自由度=40)			593.19*** (自由度=40)		
McFadden Pseudo R^2		0.165			0.178		

注：***、**、*分别代表模型估计结果在 1%、5%、10% 的置信水平下显著不为 0，下同。

由于引入了 2 个表示流域空间异质性的效应变量，即古浪县、民勤县，模型待估参数在不包含空间异质性 Mixed Logit 模型的基础上增加了 20 个，过多的待估参数产生了较多的不显著的估计结果，上述模型被记为模型 I。从城市和农村两个模型整体拟合效果来看，卡方检验均在 1% 的水平下显著，McFadden Pseudo R^2 均高于 0.150，表明两个模型在整体上均具有统计学意义上的显著性。

对模型 I 的固定参数 ASC 而言，我们使用了效应变量编码的方式，ASC 从 0（有休耕方案）到 1（无休耕方案）的变动，是一个对所有价值评估指标的水平值进行整体平均的结果，即 ASC 的相反数是受访者无所谓休耕面积（1 万亩、2 万亩或 5 万亩中的某个）、休耕时间（3 年、5 年或 10 年中的某个）、休耕区域（风沙源区、地下水超采区、水源保护区或野生动物保育区中的某个）和休耕后的种植类型（草类、灌木或林木中的某个），最终由这四个价值评估指标水平值任意组合而成的所有休耕方案的平均偏好。无论是城市居民还是农村居民的 ASC，其参数估计结果均显著为负，说明无休耕方案对流域内的城市或农村居民的平均效用都有显著的负向影响，任意组合的休耕方案都会产生显著的正向社会福利。但是，我们仍然不可以直接对比农村和城市居民平均偏好程度的大小，数据显示：城市居民对任意组合休耕方案的偏好（2.952）在数值上低于农村居民（3.978）；进一步对比两组居民对任意组合休耕方案的平均支付意愿，需要结合付费指标计算二者在效用函数中的边际替代率进而计算 ASC 变量的隐含价格，才能够在同一价值尺度下比较。

从 ASC 和民勤县、古浪县的交互项的参数估计结果可知，城市子样本中的交互作用不显著，农村子样本中的交互作用都是显著的。这意味着，对于城市居民而言，居住地点无论是位于流域的上游、中游或下游，其对任意组合休耕方案的平均偏好是相同的；对于农村居民而言，位于上游、中游、下游的偏好是存在异质性的，表现为民勤县农村居民对任意组合休耕方案的平均偏好程度（3.978 − 0.722）显著低于农村居民的整体平均水平（3.978），古浪县农村居民的平均偏好程度（3.978 + 0.562）显著高于整体平均水平（3.978），凉州区农村居民的平均偏好程度在数值上（3.978 − 0.562 + 0.722）高于整体平均水平（3.978），但并不显著。

从城乡空间异质性在随机参数均值方面的显著程度来看，农村子样本和城市子样本的流域空间异质性（古浪县、民勤县两个变量）与休耕面积、休耕区域的交互作用均不显著。这说明休耕面积、休耕区域这两个价值评估指标不存在显著的流域空间异质性。出现这一结果可能的原因有：一是我们分样本建立了 Mixed Logit 模型，空间异质性可能更多地被居民位于城市或农村来反映，之后我们可以通过计算城市和农村隐含价格的差异来验证这一因素是否存在；二是同样的休耕面积或同样类型的休耕区域在流域内的上游、中游、下游产生的生态系统服务本身就没有很大的不同，因而居民对这两个指标的偏好不存在流域空间异质性。休耕面积、休耕区域和流域位置变量的交互作用不显著，在模型估计过程中可能会影响其他变量的参数估计结果，从而影响模型的解释力度。因此，我们在模型 I 的基础上采用"向后逐步回归"的思想逐一去掉了在两个子样本（城市、农村）中均不显著的休耕面积、休耕区域的交互项，得到 Mixed Logit 模型的估计结果记为模型 II，如表 5 - 3 所示。

表 5 - 3　城市和农村居民包含空间异质性的 Mixed Logit 模型 II 估计结果

参数类型	指标	城市			农村		
		估计值	标准误	z 值	估计值	标准误	z 值
固定参数及其异质性	ASC	- 2. 911 ***	0. 371	- 7. 860	- 3. 887 ***	0. 465	- 8. 350
	ASC × 民勤县	0. 117	0. 237	0. 490	0. 800 ***	0. 254	3. 150
	ASC × 古浪县	- 0. 148	0. 185	- 0. 800	- 0. 616 ***	0. 214	- 2. 870
随机参数的均值（$\hat{\mu}_n$）	面积 2 万亩	0. 181	0. 159	1. 140	0. 208	0. 182	1. 140
	面积 5 万亩	0. 298 ***	0. 113	2. 640	0. 185	0. 130	1. 420
	年限 5 年	0. 538 **	0. 226	2. 380	1. 092 ***	0. 344	3. 180
	年限 10 年	- 0. 019	0. 132	- 0. 140	- 0. 668 ***	0. 249	- 2. 680
	类型草类	- 0. 024	0. 092	- 0. 260	- 0. 214	0. 198	- 1. 080
	类型灌木	- 0. 271 *	0. 143	- 1. 890	0. 372	0. 261	1. 420
	区域水源保护区	0. 012	0. 199	0. 060	0. 053	0. 224	0. 240
	区域地下水超采区	0. 342 ***	0. 128	2. 680	0. 244 *	0. 148	1. 650
	区域野生动物保育区	- 1. 382 ***	0. 273	- 5. 060	- 2. 660 ***	0. 474	- 5. 610
	付费相反数	0. 013 ***	0. 003	4. 920	0. 023 ***	0. 004	6. 620
随机参数均值的异质性	年限 5 年 × 民勤县	- 0. 364	0. 249	- 1. 460	- 0. 783 *	0. 416	- 1. 880
	年限 5 年 × 古浪县	0. 079	0. 224	0. 350	- 0. 116	0. 408	- 0. 280
	年限 10 年 × 民勤县	0. 370 **	0. 176	2. 110	0. 946 ***	0. 328	2. 880
	年限 10 年 × 古浪县	- 0. 048	0. 166	- 0. 290	- 0. 009	0. 315	- 0. 030
	类型草类 × 民勤县	0. 120	0. 132	0. 910	0. 702 **	0. 291	2. 420
	类型草类 × 古浪县	- 0. 100	0. 131	- 0. 760	- 0. 022	0. 283	- 0. 080
	类型灌木 × 民勤县	- 0. 160	0. 162	- 0. 990	- 0. 767 **	0. 366	- 2. 100
	类型灌木 × 古浪县	- 0. 093	0. 159	- 0. 580	- 0. 342	0. 353	- 0. 970

续表

参数类型	指标	城市			农村		
		估计值	标准误	z 值	估计值	标准误	z 值
随机参数的标准差（$\hat{\sigma}_n$）	面积 2 万亩	0.240	0.503	0.480	0.007	0.339	0.020
	面积 5 万亩	0.473**	0.214	2.210	0.692***	0.228	3.040
	年限 5 年	0.038	0.294	0.130	0.001	0.486	0.000
	年限 10 年	0.869***	0.171	5.090	0.853***	0.210	4.050
	类型草类	0.833***	0.181	4.600	1.281***	0.222	5.780
	类型灌木	0.437	0.449	0.970	1.278***	0.384	3.330
	区域水源保护区	1.571***	0.332	4.730	1.982***	0.426	4.650
	区域地下水超采区	0.979***	0.221	4.420	1.326***	0.258	5.140
	区域野生动物保育区	2.260***	0.347	6.500	4.146***	0.626	6.620
	付费相反数	0.013***	0.003	4.920	0.023***	0.004	6.620
样本量		319 × 4 = 1276			380 × 4 = 1520		
AIC 信息准则		2408.8			2812.4		
χ^2		454.90*** （自由度 = 30）			587.43*** （自由度 = 30）		
McFadden Pseudo R^2		0.162			0.176		

从 Mixed Logit 模型 Ⅱ 的整体拟合效果可以看出，卡方检验均在 1% 的水平下显著，城市和农村样本的 McFadden Pseudo R^2 均高于 0.150，表明两个模型在整体上均具有统计学意义上的显著性。模型 Ⅱ 相对于模型 Ⅰ，城市样本的 AIC 信息准则从 2421.9 下降到 2408.8，农村样本的 AIC 信息准则从 2826.6 下降到 2812.4，表明模型 Ⅱ 有着更高的适配度，模型质量有所上升。

对于固定参数 ASC 而言，参数估计结果均显著为负，任意组合的休耕方案均会显著增加城市或农村居民的效用。从 ASC 和民勤县、古浪县效应变量交互作用的估计结果可以看出，城市子样本的交互作用依然不显著，农村子样本的交互作用依然是显著的，和模型 Ⅰ 有类似的参数估计结果。可能的原因是，农村居民和城市居民都受益于休耕政策产生的生态系统服务，但农村居民同样是休耕政策的作用对象，相对于城市居民更加贴近具体的政策地点，因而也更有可能表现出较高的流域空间异质性。对于城市居民而言，无论位于凉州区、民勤县或是古浪县，他们对任意组合的休耕方案有相同的平均偏好，这意味着：城市居民不关心休耕实施的具体流域位置，而只关心政策的实施与否。对于农村居民而言，民勤县农村居民对任意组合休耕方案的偏好程度显著低于平均水平，古浪县的偏好程度显著高于平均水平，由此计算得到的凉州区的偏好程度与平均水平的差异为 0.184，标准差为 0.554，但并不显著。可能的原因是，上游的古浪县农村耕地多为山地，而下游的民勤县农村地区多为平原绿洲，在耕地基础设施（如灌溉条件）和气候条件（如平均气温）上民勤县的耕作条件优于古浪县。民勤县农村居民选择休耕的机会成本要高于古浪县，反映在模型估计结果上的表现是，ASC 和民勤县的交互作用为正，和古浪县的交互作用为负。

随机参数的估计结果分为均值、均值的异质性和标准差三个部分。由于我们使用了效应变量，随机参数的均值反映的是子样本居民在任意组合的休耕方案，即 ASC 的基础上，对价值评估指标相应水平值的偏好与平均偏好的差异，即参数 μ。民勤县和古浪县同样是效应变量，因而随机参数均值的异质性反映的是子样本居民在相应水平值，即 X_i 的基础上，位于民勤县或古浪县带来的对 X_i 的偏好与流域平均水平的差异，即 λ。随机参数的标准差反映了个体异质性，它是不能由观测变量（如空间位置因素）所解释的不同个体对指标水平值 X_i 的偏好与平均偏好的差异。因此，基于 Mixed Logit 模型 II 的结果，以下我们将对随机参数的均值、均值的异质性和标准差分别进行讨论。

（二）边际效用的均值

休耕面积指标包含 1 万亩、2 万亩和 5 万亩三个水平值。从城市子样本来看，城市居民认为休耕 2 万亩和任意亩数的休耕方案均不存在显著差异；对于休耕 5 万亩的偏好（0.298）显著高于平均水平；在此基础上，可以计算城市居民对于休耕 1 万亩的偏好，均值为 - 0.479，标准差为 0.195，上侧分位数为 0.007，在 5% 的置信水平下显著低于平均水平。因而，城市居民对于休耕面积三个水平值的偏好顺序依次是：1 万亩 < 平均水平 = 2 万亩 < 5 万亩。从农村子样本来看，农村居民认为休耕 2 万亩或是 5 万亩和任意亩数的休耕方案均不存在显著差异；同样可以计算农村居民对于休耕 1 万亩的偏好，均值为 - 0.393，标准差为 0.224，上侧分位数为 0.040，在 10% 的置信水平下显著低于平均水平。因而，农村居民对于休耕面积三个水平值的偏好顺序依次是：1 万亩 < 平均水平 = 2 万亩 = 5 万亩。众所周知，耕地面积越大越有可能为城市居民提供更多的生态系统服务，也因此城市居民愿意为更大的休耕面积付费。这反映在城市子样本上，休耕面积从 1 万亩增加到 2 万亩再增加到 5 万亩，居民的平均效用非线性增长，且存在边际效用递减。对于农村居民而言，耕地和耕作是农民重要的精神寄托和生存方式，在超过一定水平后的更大的休耕面积同样意味着更少的农耕活动，因而休耕面积从 2 万亩扩大到 5 万亩并不能显著改变农户的效用水平。这一结论意味着，休耕 5 万亩相对于 2 万亩，城市居民的社会福利显著增加，但边际效用递减；农村居民的社会福利并没有显著增加。相关政策必须重视从增加居民福利的角度制定相应的休耕政策，避免盲目扩大休耕面积。

休耕年限指标包括 3 年、5 年和 10 年三个水平值。从城市子样本来看，城市居民认为休耕 5 年相对于任意年限的休耕方案均可以显著提高效用水平；休耕 10 年和任意年限的休耕方案不存在显著差异；在此基础上，计算城市居民对于休耕 3 年的偏好，均值为 - 0.519，标准差为 0.206，上侧分位数为 0.024，在 5% 的置信水平下显著低于平均水平。因而，城市居民对于休耕年限三个水平值的偏好顺序依次是：3 年 < 10 年 = 平均水平 < 5 年。从农村子样本来看，农村居民同样认为休耕 5 年相对于任意年限的休耕方案均能够显著提高效用水平；但更长的休耕时间相对于任意年限的休耕方案，如休耕 10 年将显著降低居民的偏好水平；在此基础上计算农村居民对于休耕 3 年的偏好，均值为 - 0.424，标准差为 0.425，上侧分位数为 0.159，但和平均水平没有差异。因而，农村居民对于休耕年限三个水平值的偏好顺序依次是：10 年 < 3 年 = 平均水平 < 5 年。从上述结果可以看出：城市居民和农村居民都认为休耕 5 年相对于 3 年更优，因为更长的休耕时间意味着耕地产生更多的生态系统服务；但与此同时，城市居民和农村居民都同样认为休耕 10 年相对于 5 年更差，农村居民甚至认为 10 年的休耕相对于 3 年更差。这一结果是与我国休耕政策所处阶段相关联的，由于目前休耕政策仍处于探索试点阶段，过长的休耕时间可能带来耕地和粮食供给的减少、农户生计保障度的下降。考虑到我国现有休耕政策在生态环境退化区一般是以 3 年为休耕年限，那么本书的结论对政策制定的意义是：在 3 年休耕的基础上，通过拟定合约或续签合约的方式适度增加休耕时间至 5 年能够显著增加社会福利，而增加至 10 年将会使得社会福利有所下降。因此，休耕政策的制定既要考虑到生态环境的改善，又要发展生产保持农产品供给，避免盲目增加休耕年限，以达到生态环境和农业生产的协同发展。

休耕后耕地上覆植被的类型指标包括草类、灌木和林木三个水平值。从城市子样本来看，城市居民认为草类相对于任意上覆植被类型的休耕方案均是没有差异的；灌木相对于任意上覆植被类型的休耕方案均会降低效用水平；在此基础上，可以计算城市居民对于林木的偏好，均值为 0.295，标准差为 0.170，上侧分位数为 0.959，在 10% 的置信水平下显著高于平均水平。因而，城市居民对于种植类型三个水平值的偏好顺序依次是：灌木 < 草类 = 平

均水平＜林木。从农村子样本来看，农村居民认为种植草类或灌木相对于任意上覆植被类型的休耕方案均是没有差异的；在此基础上，可以计算农村居民对于林木的偏好，均值为－0.158，标准差为0.328，上侧分位数为0.315，同样与任意上覆植被类型的休耕方案均没有差异。因而，农村居民对于种植类型三个水平值的偏好顺序依次是：灌木＝草类＝林木＝平均水平。从生态学角度来看，在对生态环境的调节作用，如固碳能力、防止土壤侵蚀、改善水质方面，林木、灌木和草类的能力依次降低（向青、尹润生，2006)，但城市居民和农村居民的偏好并没有表现出与上覆植被类型的生态作用完全吻合的结果。这是由于，我们在实地调研中发现，城市居民认为林木和草类的景观价值高于灌木，这增加了草类和林木对城市居民的价值总量，因而在偏好上表现出对灌木的边际效用是最低的。农村居民认为除了灌木的景观价值低于草类之外，还考虑到林木根系发达，种植林木会造成土壤结构的巨大改变，很难再适用于原有的耕作方式，会降低未来从耕地上获取的农耕收益。因此，在这些因素的综合作用下，农村居民对不同上覆植被类型的偏好没有显著的差异。这一结论意味着，虽然针对甘肃省的休耕是以恢复生态为目的，但仅从休耕后耕地上覆植被生态重要性的角度来判断种植类型并不能保证社会福利的最大化，需要结合居民对景观美感的需求、对复耕难度的需求，重视城市和农村居民的非生态功能的诉求，从而制定与区域需求相适应的休耕政策。

休耕区域指标包括风沙源区、水源保护区、地下水超采区和野生动物保育区四个水平值。城市居民和农村居民有着类似的偏好顺序，从模型结果来看：居民对水源保护区的偏好不显著，说明选择水源保护区休耕和任意区域的休耕方案均是没有差异的；居民对地下水超采区的偏好显著为正，说明选择地下水超采区休耕会显著提高效用水平；居民对野生动物保育区的偏好显著为负，说明选择野生动物保育区休耕会显著降低效用水平。在此基础上，计算得到的城市居民对风沙源区的偏好均值为 1.028，标准差为 0.361，上侧分位数为 0.998，在 1% 的置信水平下显著高于平均水平；农村居民对风沙源区的偏好均值为 2.363，标准差为 0.545，上侧分位数为 1.000，同样在 1% 的置信水平下显著高于平均水平。对比风沙源区的偏好均值与地下水超采区的均值，可以得到城市居民对风沙源区的偏好均值与地下水超采区的差为 0.686（标准差为 0.383），在 10% 的置信水平下显著大于 0；农村居民对风沙源区的偏好均值与地下水超采区的差为 2.119（标准差为 0.564），在 1% 的置信水平下显著大于 0。总结来看，城市居民和农村居民对于休耕区域四个水平值的偏好顺序是相同的，即野生动物保育区 < 平均水平 = 水源保护区 < 地下水超采区 < 风沙源区。这一结论意味着，虽然流域内的沙尘暴问题在以往的 5 年得到了巨大的改善，但减缓沙漠侵袭依然是流域内居民最为关注的问题。地下水超采的问题也得到了流域内居民的重视，由农田灌溉产生的中游和下游地下水漏斗区会影响天然植被的生存，也因此地下水超采区对流域内居民效用的影响程度会高于平均水平。野生动物保育区对效用的边际影响显著低于平均水平，这是由于当地的野生动物数量非常少，所以当地居民认为这一水平值的改善对于他们不会产生显著的影响。

付费相反数的边际效用均显著为正，说明受访者倾向于通过支付较少的资金实现任意组合的休耕方案。众所周知，支出的增加会降低受访者的效用水平，因而付费的增加会降低流域内居民的效用水平，这与理论预期相符。同样地，我们可以看到付费相反数的增加对于农村居民效用的影响（0.023）是对城市居民效用影响（0.013）的 1.8 倍，二者的差异在 5% 的置信水平下显著。这是由于，城市居民的生活条件整体上好于农村居民，因而同样数额的金钱对于城市居民效用的影响低于农村居民。这也说明了，我们不能直接对比城市居民和农村居民对非货币指标偏好的差异,如风沙源区对城市居民而言的边际效用为 1.028,对农村居民而言的边际效用为 2.363,但二者进行标准化的尺度不同,因此不能直接对比两组居民对同一个水平值边际效用的差异。对不同子样本系数估计结果组间差异的检验,需要通过计算隐含价格来实现。

(三) 边际效用的空间异质性

随机参数均值的异质性反映在休耕年限和种植类型两个指标上。根据交互作用的正态分布假定,在随机参数均值的基础上可以计算指标对不同流域位置居民的边际效用,结果如表 5 - 4 所示。需要说明的是,表 5 - 3 中交互作用的显著性是民勤县、古浪县与流域平均水平之间差异的显著性;表 5 - 4 的显著性是拒绝边际效用等于 0 的显著性。例如,在城市子样本休耕 5 年边际效用的显著性检验中,虽然表 5 - 4 显示流域平均的边际效用(0.538)显著大于 0,且民勤县与流域平均的边际效用的差异(0.364)不显著,但是民勤县的边际效用(0.174)与 0 的差异也是不显著的。造成这一结果的原因是,两个正态分布的叠加,产生的新正态分布的标准差增大,意味着参数分布较为扁平,参数均值与 0 的差异很难显著。

表 5 - 4 指标对不同流域位置居民的边际效用

指标	城市				农村			
	流域平均	凉州区	民勤县	古浪县	流域平均	凉州区	民勤县	古浪县
3 年	- 0.519 **	- 0.482	- 0.525	- 0.550	- 0.424	- 0.386	- 0.587	- 0.299
5 年	0.538 **	0.823 **	0.174	0.617 *	1.092 ***	1.991 ***	0.309	0.976 *
10 年	- 0.019	- 0.341	0.351 *	- 0.067	- 0.668 ***	- 1.605 ***	0.278	- 0.677 *
草类	- 0.024	- 0.044	0.096	- 0.124	- 0.214	- 0.894 **	0.488	- 0.236
灌木	- 0.271 *	- 0.018	- 0.431 **	- 0.364 *	0.372	1.481 **	- 0.395	0.030
林木	0.295 *	0.062	0.335	0.488 *	- 0.158	- 0.587	- 0.093	0.206

关于休耕年限的空间异质性，表 5 - 3 显示在城市子样本中，仅有民勤县和休耕 10 年的交互作用显著为正；在农村子样本中，民勤县和休耕 5 年的交互作用显著为负，和休耕 10 年的交互作用显著为正。在此基础上，可以计算在城市或农村子样本中，凉州区与休耕 5 年、10 年的交互作用，得到显著的作用为：在农村子样本中，凉州区与休耕 10 年的交互作用均值为 -0.937，方差为 0.455，在 5% 的置信水平下显著。这说明不同流域位置的居民对于休耕 5 年的偏好，在城市子样本中表现为，民勤县 = 流域平均 = 古浪县 = 凉州区；在农村子样本中表现为，民勤县 < 流域平均 = 古浪县 = 凉州区。不同流域位置的居民对于休耕 10 年的偏好，在城市子样本中表现为，凉州区 = 古浪县 = 流域平均 < 民勤县；在农村子样本中表现为，凉州区 < 古浪县 = 流域平均 < 民勤县。表 5 - 4 中横向对比体现了不同流域位置的居民对同一水平值的偏好情况，纵向对比体现了同一流域位置对不同水平值的偏好情况。由此可知，在城市子样本或农村子样本中，相对于古浪县、凉州区城乡居民，民勤县城乡居民对休耕 10 年有更强烈的偏好（横向对比）。虽然民勤县由于其适宜农作物生产的自然条件而选择休耕的机会成本较高，然而一旦选择休耕，民勤县居民相对于其他地区，更希望土地得到长时期（10 年）休耕，希望能通过长时期休耕来改善荒漠绿洲脆弱的生态环境。因此，对民勤县的城乡居民而言，10 年的休耕时间依然没有达到边际为负的临界点；对凉州区和古浪县的城乡居民而言，5 年的休耕时间是最优的，10 年的休耕时间将会导致效用水平下降。

关于种植类型的流域空间异质性（见表 5 - 3），仅在农村子样本中，民勤县和草类的交互作用显著为正，和灌木的交互作用显著为负。在此基础上，可以计算在城市或农村子样本中，凉州区与草类、灌木的交互作用，得到显著的作用为：在农村子样本中，凉州区与草类的交互作用均值为 - 0.680，方差为 0.406，在 10% 的置信水平下显著；凉州区与灌木的交互作用均值为 1.109，方差为 0.509，在 5% 的置信水平下显著。不同流域位置的居民对于草类的偏好，在城市子样本中表现为，古浪县 = 凉州区 = 流域平均 = 民勤县；在农村子样本中表现为，凉州区 < 古浪县 = 流域平均 < 民勤县。不同流域位置的居民对于灌木的偏好，在城市子样本中表现为，古浪县 = 民勤县 = 流域平均 = 凉州区；在农村子样本中表现为，民勤县 < 古浪县 = 流域平均 < 凉州区。结合表 5 - 4，可知在农村子样本中，民勤县的最优选择为草类，凉州区则更希望种植灌木；在城市子样本中，古浪县更希望种植林木。可能的原因是，民勤县靠近沙漠，农村居民在从事种植业的同时也放牧，农业生产中的玉米、葵花等作物也是羊的主要饲料，因而希望休耕后的耕地依然能够通过种植紫花苜蓿等草类，为畜牧生产提供优良的饲草；凉州区农村居民偏好灌木是由于，当地居民认可羊柴等灌木在防止耕地被沙漠侵袭中的重要作用；古浪县位于上游的祁连山脚，是祁连山区林地的主要分布带，因而城市居民更偏好于种植生态涵养作用较强的林木。

（四）边际效用的个体异质性

从随机参数的标准差看（见表 5 - 3），城乡居民对指标水平值的偏好存在很大程度上的异质性。在城市子样本中，居民对休耕 2 万亩、休耕 5 年、种植灌木这 3 个水平值的偏好不存在随机性，对其余水平值的偏好均存在显著的随机性；在农村子样本中，居民对休耕 2 万亩、休耕 5 年这 2 个水平值的偏好不存在随机性，对其余水平值的偏好均存在显著的随机性。此外，"付费相反数"这一指标的边际效用也存在显著的随机性。

这一结果体现了 Mixed Logit 模型的优势，相对于传统的 Logit 模型，其放宽了"无关选择项独立性"（IIA）的假定，能够揭示不同个体的选择存在异质性，从而使模型假设更贴近现实。例如，城市居民对于野生动物保育区偏好的均值为 -1.382（见表 5-3），方差为 2.26，由此可以计算出有约 73.0% 的城市居民认为选择野生动物保育区休耕的效用低于在其他任意区域休耕的平均效用；农村居民对于休耕 10 年偏好的均值为 -0.668，方差为 0.853，说明有约 78.3% 的农村居民认为选择休耕 10 年的效用低于其他任意年限休耕的平均效用。随机性体现了模型中未能纳入的观测变量对个体偏好的影响，在更贴近现实的同时，也更有助于政策制定者深入了解各个指标对社会福利影响的变异性。

三 支付意愿及空间异质性检验

受访者为非货币指标改善的边际支付意愿（Marginal Willingness to Pay，MWTP），是效用函数中非货币指标相对于货币指标的边际替代率，即隐含价格（Implicit Price），用公式表示为：α_n / γ_n。在本书估计的 Mixed Logit 模型中 α_n、γ_n 均为随机参数，虽然 α_n、γ_n 的分布是明确的，但两个随机分布商的分布是未知的，不能通过分布特征对隐含价格进行区间估计。本书按照 Hensher 和 Greene（2003）、Johnston 和 Duke（2007）提出的仿真方法，基于 Mixed Logit 模型估计得到的参数均值向量、渐近方差－协方差矩阵，首先通过 Krinsky & Robb 仿真得到 $R = 1000$ 个"伪样本"，然后对每一个伪样本，从仿真的参数分布中进行 $S = 1000$ 次抽样，此时得到 $R \times S$（100 万）个样本，计算每一个伪样本的隐含价格和分布形式，并对隐含价格等于 0 的原假设进行检验，得到的结果如表 5-5、表 5-6 所示（完整的结果见附录四）。

（一）城市居民的平均支付意愿及其流域空间异质性

表 5-5 是城市子样本中，居民对指标不同水平值的平均支

付意愿（即隐含价格的均值），后六列反映的是在平均支付意愿
的基础上，"不同流域位置居民的支付意愿"与"平均支付意愿"
的差异及其显著性检验结果。

表 5 – 5 城市居民的平均支付意愿及其流域空间异质性

指标水平值	流域城市居民平均支付意愿				凉州区		民勤县		古浪县	
	均值	0.05	0.95	p 值	均值	p 值	均值	p 值	均值	p 值
任意休耕方案	- 323.65	- 395.93	- 270.22	0.00	5.62	0.82	9.62	0.70	- 15.24	0.43
面积 1 万亩	- 51.85	- 76.49	- 29.50	0.00						
面积 2 万亩	19.46	- 8.92	46.84	0.23						
面积 5 万亩	32.39	12.78	54.22	0.01						
年限 3 年	- 55.29	- 81.31	- 29.33	0.01	4.12	0.78	0.07	0.99	- 4.19	0.83
年限 5 年	57.94	20.07	94.27	0.02	32.63	0.16	- 41.60	0.12	8.97	0.72
年限 10 年	- 2.65	- 28.49	26.36	0.83	- 36.74	0.04	41.53	0.04	- 4.78	0.82
类型草类	- 2.29	- 22.73	17.72	0.83	- 2.13	0.87	12.58	0.43	- 10.10	0.48
类型灌木	- 30.96	- 62.57	- 3.27	0.07	28.74	0.10	- 17.95	0.32	- 10.78	0.55
类型林木	33.25	- 0.85	71.06	0.11	- 26.61	0.21	5.38	0.85	21.23	0.35
区域风沙源区	111.18	40.82	190.64	0.02						
区域水源保护区	1.08	- 40.95	37.91	0.91						
区域地下水超采区	38.82	12.45	70.70	0.01						
区域野生动物保育区	- 151.07	- 218.66	- 98.87	0.00						

注：0.05、0.95 是支付意愿分布的 5% 和 95% 分位数；p 值是原假设为均值等于 0
的双侧检验显著程度。均值所在列对应的单位为元/（户·年），下同。

由表 5 – 5 可知，城市子样本中，居民对于任意休耕方案的
平均支付意愿为 323.65 元/（户·年）。在 323.65 元/（户·年）
的基础上，休耕 1 万亩会使得居民的平均支付意愿显著下降
51.85 元/（户·年）；2 万亩不会使得居民的平均支付意愿有显
著变化；5 万亩会使得居民的平均支付意愿显著上升 32.39
元/（户·年）。在 323.65 元/（户·年）的基础上，休耕 3 年会

使得居民的平均支付意愿显著下降 55.29 元/（户·年）；5 年会使得居民的平均支付意愿显著上升 57.94 元/（户·年）；10 年不会使得居民的平均支付意愿有显著变化。在 323.65 元/（户·年）的基础上，种植草类、林木，不会使得居民的平均支付意愿产生显著的变化；而种植灌木，会使得居民的平均支付意愿显著下降 30.96 元/（户·年）。在 323.65 元/（户·年）的基础上，在风沙源区休耕会使得居民的平均支付意愿显著上升 111.18 元/（户·年）；在水源保护区休耕不会使得居民的平均支付意愿产生显著的变化；在地下水超采区休耕会使得居民的平均支付意愿显著上升 38.82 元/（户·年）；在野生动物保育区休耕会使得居民的平均支付意愿显著下降 151.07 元/（户·年）。

支付意愿的流域空间异质性表现在"任意休耕方案""指标水平值"这两个方面。一是任意休耕方案的平均支付意愿 323.65 元/（户·年）与流域的上游（古浪县）、中游（凉州区）和下游（民勤县）均不存在显著的异质性。二是在各指标水平值下居民的平均支付意愿的流域空间异质性大多数是不显著的，显著的异质性仅存在于两个位置：凉州区城市居民对休耕 10 年有负的异质性，即其平均支付意愿下降 36.74 元/（户·年）；民勤县城市居民对休耕 10 年有正的异质性，即其平均支付意愿上升 41.53 元/（户·年）。那么，计算凉州区城市居民对休耕 10 年的平均支付意愿，步骤为：首先，在任意休耕方案的平均支付意愿基础上，年限 10 年这一水平值的隐含价格（-2.65）不显著，凉州区与任意休耕方案的交互作用（5.62）不显著，因而居民的平均支付意愿 323.65 元/（户·年）未发生显著变动；其次，在 323.65 元/（户·年）的基础上，凉州区城市居民的平均支付意愿减少 36.74 元/（户·年），即凉州区城市居民对休耕 10 年的平均支付意愿为 323.65 元/（户·年）-36.74 元/（户·年）=286.91 元/（户·年）。同理，民勤县城市居民对休耕 10 年的平

均支付意愿为 323.65 元／（户·年） ＋41.53 元／（户·年） ＝
365.18 元／（户·年）。

从流域平均的角度来看：①城市居民对于休耕面积、休耕年
限的平均支付意愿存在边际效用递减的情况，例如从 1 万亩到 5
万亩隐含价格均值的变动为 21.06 元／（户·年·万亩），而其中
1 万亩到 2 万亩隐含价格均值的变动为 71.31 元／（户·年·万
亩），2 万亩到 5 万亩隐含价格均值的变动为 4.31 元／（户·年·
万亩）；②对城市居民而言，能够使得社会福利最大化的休耕方
案为，休耕面积为 5 万亩、休耕年限为 5 年、种植类型为林木、
休耕区域为风沙源区。从流域空间异质性来看：①凉州区城市居
民对休耕 10 年有着更强烈的负向偏好，但最优的政策方案与流
域平均相同；②民勤县城市居民对休耕 10 年有强烈的正向偏好，
但同样与流域平均有着相同的最优的政策方案；③古浪县城市居
民对休耕的偏好与流域平均没有显著差异。

（二）农村居民的平均支付意愿及其流域空间异质性

由表 5－6 可知，农村子样本中，居民对于任意休耕方案的
平均支付意愿为 234.76 元／（户·年）。在 234.76 元／（户·年）
的基础上，休耕 1 万亩会使得居民的平均支付意愿显著下降
23.68 元／（户·年）；2 万亩或 5 万亩不会使得居民的平均支付
意愿有显著的变化。在 234.76 元／（户·年） 的基础上，休耕 3
年会使得居民的平均支付意愿显著下降 25.19 元／（户·年）；5
年会使得居民的平均支付意愿显著上升 66.22 元／（户·年）；10 年
会使得居民的平均支付意愿显著下降 41.02 元／（户·年）。在 234.76
元／（户·年） 的基础上，种植草类、灌木、林木，均不会使得居民
的平均支付意愿产生显著的变化。在 234.76 元／（户·年） 的基础
上，在风沙源区休耕会使得居民的平均支付意愿显著上升 142.89
元／（户·年）；在野生动物保育区休耕会使得居民的平均支付意愿

显著下降 160.34 元/（户·年）；在水源保护区、地下水超采区均不会使得居民的平均支付意愿产生显著的变化。

支付意愿的流域空间异质性体现在后六列。一是居民对于任意休耕方案的平均支付意愿 234.76 元/（户·年）与中游凉州区不存在显著差异；下游民勤县的平均支付意愿显著低于流域平均 48.63 元/（户·年），即 186.13 元/（户·年）；上游古浪县的平均支付意愿显著高于流域平均 36.99 元/（户·年），即 271.75 元/（户·年）。二是在各指标水平值下居民的平均支付意愿的流域空间异质性有六个是显著的，其中四个在民勤县，没有一个在古浪县。此时，计算凉州区农村居民对休耕 10 年的平均支付意愿：首先需要在任意休耕方案的平均支付意愿为 234.76 元/（户·年）的基础上，针对休耕 10 年降低 41.02 元/（户·年），然后针对凉州区的休耕 10 年降低 58.57 元/（户·年），得到 135.17 元/（户·年）。同理，计算凉州区农村居民对种植灌木的支付意愿：在 234.76 元/（户·年）的基础上增加 68.92 元/（户·年），为 303.68 元/（户·年）。计算民勤县农村居民对休耕 5 年的支付意愿：首先在民勤县的平均支付意愿 186.13 元/（户·年）的基础上，针对休耕 5 年增加 66.22 元/（户·年），然后针对民勤县降低 48.52 元/（户·年），得到 203.82 元/（户·年）。同理，民勤县农村居民对休耕 10 年的平均支付意愿为 202.97 元/（户·年），对草类的平均支付意愿为 228.63 元/（户·年），对灌木的平均支付意愿为 138.68 元/（户·年）。

表 5-6　农村居民的平均支付意愿及其流域空间异质性

指标水平值	流域农村居民平均支付意愿				凉州区		民勤县		古浪县	
	均值	0.05	0.95	p值	均值	p值	均值	p值	均值	p值
任意休耕方案	-234.76	-268.85	-208.56	0.00	-11.63	0.31	48.63	0.00	-36.99	0.01
面积1万亩	-23.68	-39.92	-9.59	0.01						

续表

指标水平值	流域农村居民平均支付意愿				凉州区		民勤县		古浪县	
	均值	0.05	0.95	p 值	均值	p 值	均值	p 值	均值	p 值
面积 2 万亩	12.35	-6.03	30.37	0.25						
面积 5 万亩	11.34	-1.91	24.98	0.16						
年限 3 年	-25.19	-47.76	-0.73	0.09	1.82	0.97	-9.33	0.64	7.51	0.68
年限 5 年	66.22	37.74	95.53	0.00	56.75	0.17	-48.52	0.07	-8.23	0.74
年限 10 年	-41.02	-66.36	-16.23	0.01	-58.57	0.07	57.86	0.00	0.71	0.99
类型草类	-12.71	-34.45	8.95	0.31	-40.15	0.16	42.50	0.01	-2.35	0.89
类型灌木	22.86	-4.37	49.73	0.18	68.92	0.06	-47.45	0.03	-21.47	0.32
类型林木	-10.16	-43.01	23.04	0.59	-28.77	0.51	4.95	0.84	23.82	0.32
区域风沙源区	142.89	87.53	203.86	0.00						
区域水源保护区	2.48	-22.80	27.11	0.83						
区域地下水超采区	14.97	-2.84	32.71	0.15						
区域野生动物保育区	-160.34	-217.16	-111.77	0.00						

注：0.05、0.95 是支付意愿分布的 5% 和 95% 分位数；p 值是原假设为均值等于 0 的双侧检验显著程度。

从流域平均的角度来看：①农村居民对于休耕面积、休耕年限的平均支付意愿同样存在边际效用递减的情况；②对于农民居民而言，能够使得社会福利最大化的休耕方案是，休耕面积为 2 万亩或 5 万亩（二者隐含价格的差异不显著），休耕年限为 5 年，种植类型为草类、灌木或林木（三者隐含价格的差异不显著），休耕区域为风沙源区。从流域空间异质性来看：①凉州区城市居民对休耕 10 年有着更强烈的负向偏好，对种植灌木有更强烈的正向偏好，但最优的政策方案与流域平均相同；②民勤县城市居民对休耕 5 年、种植灌木有强烈的负向偏好，对休耕 10 年、种植草类有强烈的正向偏好，最优的政策方案为休耕面积为 2 万亩、休耕年限为 10 年、种植类型为草类、休耕区域为风沙源区；③古浪县城市居民对休耕的偏好与流域平均没有显著差异。

（三）支付意愿的城乡空间异质性

对于城市居民而言（见表 5 - 5），能够使得社会福利最大化的休耕方案是：休耕面积为 5 万亩、休耕年限为 5 年、种植类型为林木、休耕区域为风沙源区。对于农村居民而言（见表 5 - 6），能够使得社会福利最大化的休耕方案是：休耕面积为 2 万亩或 5 万亩，休耕年限为 5 年，种植类型为草类、灌木或林木，休耕区域为风沙源区。城市和农村居民对休耕的偏好存在一定的相似性：对城市居民而言是最优的休耕方案，一定也是对农村居民而言最优的休耕方案；而对农村居民而言是最优的休耕方案，不一定是对城市居民而言最优的休耕方案。因而，对于城市、农村居民而言，能够使得社会福利最大化的休耕方案是：休耕面积为 5 万亩、休耕年限为 5 年、种植类型为林木、休耕区域为风沙源区。

进一步，使用卷积完全匹配层方法（Poe et al.，2005），在仿真的基础上计算城市居民与农村居民在每个指标支付意愿上的差异，结果如表 5 - 7 所示（完整的结果见附录四）。由表 5 - 7 可知，流域内城市和农村居民对于任意休耕方案的支付意愿存在差异，城市居民比农村居民愿意多支付 88.89 元／（户·年）。对于休耕面积为 1 万亩而言，城市居民比农村居民的支付意愿少 28.17 元／（户·年），此时如果政策确定的休耕面积是 1 万亩，城市居民的支付意愿总体上将会比农村居民高 88.89 元／（户·年）－28.17 元／（户·年）＝60.72 元／（户·年），下同。如果休耕政策确定的持续年限为 10 年，城市居民的支付意愿总体上将高于农村居民 127.26 元／（户·年）。如果休耕政策确定的种植类型为灌木，城市居民的支付意愿总体上将高于农村居民 35.07 元／（户·年）。在流域空间异质性上，城市子样本和农村子样本的参数估计结果没有显著的差异。

表 5 - 7　城乡居民平均支付意愿的差异及其流域空间异质性差异

指标水平值	（城市 - 农村）平均支付意愿				凉州区		民勤县		古浪县	
	均值	0.05	0.95	p 值	均值	p 值	均值	p 值	均值	p 值
任意休耕方案	- 88. 89	- 167. 61	- 83. 79	0.02	17. 25	0.46	- 39. 01	0.19	21. 76	0.35
面积 1 万亩	- 28. 17	- 56. 59	- 27. 84	0.09						
面积 2 万亩	7. 12	- 26. 41	7. 09	0.71						
面积 5 万亩	21. 05	- 3. 24	20. 79	0.15						
年限 3 年	- 30. 09	- 65. 89	- 30. 10	0.16	2. 30	0.93	9. 40	0.74	- 11. 70	0.66
年限 5 年	- 8. 27	- 56. 31	- 7. 96	0.78	- 24. 13	0.61	6. 93	0.83	17. 20	0.63
年限 10 年	38. 37	1. 95	37. 86	0.08	21. 83	0.56	- 16. 33	0.55	- 5. 50	0.84
类型草类	10. 41	- 19. 11	10. 26	0.55	38. 02	0.23	- 29. 92	0.19	- 8. 10	0.71
类型灌木	- 53. 82	- 95. 39	- 53. 29	0.03	- 40. 18	0.34	29. 50	0.30	10. 68	0.69
类型林木	43. 41	- 4. 43	42. 92	0.13	2. f6	0.95	0. 43	0.99	- 2. 59	0.93
区域风沙源区	- 31. 71	- 127. 33	- 32. 26	0.57						
区域水源保护区	- 1. 40	- 50. 38	- 0. 66	0.98						
区域地下水超采区	23. 84	- 8. 08	22. 71	0.22						
区域野生动物保育区	9. 27	- 72. 33	10. 56	0.82						

注：0. 05、0. 95 是支付意愿分布的 5% 和 95% 分位数；p 值是原假设为（城市支付意愿 - 农村支付意愿）＝0 的双侧检验显著程度。

四　希克斯补偿剩余

（一）政策选择

根据我们对隐含价格的估计可知，城市、农村居民对任意休耕方案的平均支付意愿分别为 323. 65 元/（户·年）、234. 76 元/（户·年），这里称之为方案 A。由于方案 A 是基于所有可能方案的组合而计算的平均支付意愿，因而其是所有具体方案的基准方案。在本书中，由于仅包含三个研究区域，具体实施的休耕方案

最多有三种，占所有可能方案组合的比例过小。因而，以方案 A
来计算流域的平均支付意愿是作为一种可能性的参考。

具体到实施层面，根据我国休耕试点方案要求和甘肃省 2017
年耕地休耕试点规划，武威市将在 2017 年承担休耕面积为 1 万
亩，持续年限为 3 年，种植类型为草类绿肥植物，未指定休耕区
域，这里称之为方案 B。显然方案 B 相当于在方案 A 的基础上，
指定了休耕面积、持续年限和种植类型。根据我们在本章第二、
三节的计算结果可知，方案 B 并不是符合流域内居民社会福利最
大化的方案，同时也未能考虑城乡空间异质性和流域空间异质性
问题。因此，以方案 B 来计算流域的平均支付意愿是典型的政
府、专家规划方案，未考虑当地居民的偏好特点。

依据本章第二、三节中居民偏好特点，对城市和农村居民而
言社会福利最大化的休耕方案组合是休耕面积为 5 万亩、持续年
限为 5 年、种植类型为林木、休耕区域为风沙源区，这里称之为
方案 C。城市居民子样本中，方案 C 在流域内上游、中游、下游
不存在显著的异质性；在农村居民子样本中，上游民勤县、下游
古浪县对任意组合休耕方案的偏好存在异质性。因此，以方案 C
来计算流域的平均支付意愿是依据居民偏好特点选定的，是能够
使得社会福利最大化的假想方案。

（二）社会福利

由本章第三节计算的隐含价格揭示了受访者对休耕方案中不
同指标水平值的偏好程度，在此基础上可以计算补偿剩余（Com-
pensating Surplus，CS），以反映武威市居民在特定休耕方案下的
社会福利的变化，从而为休耕政策的成本收益分析提供更有参考
意义的价值标准，CS 的计算公式为：

$$\delta(1) + \alpha_n(X_i^0) + \gamma_n(-P_i) = \delta(0) + \alpha_n(X_i^1) + \gamma_n(-P_i - CS_n)$$

$$CS_n = -\delta/\gamma_n + \alpha_n(X_i^1 - X_i^0)/\gamma_n \qquad (5-4)$$

式中，X_i^0 表示没有政策实施（保持现状）条件下社会福利指标的取值，X_i^1 表示耕地保护政策实施后社会福利指标的取值，CS 是以每个家庭平均每年的支付意愿表示的补偿剩余，是休耕政策实施后社会福利的变化。根据公式（5－4），对方案 A、B、C 分别计算其社会福利，得到的结果如表 5－8 所示。

表 5－8　休耕政策方案的社会福利

区域	方案	城市				农村			
		均值	标准差	0.05	0.95	均值	标准差	0.05	0.95
流域平均	方案 A	323.65	41.21	270.22	395.93	234.76	18.54	208.56	268.85
	方案 B	216.51	43.41	158.98	296.99	185.88	23.89	150.94	225.66
	方案 C	558.41	86.80	439.56	723.91	443.86	52.38	366.24	534.23
凉州区	方案 A	323.65	41.21	270.22	395.93	234.76	18.54	208.56	268.85
	方案 B	216.51	43.41	158.98	296.99	185.88	23.89	150.94	225.66
	方案 C	558.41	86.80	439.56	723.91	445.04	56.25	364.30	543.08
民勤县	方案 A	323.65	41.21	270.22	395.93	186.13	23.69	151.77	228.85
	方案 B	216.51	43.41	158.98	296.99	137.26	28.69	94.60	188.38
	方案 C	558.41	86.80	439.56	723.91	396.41	55.26	313..35	489.88
古浪县	方案 A	323.65	41.21	270.22	395.93	271.75	23.51	238.54	313.61
	方案 B	216.51	43.41	158.98	296.99	185.88	23.89	150.94	225.66
	方案 C	558.41	86.80	439.56	723.91	482.03	58.89	398.68	587.40

注：0.05、0.95 是支付意愿分布的 5% 和 95% 分位数。

城市居民愿意为休耕方案 A、B、C 支付的平均价格分别为 323.65 元/（户·年）、216.51 元/（户·年）、558.41 元/（户·年），且不存在流域空间异质性。根据《甘肃发展年鉴2016》的统计数据，2015 年凉州区、民勤县、古浪县的城市户数分别为 15.51 万户、2.35 万户、4.21 万户。那么，可以得到休耕方案 A、B、C 对全流域城市居民社会福利的年均增加量分别为：方案 A 价值为 0.71 亿元，其 10% 的置信区间为 0.60 亿～0.87 亿元；方案 B 价值为 0.48 亿元，其 10% 的置信区间为 0.35 亿 ~0.66 亿元；方案 C 价值为 1.23 亿元，其 10% 的置信区间为 0.97 亿 ~1.60 亿元。凉州区、民勤县和古浪县 3 个地区 2015 年城市人口总数为 37.91 万人，因而方案 A、B、C 每年带来的人均收益分别为 188.42 元、126.05元、325.09 元，占城市居民人均可支配收入（21702 元）的比例分别为 0.87%、0.58%、1.50%。

农村居民愿意为休耕方案 A、B、C 支付的平均价格分别为234.76 元/（户·年）、185.88 元/（户·年）、443.86 元/（户·年）。流域空间异质性体现在：民勤县整体比流域平均低 48.63 元/（户·年），古浪县整体比流域平均高 36.99 元/（户·年），而凉州区整体与流域平均水平相同。同样地，流域内人口资料显示，2015 年凉州区、民勤县、古浪县的农村户数分别为 17.18 万户、5.60 万户、7.87 万户。那么，可以计算得到休耕方案 A、B、C对全流域农村居民社会福利的年均增加量分别为：方案 A 价值为0.72 亿元，其 10% 的置信区间为 0.64 亿 ~0.82 亿元；方案 B 价值为 0.57 亿元，其 10% 的置信区间为 0.46 亿 ~0.69 亿元；方案 C 价值为 1.36 亿元，其 10% 的置信区间为 1.12 亿 ~1.64 亿元。凉州区、民勤县和古浪县 3 个地区 2015 年农村人口总数为131.25 万人，因而方案 A、B、C 每年带来的人均收益分别为54.82 元、43.41 元、103.65 元，占农村居民人均纯收入（9101元）的比例分别为 0.60%、0.48%、1.14%。

加总城市居民和农村居民的社会福利，得到休耕方案 A、B、C 对全流域城乡居民社会福利的年均增加量分别为：方案 A 价值为 1.43 亿元，其 10% 的置信区间为 1.24 亿 ~1.70 亿元；方案 B价值为 1.05 亿元，其 10% 的置信区间为 0.81 亿 ~1.35 亿元；方案 C 价值为 2.59 亿元，其 10% 的置信区间为 2.09 亿 ~3.24 亿元。方案 A、B、C 产生的社会福利年均增加量分别占武威市2015 年 GDP 的 0.34%、0.25% 和 0.62%。

从补偿剩余的结果可知，2017 年武威市目前实施的休耕政策（方案 B）预期能够使得社会福利增加 GDP 的 0.27%，但这一方案仍存在进一步调整的空间，以使得社会福利最大化。休耕面积从 1 万亩增加到 5 万亩或休耕时间可以从 3 年增加到 5 年，能够使社会福利得到显著的提高；但休耕时间从 5 年增加到 10 年，社会福利不会增加。这说明相关政策的制定，要权衡居民社会福利的增加和财政支持的规模，在居民偏好的基础上研究适度扩大休耕规模和延长休耕年限的政策方案。

五　本章小结

本章建立了基于流域空间异质性和城乡空间异质性的休耕社会福利计量经济学模型。对于城乡空间异质性，本章采用分城市样本（样本量 =319）、农村样本（样本量 =380）两个子样本的效用函数进行了分组估计，并对城乡样本参数估计差异的显著性进行了检验，从而反映城乡空间异质性；对于流域空间异质性，本章使用效应变量编码的方式，以中游（凉州区）为参照，引入上游（古浪县）、下游（民勤县）两个效应变量，并引入与效用基准（ASC）、非货币指标的水平值（9 个）的交互项，通过交互项参数估计结果的显著程度来反映流域空间异质性。

基于 Mixed Logit 模型分样本估计了包含空间异质性的随机效用函数，得到以下结果。①农村子样本和城市子样本中，休耕面积和休耕区域均不存在流域空间异质性。这是由于空间异质性可能更多地被居民位于城市或农村来反映；流域作为一个整体，同样的休耕面积或同一类型的休耕区域在流域的上游、中游、下游产生的生态系统服务本身就没有很大的不同。②所有可能的休耕方案的平均效用在城市子样本中不存在流域空间异质性，而在农村子样本中存在流域空间异质性，具体表现为，民勤县农村居民

147

的平均偏好程度显著低于整体平均，古浪县显著高于整体平均，凉州区与整体平均无显著差异。③从休耕面积上看，休耕面积从1万亩增加到2万亩，会使得城市、农村居民的平均效用得到显著的提升。休耕5万亩相对于2万亩，城市居民的社会福利显著增加，但边际效用递减；农村居民的社会福利并没有显著增加。因此，相关政策必须重视从增加居民社会福利的角度制定相应的休耕政策，避免盲目扩大休耕面积。④从休耕年限上看，休耕时间从3年增加到5年会使得城市、农村居民的平均效用得到显著的提升；从5年增加到10年反而会使得城市、农村居民的效用有显著下降。这同样说明了休耕政策的制定既要考虑到生态环境的改善，又要发展生产保持农产品供给，避免盲目增加休耕年限，以达到生态环境和农业生产的协同发展。⑤从休耕后耕地上覆植被类型来看，城市居民对于三个水平值的偏好顺序依次是，灌木＜草类＝平均水平＜林木；农村居民的偏好顺序依次是，灌木＝草类＝林木＝平均水平。针对甘肃省的休耕不仅要以生态恢复为重点，同时也要结合居民对景观美感的需求、对复耕难度的需求，重视城市和农村居民的非生态功能的诉求，制定与区域需求相适应的休耕政策。⑥从休耕区域来看，城市居民和农村居民的偏好顺序是相同的，即野生动物保育区＜平均水平＝水源保护区＜地下水超采区＜风沙源区。这意味着防风固沙依然是未来流域内居民生态诉求的重点，居民对野生动物保育的关心程度最低。⑦休耕年限和休耕类型这两个指标的空间异质性在城市子样本中主要体现在：民勤县城市和休耕10年的交互作用显著为正、民勤县农村和休耕5年的交互作用显著为负、民勤县农村和休耕10年的交互作用显著为正、民勤县农村和草类的交互作用显著为正、民勤县农村和灌木的交互作用显著为负、凉州区农村与休耕10年的交互作用显著为负、凉州区农村与草类的交互作用显著为负、凉州区农村与灌木的交互作用显著为正。这说明空间异质性显著存在于流域的上游、中游、下游，这一作用反映了现实条件下的区域自然资源和社会经济状况。⑧随机参数的标准差在放宽模型基本假定、更贴近现实的同时，提供了总体中关于个体异质性的情况，从参数分布特征中可以获得政策细则在公众中获得支持的情况，从而有利于相关政策条款的顺利实施。

基于 Krinsky & Robb 仿真的方法计算了居民对每个指标不同水平值的平均支付意愿，得到以下结果。①平均而言，城市居民愿意为休耕支付 323.65 元/（户·年），农村居民愿意为休耕支付 234.76 元/（户·年），二者相差 88.89 元/（户·年），在 5% 的置信水平下显著。②对于城市居民而言，休耕面积为 5 万亩、休耕年限为 5 年、休耕区域为风沙源区或地下水超采区会使得支付意愿显著上升；休耕面积为 1 万亩、休耕年限为 3 年、种植类型为灌木、休耕区域为野生动物保育区会使得支付意愿显著下降；能够使得福利最大化的最佳组合方案是，休耕面积为 5 万亩、休耕年限为 5 年、休耕区域为风沙源区、种植类型为林木。③对于农村居民而言，休耕年限为 5 年、休耕区域为风沙源区会使得支付意愿显著上升；休耕面积为 1 万亩、休耕年限为 3 年或 10 年、休耕区域为野生动物保育区会使得支付意愿显著下降；能够使得社会福利最大化的最佳组合方案是，休耕年限为 5 年、休耕区域为风沙源区、休耕面积为 2 万亩或 5 万亩、种植类型为草类、灌木或林木。④流域空间异质性在城市子样本中，体现在中游居民对休耕 10 年有负的异质性，下游居民对休耕 10 年有正的异质性。在农村子样本中，体现在中游居民对种植灌木，下游居民对休耕 10 年、种植草类，上游居民对任意休耕方案的支付意愿均高于流域整体平均水平；中游居民对休耕 10 年，下游居民对任意休耕方案、休耕 5 年、种植灌木的支付意愿均低于流域整体平均水平。

基于希克斯补偿剩余标准，本章计算了在三类政策方案下居民社会福利的变动。三类政策方案中，规划实施的政策方案是，休耕面积为 1 万亩，持续年限为 3 年，种植类型为草类绿肥植物，未指定休耕区域，能够使得全流域居民社会福利的年均增加量为 1.05 亿元，其 10% 的置信区间为 0.81 亿～1.35 亿元，占武威市 2015 年 GDP 的 0.25%。但能够使得当地社会福利最大化的休耕方案组合是，休耕面积为 5 万亩、持续年限为 5 年、种植类型为林木、休耕区域为风沙源区，将产生的社会福利年均增加量为 2.59 亿元，其 10% 的置信区间为 2.09 亿～3.24 亿元，占武威市 2015 年 GDP 的 0.62%，相对于规划实施的政策方案社会福利增加了 146.67%。

本章的实证结果表明：城乡居民和流域不同位置的居民对休耕政策的偏好存在显著的异质性，忽略对异质性的分析将不能反映现实并导致社会福利估计的偏误；休耕政策的制定既要考虑到生态环境的改善，又要发展生产保持农产品供给，避免盲目增加休耕时间和休耕面积，以达到生态环境和农业生产的协同发展；现有政策存在进一步改善的空间，需重视从居民偏好的角度制定相应的休耕政策，以进一步改善居民的社会福利水平。

第六章 ◀

社会福利评估结果的稳健性检验

本章需要检验的是，当改变评估方法时，休耕社会福利的评估结果是否依然能够保持稳定。尽管选择实验（CE）相对于其他陈述偏好（SP）方法在应用场景、建模分析、结果解释等方面更具优势（Nick & Douglas, 1998；Christie & Azevedo, 2009；Boxall et al., 1996；Dachary-Bernard & Rambonilaza, 2012），但其他的 SP 方法，尤其是条件价值评估（CV）①，在国内耕地非市场价值分析中仍然有着广泛的应用（见表 1 - 2）。此外，条件排序也因其假定条件较少，易于被受访者理解和接受而具有较高的可靠性。由此可知，作为 SP 方法前沿的 CE 在我国应用的数量和成熟程度远不及 CV，而 CE 和 CV 相对于条件排序都更为复杂，因而可以对比使用条件排序、CV、CE 得到的结果，检验使用不同 SP 方法得到的社会福利评估结果的稳健性。

一 条件排序与 CE 的对比

我们设计了用于检验休耕价值评估结果可靠性的条件排序问题。受访者在选择实验投票问题之前，对评估指标中的休耕区域

---

① 本章是指单边界、双边界二分式 CV。

和种植类型两个指标的水平值进行了排序。其原理在于，根据第五章隐含价格的结果可以得到同一指标不同水平值的偏好顺序，如果使用 CE 得到的隐含价格排序与条件排序的结果相似，那么使用 CE 计算得到的社会福利评估结果就是可靠的。

（一）休耕区域的水平值排序

休耕区域的条件排序是询问受访者"您更希望哪个区域的耕地得到保护，请按重要性排序"。在问卷中可供选择的选项包括风沙源区、水源保护区、地下水超采区、野生动物保育区。受访者对这四类休耕地点进行从 1 到 4 的排序，如果受访者认为某两项或多项的重要程度是无明显差异的，可以并列排序。本节对城市居民、农村居民和总体居民的排序进行统计，得到的结果如图 6－1 所示。

从条件排序的结果来看，无论是城市居民或是农村居民，均认为优先的休耕地点是风沙源区，排序最为靠后的是野生动物保育区，水源保护区的优先程度略低于地下水超采区的优先程度，但这一差异在图 6－1 中并不是很明显。

对于城市子样本，我们利用 CE 计算的不同休耕区域的隐含价格（见表 5－5）表明：选择在风沙源区休耕会使得居民的支付意愿显著上升 111.18 元/（户·年）；在水源保护区休耕不会使得居民的支付意愿有显著的变化；在地下水超采区休耕会使得居民的支付意愿显著上升 38.82 元/（户·年）；在野生动物保育区休耕会使得居民的支付意愿显著下降 151.07 元/（户·年）。因而，利用 CE 获得的排序由高到低依次为风沙源区、地下水超采区、水源保护区、野生动物保育区。同时，根据表 5－2 中地下水超采区和水源保护区参数正态分布的性质可知，二者边际效用的差异服从均值为 0.326、方差为 0.239 的正态分布，因而差异是不显著的。

对于农村子样本，我们利用 CE 计算的不同休耕区域的隐含价格（见表 5-6）表明：选择在风沙源区休耕会使得居民的支付意愿显著上升 142.89 元/（户·年）；在地下水超采区休耕的隐含价格略高于水源保护区，但二者都是不显著的；在野生动物保育区休耕会使得居民的支付意愿显著下降 160.34 元/（户·年）。因而，利用 CE 获得的排序由高到低依次为风沙源区、地下水超采区或水源保护区、野生动物保育区。同时，根据表 5-2 中地下水超采区和水源保护区参数正态分布的性质可知，二者边际效用的差异服从均值为 0.191、方差为 0.268 的正态分布，因而差异也是不显著的。

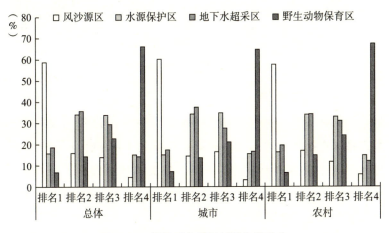

图 6-1　居民对休耕区域的条件排序

从上述结果可以看出，使用 CE 得到的隐含价格估计结果与条件排序的结果具有一致性，因而是可靠的。此外，条件排序的结果并不能反映排序之间差异的显著程度，但我们可以通过 CE 得出一致的结果，并能够对差异的显著性进行判断。

（二）种植类型的水平值排序

种植类型的条件排序是询问受访者"如果耕地改种防风固沙、涵养水分的植物，您更希望种哪一类"。在问卷中的选项包

括草类、灌木、林木。受访者对这三类种植类型进行从 1 到 3 的
排序，同样可以并列排序。本节对城市居民、农村居民和总体居
民的排序进行统计，得到的结果如图 6 - 2 所示。

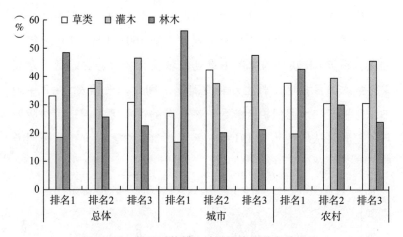

图 6 - 2　居民对休耕土地种植类型的条件排序

从城市和农村居民的排序来看，灌木在排名 1 中的比例最
低，而在排名 3 中的比例最高，因而是优先顺序最为靠后的一
类；林木在排名 1 中的比例最高，在排名 3 中的比例低于草类，
因而是优先顺序最为靠前的一类；草类的优先顺序位于林木之
后，灌木之前。因而对城市或农村居民而言，三者的排序由高到
低依次为林木、草类、灌木。

对于城市子样本，我们利用 CE 计算的不同种植类型的隐含
价格（见表 5 - 5）表明：选择种植灌木会使得居民的支付意愿显
著下降 30.96 元/（户·年）；种植草类、林木不会导致居民的支
付意愿产生显著的变化。因而，利用 CE 获得的排序由高到低依
次为草类或林木、灌木。CE 结果中对灌木的排序与条件排序的
结果相同；CE 对于草类、林木的排序，从数值上看，与条件排
序相同，但这一偏好顺序之间的差异是不显著的。

从图 6 - 2 可以看到，农村子样本对林木、草类、灌木的优
先排序的差异性是弱于城市子样本的。城市子样本中尚不能反映

草类和林木优先顺序的显著程度，在农村子样本中草类、灌木、林木排序结果的差异就更加难以判断。对于农村子样本而言，我们利用 CE 计算的不同种植类型的隐含价格（见表 5 - 6）表明，选择种植草类、灌木、林木都不会导致居民的支付意愿产生显著的变化。因而，利用 CE 获得的结果表明，草类、灌木和林木三者之间是无差异的。CE 的结果与条件排序的结果有所不同，但没有违反条件排序的结果，而是对条件排序结果的进一步完善，认为条件排序得到的林木、草类、灌木优先顺序之间的差异是不显著的。

从种植类型的条件排序结果可以看出，使用 CE 得到的隐含价格估计结果与条件排序的结果不存在矛盾的地方，并能够对条件排序的结果进行进一步的检验，因而 CE 的结果是可靠的。

二 单边界二分式 CV 与 CE 的对比

（一）分析模型

单边界二分式 CV 假定受访者的代表效用函数可以表示为 $V_n(q,y,S)$，即受访者效用受到所面临的环境状态 q（本书中指耕地是否处于休耕状态）、收入变量 y 和其他社会经济特征变量 S 的影响。那么当休耕政策使得生态系统状态得到改善时，问卷设定一个随机给定的价格标签（投标值）bid，只有当个体对这类改善的最大支付意愿大于投标值时其才会接受问卷设定的投标值。那么根据随机效用理论，我们有：

$$V_n(q_0,y,S) + \varepsilon_0 < V_n(q_1,y - bid,S) + \varepsilon_1 \qquad (6-1)$$

其中，q_0 和 q_1 在本书中分别代表无休耕和有休耕。受访者 n 选择接受（yes）投标值（bid）的概率 $Prob_n(yes)$ 用 Logit 函数形式可以表示为：

$$Prob_n(yes) = 1 - 1/[1 + \exp(\alpha + \beta bid + \gamma S)] = 1 - G(bid)$$

$$(6-2)$$

针对休耕的调研问卷（见附录一）中，首先，设定了特定的休耕方案，即"假如当前，武威市计划实施的休耕为：10000 亩耕地，选择风沙源区的耕地，连续休耕 3 年，改种灌木"，在特定的价格标签下询问受访者的支付意愿；然后，基于前一个支付意愿，视情况询问另一个单边界问题，获得受访者的另一个支付边界。本书在问卷的下一页设定了另一个单边界问题，因而可以将受访者第一次的回答视为单边界二分式问题，将两次回答的综合视为双边界二分式问题。

单边界二分式中，在休耕方案和一定的支付 bid 这一假想情景下，受访者选择不愿意付费，即"我支持休耕，但不能（或不愿意）付费"和"我不赞成"的概率为 $1 - Prob_n(yes)$；受访者愿意付费，即选择"我赞成"的概率为 $Prob_n(yes)$。将示性函数 I_n 记为受访者是否选择了特定的选项：I_n^y 为受访者选择了愿意付费的选项时取值为 1，否则为 0；I_n^n 为受访者选择了不愿意付费的选项时取值为 1，否则为 0。显然 $I_n^y + I_n^n = 1$。那么得到特定的 N 个受访者观测数据的概率，即极大似然函数为：

$$\ln L = \sum_{n=1}^{N} \{ I_n^y \ln[Prob_n(yes)] + I_n^n \ln[1 - Prob_n(yes)] \} \quad (6-3)$$

使用极大似然估计方法对公式（6-3）进行估计可以得到参数 α、β、γ 的估计值，在此基础上集合社会经济变量的均值 $\bar{X}$，可以获得支付意愿的平均值，计算公式为：

$$WTP = -(\alpha + \gamma \bar{X})/\beta \quad (6-4)$$

（二）模型估计结果

使用 Stata 14.0 的"Logit"命令①对公式（6-3）进行估计。在 Logit 模型回归中，我们纳入了个体社会经济变量，包括受访者的性别、年龄、受教育年限、居住年限；受访者家庭特征变量，包括家庭人口规模、无收入人口比例，以及家庭教育医疗支出、人情礼品支出、通信支出、能源支出。此外，还纳入了个体对生态环境的态度变量，包括对先发展经济再治理生态的看法、是否参加过生态保护行动、是否考虑过迁移、政府生态政策对家庭收入的影响、生态环境的改善对家庭的重要程度、愿意多花钱改善生态环境的打分、对休耕政策的认可程度均值。模型中也加入了反映空间异质性的民勤县、古浪县两个效应变量。使用向后逐步回归的方法，并计算模型的 AIC 值，最终得到的结果如表6-1所示。

表 6-1　单边界二分式 CV 二元 Logit 模型的估计结果

解释变量	非标准化系数	标准误	z 值	90% 置信区间
bid	-0.007 **	0.003	0.010	（-0.007，-0.001）
民勤县	-0.427	0.266	0.108	（-0.479，-0.002）
古浪县	0.060	0.246	0.807	（-0.177，0.270）
受教育年限	0.236	0.402	0.558	（-0.286，0.448）
教育医疗支出	-0.011 *	0.006	0.054	（-0.012，-0.001）
人情礼品支出	0.037	0.044	0.399	（-0.019，0.065）
愿意为生态付费	0.701 ***	0.158	0.000	（0.247，0.533）
生态重要程度	0.013	0.101	0.896	（-0.090，0.093）
休耕的平均认可程度	0.363	0.244	0.137	（-0.044，0.408）
常数项	-1.913	1.402	0.173	（-2.101，0.390）

---

①　有学者使用了 Probit 模型建立了投票概率模型的极大似然函数。笔者检验了使用 Probit 或是 Logit 模型得到的结果，二者不存在显著的差异。

解释变量	非标准化系数	标准误	z 值	90% 置信区间
样本量	319			
χ^2	34. 87 *** （自由度 = 9）			
McFadden Pseudo R^2	0. 134			

注：90% 的置信区间是依据系数估计结果，计算的 5% 和 95% 的分位数。支出变量的单位均为"千元"；"休耕的平均认可程度"变量是第四章中，受访者对休耕政策认可程度的 5 个打分题的均值。

在表 6 - 1 中，我们没有删掉不显著的受教育年限、生态重要程度、休耕的平均认可程度等变量，这是因为在理论上和以往的研究结论中（高魏等，2007；诸培新、任艳利，2010），我们认为这些指标对选择的概率会产生显著的影响。从结果来看，变量系数估计的正负反映了变量对休耕付费概率 $Prob_n(yes)$ 的影响方向。不显著的变量，其符号符合理论分析和之前学者的研究结果，如民勤县和古浪县两个效应变量的系数估计结果一正一负，是由于两个区域休耕机会成本的差异；受教育年限越长，选择赞同付费休耕的可能性就越高；人情礼品支出越高的家庭，其社会网络关系越强，越有可能选择赞同付费休耕；受访者认为生态环境对家庭的重要程度越高，对休耕产生的生态改善效果的认可程度越高，越有可能选择付费休耕。显著的变量，包括教育医疗支出和愿意为生态付费，教育医疗支出的增加意味着家庭负担的加重，因而对休耕付费的概率 $Prob_n(yes)$ 有负向的影响；愿意为生态付费的意愿越强，越有可能重视生态环境，因而其对休耕付费的概率 $Prob_n(yes)$ 有正向的影响。与此同时，样本中教育医疗支出与愿意为生态付费的均值分别为 1. 379 万元、3. 803。将均值代入公式（6 - 4），可以计算得到城市居民的支付意愿均值为 359. 181 元/（户·年）。

三 双边界二分式 CV 与 CE 的对比

(一) 分析模型

双边界二分式 CV 中通过两次询问受访者对休耕方案的支付意愿，可以获得关于 WTP 分布的更为精确的信息：①受访者两次均选择赞成为休耕方案付费，记为 "yes, yes"，对应的选择概率为 $Prob$ (yes, yes)；②受访者两次均选择不赞成为休耕方案付费，记为 "no, no"，对应的选择概率为 $Prob$ (no, no)；③受访者第一次赞成为休耕方案付费，第二次不赞成为休耕方案付费，记为 "yes, no"，对应的选择概率为 $Prob$ (yes, no)；④受访者第一次不赞成为休耕方案付费，第二次赞成为休耕方案付费，记为 "no, yes"，对应的选择概率为 $Prob$ (no, yes)。将受访者面临的第一次投标值记为 bid_1，第二次投标值记为 bid_2，于是有：在 "yes, yes" 和 "yes, no" 情况下，$bid_1 < bid_2$；在 "no, yes" 和 "no, no" 情况下，$bid_1 > bid_2$。在受访者回答 "愿意" 的情况下，他将面临一个更高的投标值 $bid_2 = bid^u$；在受访者回答 "不愿意" 的情况下，他将面临一个更低的投标值 $bid_2 = bid^l$。那么受访者选择的概率根据公式 (6-2) 可以表示为：

$$Prob_n(yes, yes) = 1 - G(bid_2) = 1 - G(bid^u)$$
$$Prob_n(yes, no) = [1 - G(bid_1)] - [1 - G(bid_2)] = G(bid^u) - G(bid^l)$$
$$Prob_n(no, yes) = [1 - G(bid_2)] - [1 - G(bid_1)] = G(bid^l) - G(bid^l)$$
$$Prob_n(no, no) = G(bid_2) = G(bid^l) \tag{6-5}$$

与单边界类似，将示性函数 I_n 记为受访者可能出现的四类选择情况：I_n^{yy} 为受访者选择了 "yes, yes" 时取值为 1，否则为 0；I_n^{yn} 为受访者选择了 "yes, no" 时取值为 1，否则为 0；I_n^{ny} 为受访者选择了 "no, yes" 时取值为 1，否则为 0；I_n^{nn} 为受访者选择了

"no，no" 时取值为 1，否则为 0。显然 $I_n^{yy} + I_n^{yn} + I_n^{ny} + I_n^{nn} = 1$。那么得到特定的 N 个受访者观测数据的概率，即极大似然函数可以记为：

$$
\begin{aligned}
\ln L = \sum_{n=1}^{N} \{ & I_n^{yy} \ln [1 - G(bid^u)] + \\
& I_n^{yn} \ln [G(bid^u) - G(bid^l)] + \\
& I_n^{ny} \ln [G(bid^l) - G(bid^l)] + \\
& I_n^{nn} \ln [G(bid^l)] \}
\end{aligned} \tag{6-6}
$$

使用极大似然估计方法对公式（6-6）进行估计可以得到参数 α、β、γ 的另一组估计值平均的支付意愿，计算公式与公式（6-4）相同。

（二）模型估计结果

使用 Stata 14.0 的 "Doubleb" 命令对公式（6-6）进行估计。我们同样纳入了个体社会经济变量、受访者家庭特征变量、个体对生态环境的态度变量和空间位置的效应变量，使用向后逐步回归的方法，最终得到的结果如表6-2所示。

表6-2　双边界二分式 CV 模型的估计结果

解释变量	非标准化系数	标准误	z 值	90% 置信区间
民勤县	-34.30*	18.05	0.06	(-63.982, -4.610)
古浪县	17.63	16.67	0.29	(-9.783, 45.045)
受教育年限	22.70	26.59	0.39	(-21.042, 66.445)
教育医疗支出	-0.79*	0.44	0.07	(-1.516, -0.063)
人情礼品支出	5.70*	3.39	0.09	(0.123, 11.273)
愿意为生态付费	51.26***	11.62	0.00	(32.149, 70.366)
生态重要程度	-7.36	7.01	0.29	(-18.897, 4.175)
休耕的平均认可程度	29.21*	17.01	0.09	(1.225, 57.192)
常数项	-55.32	94.24	0.56	(-210.335, 99.697)

续表

解释变量	非标准化系数	标准误	z 值	90% 置信区间
Sigma 常数项	136.99***	15.77	0.00	(111.050, 162.934)
样本量			319	
χ^2		27.47*** （自由度 =9）		

注：同表 6 - 1。

在表 6 - 2 中，同样地，教育医疗支出的增加意味着家庭负担的加重，因而其对休耕付费的概率 $Prob_n(yes)$ 有负向的影响；愿意为生态付费的意愿越强，对休耕的平均认可程度越高，越有可能重视生态环境，因而其对休耕付费的概率 $Prob_n(yes)$ 有正向的影响。此外，人情礼品支出对休耕付费的概率 $Prob_n(yes)$ 也有正向的影响，间接表明了受访者社会网络关系越强，越有可能选择赞同为休耕付费；民勤县效应变量对休耕付费的概率 $Prob_n(yes)$ 有负向的影响，与民勤县休耕会产生较大的机会成本有关。

对比双边界二分式 CV 和 CE 的社会福利评估结果。首先，双边界二分式 CV 中，根据样本特征可知，虚拟变量民勤县均值为 0.307，其他显著变量教育医疗支出、愿意为生态付费、人情礼品支出、休耕的平均认可程度的均值分别为 1.379 万元、3.803、0.577 万元、4.318。将均值代入公式（6 - 4），可以计算得到城市居民支付意愿的均值为 332.512 元/（户·年）。其次，利用表 5 - 5 中数据和 CE 方法获得的城市居民支付意愿均值为 296.73 元/（户·年），其 90% 的置信区间为 216.38 ~ 398.76 元/（户·年）。因此，双边界二分式 CV 的评估结果 332.512 元/（户·年）位于 CE 评估结果 90% 的置信区间内，二者评估结果同样不存在显著的差异。

四　结果稳健性分析

（一）结果对比

对比条件排序和 CE 的结果可知，条件排序能够得到样本总体对指标不同水平值的偏好顺序，使用 CE 可以计算指标不同水平值的隐含价格并对其进行排序。我们发现 CE 隐含价格的排序与条件排序的评估结果之间不存在矛盾的地方，条件排序往往能够得出指标水平值的大致顺序，而 CE 能够对这一大致的顺序进行差异的显著性检验。因此，以条件排序的结果为参照，使用 CE 得到的结果是稳健的。

利用二分式 CV 对特定休耕方案的整体估计结果为，单边界二分式 CV 估算得到的城市居民支付意愿的均值为 359.181元/（户・年）；双边界二分式 CV 估算得到的城市居民支付意愿的均值为 332.512 元/（户・年）。与之对应，根据 CE 得到的支付意愿均值为 296.73 元/（户・年），其 90% 的置信区间为216.38~398.76 元/（户・年），根据单边界、双边界二分式 CV得到的社会福利评估结果分别为 359.181 元/（户・年）、332.512 元/（户・年），它们均位于 CE 结果 90% 的置信区间内。二分式 CV 是对特定休耕方案价值的一次性估计，而 CE 则通过计算隐含价格并通过加总得到特定休耕方案的价值。因此，若是以二分式 CV 得到的评估结果作为参照，使用 CE 得到的评估结果是稳健的。

（二）优势和局限性

条件排序是简单的陈述偏好法。条件排序的优势在于其几乎没有任何假定条件，因而得到的偏好信息在理论上是最具效度的。在问卷设计上，仅需要列出非货币指标的水平值，不需要设计不同版本的问卷，因而节约调研时间和成本；也不需要构建假想的环境市场，因而不存在假想偏差等多种内在偏差。条件排序的劣势在于，不能获得对社会福利的量的估计，也就不能对排序结论的稳健性（即差异的显著程度）进行检验，不能用于自然资源价值核算的成本收益分析。本书在对同一休耕指标不同水平值的偏好排序中，对比使用条件排序和 CE 得到的结果，实现了对单一指标福利分析结果的稳健性检验。

二分式 CV 建立了假想的环境市场并假定了受访者的随机效用函数特征，在我国自然资源价值评估中有着广泛的应用。二分式 CV 的优势在于其能够对环境物品的价值进行量的表达，因而可以被用于公共政策的成本收益分析。此外，使用投标方式的价值引导技术很好地模拟了消费者的日常购物行为，在对环境物品的价值评估中有很强的适用性。它可能存在假想偏差、策略性偏差等影响了二分式 CV 价值评估结果的可靠性，需要耗费大量的时间和精力进行科学的问卷设计和问卷调研。此外，二分式 CV 提供给受访者的信息也是有限的，通常只针对一个生态改善情景，一旦所评估的情景偏离了政策目的或不能被受访者所理解，就会导致整个研究的失败。本书对特定休耕政策的社会福利评估，对比使用单边界、双边界二分式 CV 和 CE 得到的结果，实现了对特定休耕政策福利分析结果的稳健性检验。

CE 同样建立了假想的环境市场并假定了受访者的随机效用函数特征，在理论和应用上日趋完善。CE 的优势除了二分式 CV 所具有的之外，还能够为受访者提供更多的信息，构成包含多个生态改善情景的选择集，从而能够避免二分式 CV 中单一的生态改善情景所带来的研究风险。此外，每位受访者都被要求在 CE 问卷中进行多次投票实验，从而获得受访者偏好的稳定估计；而且受访者每次面临的政策方案都是变化的，因而避免了双边界二分式的激励兼容问题，在偏好信息的数量和质量上都有所提升。最后，CE 的最大优势在于其能够计算政策方案各个组成要素的隐含价格，因而既可以从隐含价格中判断哪种政策方案能够产生最大化的社会价值，又可以加总得到特定政策方案的价值，可以适用于多维度的政策设计。CE 在实践操作中的劣势在于，与二分式 CV 类似，需要建立假想的环境市场，获取的偏好信息可能会受到潜在的各类偏差的影响，因而同样需要对调研过程和问卷进行精心设计。此外，CE 提供了包含多个生态改善情景的选择集，这也就意味着需要受访者对不同的选项进行比较，增加了受访者的认知负担。最后，CE 的技术难度高，例如设计画册来解释价值评估的指标，使用贝叶斯最优实验设计来生成指标水平值的最优组合，设计不同版本的问卷来反映变化的政策方案集，建立包含空间异质性的 Mixed Logit 模型来进行福利分析，这一流程需要耗费大量的时间和成本；同时对研究者也有较高的要求，如丰富的多学科交叉知识、问卷设计和社会调研经验，擅长运用计量经济模型处理、分析数据等。

综上，使用条件排序得到的偏好信息是最为有限的，无法为政策方案的制定提供成本收益分析的信息。而使用二分式 CV 得到的偏好信息是足够的，能够用于对单一政策方案的成本收益分析。使用 CE 得到的偏好信息是全面的，能够被用于对不同指标水平值组合而成的方案进行成本收益分析。但三类方法都存在各自的局限性，因而也就有不同的适用范围，如表 6 - 3 所示。

表 6 - 3　不同 SP 方法的适用范围

评估方法	适用范围
条件排序	（1）不需要进行成本收益分析，仅需要获得对特定选项的偏好顺序； （2）时间和成本有限，需要做出快速判断； （3）受访者理解能力十分有限

续表

评估方法	适用范围
条件价值评估	(1) 被评估的环境物品不可分，只能作为一个整体进行评估； (2) 被评估的资源环境政策是唯一的、指定的，或事后评估； (3) 受访者的理解能力不强
选择实验	(1) 需要根据被评估对象的多维度特征，提出有针对性的政策建议； (2) 需要对研究结果进行跨区域效益转移分析； (3) 研究者具有较强的专业能力和较多的实践经验； (4) 受访者的理解能力较强

五 本章小结

本章使用条件排序、单边界二分式 CV、双边界二分式 CV 对休耕的社会福利进行了重新分析，对比了使用 CE 得到的结果与使用其他 SP 方法得到的结果的差异，从而对休耕社会福利评估的稳健性进行检验。

由本章对休耕区域、种植类型两个指标水平值的条件排序结果可知，使用 CE 得到的隐含价格估计结果与条件排序的结果不存在矛盾的地方。由于条件排序与 CE 的理论基础存在差异，无法判断二者结果的一致程度的显著水平，但可以认为通过条件排序检验得到的 CE 结果是稳健的。使用单边界二分式 CV、双边界二分式 CV、CE 对特定休耕方案的估计结果分别为 359.181 元/（户·年）、332.512 元/（户·年）、296.73 元/（户·年），三者之间不存在显著的差异，同样可以认为通过二分式 CV 检验得到的 CE 结果是稳健的。

通过对比可以认为，使用条件排序、二分式 CV、CE 都能够提供关于公众偏好的信息，在用于成本收益的政策分析时所能提供的信息分别是有限的、足够的和全面的，评估的结果都是可靠的。在对社会福利评估的过程中，应当根据评估的目的和现实条件，选取适用的 SP 方法，为政策的制定提供成本收益分析的信息。

第七章

社会福利评估的效益转移分析

　　休耕作为耕地保护措施的一种，其意义同样在于维护耕地的非市场价值，实现自然资源的可持续利用。本书首次对休耕的社会福利进行了评估，但对我国耕地保护社会福利分析的文献早已有之。通过检索可以发现，自王瑞雪（2005）使用双边界二分式CV 对武汉市耕地非市场价值的评估实践以来，关注耕地非市场价值的文献数量持续增长并呈逐渐上升的趋势。虽然学术界在耕地价值评估理论和实践方面取得了进展，但是在政策实践中相关研究所起到的作用甚微。在耕地保护政策制定的过程中，未能够纳入公众偏好的原因之一是，缺少可用的工具来预测耕地的多功能属性对社会福利的影响。从已发表文献来看，由于受到社会经济背景、评估方法的选取、调研样本的认知水平等因素的影响，学者们对耕地保护支付意愿的评估结果差异很大而未能有一致结论（见表 1-2）。分散于不同地区的案例研究往往缺乏可比性，评估结果难以转移到其他地区，造成价值评估研究成果难以被决策者采用，这与价值评估服务于耕地保护决策的本意相背离。近年来，使用 Meta 回归模型（Meta Regression Models，MRMs）来评估公众的支付意愿，在自然资源非市场价值中得到了广泛的应用（Nelson & Kennedy，2009）。Meta 分析是通过特殊的价值评估案例获得一般的价值评估结果的前瞻性方法，为公共政策的制定过程提供了公众偏好和社会福利的信息指导。

一　基于 Meta 的效益转移框架

作为效益转移分析的一种（见图 1 – 3），Meta 分析同样是基于已有评估结果的再研究。与其他效益转移分析不同的是，Meta 分析是最为客观和统计上严格的系统综述方法，能够充分利用已有价值评估文献的结果（Stanley et al. , 2010），而且实际应用中具有更好的信度和效度（Rosenberger & Phipps，2007；Sundt & Rehdanz，2015）。尤其是一些与福利相关的变量在所估计的案例中不存在变动时，也就无法估计这一变量对社会福利的影响，而使用 MRMs 的优势便会特别突出。例如，耕地所能提供的生态系统服务往往与当地耕地资源丰富程度相关，而基于特定区域的研究无法计量这些因素对社会福利的影响。使用 Meta 分析需要建立 Meta 回归模型（MRMs），它能够计量由研究地点、研究方法、研究对象带来的异质性问题，从而使得评估的结果更加准确（张玲等，2015），能够得到与以往案例研究不同的见解。但是目前 MRMs 在国内耕地非市场价值评估中的应用尚属空白，因此有必要对 Meta 分析在本书中的应用框架进行说明。

（一）文献收集与整理

建立 MRMs 的关键在于，获取可信的高质量原始研究文献作为后续分析使用的样本。本研究对于休耕政策的福利分析尚属首次，除本书外目前暂无休耕政策价值评估的文献。而休耕具有与其他耕地保护实践类似的目的和意义，因而在建立 MRMs 时将文献检索范围扩大至对我国耕地保护政策的分析。

文献收集过程是建立 Meta 分析初始研究样本的过程，很大程度上影响了 Meta 分析结果的准确性。在建立 MRMs 时，实质上假定了所收集的文献是准确的，不存在价值评估的偏差。因此，为了保证假定的合理性，需要在文献收集过程中甄别第一手资料的质量。首先，使用陈述偏好法实施价值评估的基础在于，建立可信的假想情景。例如，在问卷设计过程中使用了焦点小组、预调研等各种方法来避免可能出现的假想偏差，是研究符合规范性的一个重要质量信号。其次，挑选的文献需要有坚实的理论基础，基于经济学理论对效用函数产生一定的影响。在理论上，不能对效用产生影响的研究与 Meta 分析的理论依据缺乏关联，不能作为 Meta 分析的初始样本。最后，调研数据的获取过程是可靠的。文献所使用的调研数据缺乏代表性或未计入全部受益人群的影响都将影响价值评估结果的准确性。由于不同文献的质量存在差异，一些学者建议采用赋权的方法来减小研究的偏差，认为质量较高的初始研究应当在 Meta 分析中占较大的权重（Stanley et al.，2010）。此外，还有一些学者认为已发表的文献往往是为了追求研究视角或研究方法上的独特性，存在发表的系统性偏差，因此应当收集未发表的初始文献，如学位论文、报告、工作论文，来避免 Meta 分析中出现的系统性偏差（Florax，2002）。总体而言，在 Meta 分析中应当选择一定范围和高质量的文献来避免误差的出现，但是尚未就文献质量的筛选标准达成一致意见。

文献整理包括对已发表和未发表文献的全面评价，通常是 Meta 分析中最耗时的组成部分。根据价值评估对象和评估的标准，通过对相关文献的全面综述，以获得可以被量化的研究信息。然后，在众多影响社会福利的因素中，仔细筛选，以保证能够对不同政策背景、不同分析范围、不同资源规模的社会福利效应进行预测。此外，由于自然资源的价值往往表现在多个方面，如第二章所述，因此不同文献在价值评估中所选择评价的方面可能会存在差异，如使用价值和非使用价值的差异。Johnston 等（2007）提供了对文献进行初步评价的标准，包括对数据获取和估计方法的详细说明；对样本社会经济特征的报告；准确的经济学模型和坚实的生物物理理论；研究假定的严格程度和可信度；价值评估方法和建模过程的合规程度；数据收集和清理的方法；样本规模和样本的代表性；模型设定和显著性程度；是否经过了同行审议；等等。Desvousges 等（1998）和 Stanley 等（2013）也系统地报告了文献评价的方法，以指导 Meta 分析的文献综述过程。

（二）建立 Meta 回归模型

MRMs 通常将社会福利评估的变动视为一系列可观测变量的函数（Nelson & Kennedy，2009），将其记为：

$$\ln(WTP_{ij}) = f(S_{ij}, Z_{ij}, M_{ij}) \tag{7-1}$$

WTP_{ij} 是从文献 j 中获取的关于支付意愿的第 i 个估计（每篇文献中可获取多个 WTP 的估计）；S_{ij} 是用于代表评估地点的自然资源、社会经济背景的向量；Z_{ij} 是用于代表所使用样本特征的向量；M_{ij} 是用于代表评估方法特征的向量。此时，支付意愿就被表示为引起社会福利评估变动的因素的函数。这一函数可以通过参数化的计量经济模型进行估计，获得不同因素对支付意愿的边际影响。

支付意愿（WTP）。对耕地保护非市场价值的估计包括生物物理价值评估方法和经济学价值评估方法。生物物理价值评估方法往往对同一种生态系统服务使用了统一的价格标签，如固碳价值、水土保持价值、游憩价值等。但统一的价格标签不能够反映区域的公众偏好，当价格标签转移到另一区域时无法确定价值调整的依据。对耕地非市场价值，特别是非使用价值评估的经济学价值评估方法有支付意愿和受偿意愿（WTA）两种形式。对 WTA 的估计需要加入更加可信的假想条件来激励受访者表达他们真实的受偿金额，也因此 WTA 与 WTP 之间存在较大的偏差。本书中对耕地保护带来的社会福利评估是以 WTP 为基准的。

评估地点的自然资源、社会经济背景。不同的价值评估地点，由于社会经济背景的不同，往往也会对 WTP 的结果产生影响。例如，不同地区的耕地自然资源条件、经济发达程度存在很大差异，由此导致了耕地所提供的生态系统服务、居民的支付能力存在差异。这也体现在我国休耕政策在不同区域实施的侧重点有所不同上，在甘肃省的休耕是以生态恢复为主要目的，而在河北省的休耕则是以地下水资源保护为主要目的。在本书第一章的文献综述部分，也体现了中国、美国耕地保护价值评估结果方面的差异。评估地点的特征对 WTP 的影响往往无法通过单一案例分析显现出来，此时体现了 Meta 分析的优势。通过 Meta 综合多个地点的价值评估结果，可以量化由评估地点（例如资源丰富程度、社会经济发展水平）带来的 WTP 的变异，也就能够实现将价值评估的结果调整转移到更为一般的区域。

样本特征。由于 WTP 的获取是基于特定受访者群体的问卷调研，受访者的社会经济特征往往会影响 WTP 的估计结果。耕地保护的价值评估文献显示，受访者的收入、年龄、受教育程度等因素对 WTP 会产生显著的影响，如任艳利（2010）、杨宁宁（2015）、任朝霞和陆玉麒（2011）、陈佳（2011）、江冲等（2011）的研究；另一些文献也关注由城乡空间异质性带来的 WTP 的变异，如任艳利（2010）、马爱慧（2011）、蔡银莺等（2006）、肖芮（2016）、牛海鹏（2010）等的研究。例如本书第五章、第六章也体现了受访者所处的空间地理位置（如城市、农村）对 WTP 能够产生显著的影响。此外，样本获得的时间也可能对 WTP 有一定的影响（Rosenberger & Phipps，2007；Sundt & Rehdanz，2015）。

评估方法特征。如第一章所述，对支付意愿估计的陈述偏好法包括 CV 和 CE 等。其中，CV 又包含开放式、支付卡、单边界、多边界等多种方法。使用不同的评估方法，意味着在调研过程中对受访者的陈述价值引出手段存在差异，有可能会带来受访者支付意愿的差异。

（三）评估效益转移的精度

使用 Meta 进行效益转移的分析结果通常会受到各种潜在偏差的影响，偏差除了会来自初始文献带来的测量误差（Brouwer & Spaninks，1999），还会来自建模过程中产生的泛化误差（Generalization Errors）。测量误差指的是价值评估结果与真实的价值之间的差异，这一偏差在建立 MRMs 的过程中被认为经过合理挑选过程已经得到了控制。因此，本章对效益转移精度的衡量，是以泛化误差为基础的。泛化误差与效益转移的建模过程相关，是由被评估对象的不一致、评估尺度的差异、评估区域的异质性等因素产生的（Rosenberger & Phipps，2007）。建立 MRMs 的过程也是计量泛化误差的过程，当未被计量的泛化误差足够小时，也就意味着建模过程是准确的。

效益转移精度的评估方法一般包括预测准确性（有时称之为可靠性）和转移有效性。当转移误差足够小时，我们可以认为转移函数准确地预测了估计值，即转移函数是可靠的。另外，转移有效性要求在不同的区域和政策背景下，获得的转移数值在统计学意义上不存在显著差异，即不存在显著的转移误差。在实际的应用过程中，由于我们并不知道特定研究地点被评估对象的真实价值，样本外预测或聚合有效性测试经常被用于衡量效度和信度。此时，我们用于测试的依据是初始文献的研究地点和价值评估结果，计算转移价值与初始研究提供的结果之间的差异。不同程序中，对预测准确性和转移有效性的判断存在差异，目前仍不存在统一的标准来判断效益转移精度的接受范围（Kaul et al.，2013）。

二 数据来源与统计

（一）文献检索

为了获取适用于耕地社会福利评估的原始文献，本书检索的文献需要满足以下标准：①文献检索的主题词包括"耕地"，即本书的价值评估对象；②使用"条件价值"或"选择实验"方法（即陈述偏好法）进行价值评估；③可以提取关于耕地非市场价值的信息，例如户均支付意愿、每公顷价值；④研究中的支付对象应为耕地保护或耕地修复；⑤文献为会议论文、硕士和博士学位论文、期刊等形式，并以中文或英文书写。

本书中，中文原始文献是通过 CNKI（中国知网）数据库获取的，使用的主题检索式包括 CV 和 CE 两部分，SU =（'耕地'and SU =（'CV'+'条件价值'）、SU ='耕地'and SU ='选择实验'；英文文献是通过 Web of Science（WOS）获取的，使用的检索式同样包括 CV 和 CE 两部分，TS =（CV or "Contingent Valuation"）and TS =（"cultivated land" or "arable land" or "cropland"）and TS = China、TS =（CE or "Choice Experiment"）and TS =（"cultivated land" or "arable land" or "cropland"）and TS = China。检索时间为 2017 年 12 月 20 日，通过 CNKI 进行检索共获得文献 149 篇，通过 WOS 进行检索共获得文献 19 篇，结果如表 7 - 1 所示。

表 7 - 1　Meta 分析中文、英文搜索引擎文献检索结果

类别	检索文献				初步甄选			
	中国知网			WOS	中国知网			WOS
	期刊	会议论文	硕博		期刊	会议论文	硕博	
CV	72	8	57	11	49	8	30	2
CE	5	1	6	8	4	0	3	3
合计	77	9	63	19	53	8	33	5

注：硕士和博士学位论文简称硕博。

由于使用了主题词检索，检索结果中包含大量的"杂质"，例如评估对象为湿地而非耕地，并没有使用陈述偏好法。通过阅读摘要，对文献是否满足文献检索条件进行初步甄选，得到中文文献 94 篇、英文文献 5 篇，合计 99 篇。

（二）文献甄别

首先，对重复的结果进行甄别。33 篇硕博文献中的绝大部分结果与已发表期刊论文的结果重复。由于硕博文献有关于调研问卷和获取样本的详细说明，本书以硕博文献为主体，并结合期刊文献对硕博文献进行了完善；当期刊文献与硕博文献结果不一致时，本书仍以硕博文献为准收集可信的数据来源。8 篇会议论文均见于期刊，且与期刊文献所汇报的结果一致，本书对二者所提供的信息进行了合并。53 篇期刊文献除了与硕博文献有重叠之外，发表于不同年份、不同期刊的结果也存在一定的重复，在后续处理中剔除了重复的文献。

其次，在测算依据上分为支付意愿（WTP）和受偿意愿（WTA）两类。使用 WTA 的价值评估，往往存在策略性偏差和假想偏差，获得的结果并不可靠。特别是笔者在阅读已发表文献过程中，发现几乎没有学者结合使用图片、廉价协商等工具来避免假想偏差，这意味着受访者（往往是农户）将难以相信他们会因耕地质量下降而得到相应的补偿这一假想情景。同时，受访农户往往将耕地非市场价值与征地补偿、耕地流转的标准混淆在一起，在没有实际约束的情况下会策略性地抬高受偿的标准。因而，本书认为使用 WTA 得到的价值评估结果，至少在我国现阶段是不可靠的。在文献的进一步甄别过程中，本书去掉了单纯使用 WTA 获得价值评估结果的文献。

再次，在支付意愿上分为以家庭为单位、以个体为单位。由于耕地在我国是家庭财产，以个体为单位进行的价值评估不仅仅反映了个人意愿，更应当代表家庭意愿。受访者在衡量耕地提供的生态系统服务，如气候调节、文化、食品安全等的价值时往往是以家庭为基础进行判断的。此外，调研对象往往以青中年居多，缺乏对儿童、老人群体支付意愿的调研，因而通过总人口乘以样本个体 WTP 作为社会福利的度量缺乏科学性。因此，本书在研究中去掉了以个体为单位进行的价值评估研究。

最后，在研究对象上分为农村居民、城市居民和总体居民三类。针对第三类情况，不加区分地处理农村和城市居民，实质上是假定了两类群体之间的支付意愿不存在差异，仅有少量的文献使用了这种处理方法。多数文献对城市和农村居民分别进行了研究，并发现二者的支付意愿存在显著的差异。此外，农村和城市居民对耕地的生态系统服务有着不同的诉求，如社会保障价值、农产品安全价值等方面，并受限于我国城乡二元经济结构在支付能力上存在一定的差异，理论上也应当将城市、农村居民分开处理。因而，本书在研究中去掉了不区分农村或城市居民的价值评估研究。

根据上述筛选标准，最终得到满足标准的文献共 30 篇，它们提供了可用于 Meta 分析的 70 个样本（见表 7 - 2）。本书所选取的 Meta 样本中，最早的文献为王瑞雪（2005）的博士学位论文，其数据收集于 2004 年对湖北省武汉市城乡居民的调研；最新的文献为姚柳杨等（2017）、刘祥鑫等（2017）的期刊文献；对样本数量贡献最大的单位是华中农业大学，贡献最大的文献为蔡银莺（2007）、马爱慧（2011）的博士学位论文，贡献最为集中的区域为湖北省武汉市；最早使用的陈述偏好法为双边界二分式，但使用最为普遍的方法为支付卡。本书第五章、第六章的分析同样提供了 8 个样本，分别是：在最佳方案（方案 C）的基础上基于 CE 计算的凉州区、民勤县、古浪县城市居民的平均支付意愿，基于最佳方案（方案 C）计算的凉州区、民勤县、古浪县农村居民的平均支付意愿，基于单边界二分式 CV 计算的武威市城市居民平均支付意愿，基于双边界二分式 CV 计算的武威市城市居民平均支付意愿。

表 7－2　纳入 Meta 回归模型的初始文献说明

单位	第一作者	年份	样本来源	样本	方法
华中农业大学	王瑞雪	2005	湖北，武汉	2	双边界二分式
	蔡银莺	2006	湖北，武汉	2	支付卡
	蔡银莺	2007a	湖北，武汉、江汉平原、荆门、宜昌	8	支付卡
	蔡银莺	2007b	湖北，武汉	2	开放式
	杨欣	2009	湖北，武汉	2	开放式
	牛海鹏	2010	河南，焦作	2	支付卡
	马爱慧	2011	湖北，武汉	8	支付卡、双边界二分式，选择实验
	陈竹	2013	湖北，武汉	1	选择实验
	Yang	2015	湖北，武汉	1	选择实验
西北农林科技大学	陈艳蕊	2011	河南，内黄县	2	支付卡
	任斐	2012	河南，偃师	2	开放式
	赵凯	2013	辽宁，葫芦岛	2	开放式
	庄皓雯	2015	山东，临沂	2	支付卡
	姚柳杨	2017	甘肃，张掖	2	选择实验
北京师范大学	江冲	2011	浙江，温岭	2	单边界二分式
	Jin	2013	浙江，温岭	2	单边界二分式
南京农业大学	任艳利	2010	江苏，南京、盐城	2	支付卡
	李明利	2009	江苏，南京	2	支付卡
中国农业科学院	姜昊	2009	江苏，涟水县	2	单边界二分式
	邱国梁	2010	江苏，涟水县	2	单边界二分式
河南理工大学	杨宁宁	2015	河南，焦作	2	单、双边界二分式
	高汉琦	2012	河南，焦作	2	支付卡

续表

单位	第一作者	年份	样本来源	样本	方法
新疆农业大学	景莉娜	2008	新疆，乌鲁木齐	2	单边界二分式
	刘祥鑫	2017	新疆，乌鲁木齐	2	开放式
长安大学	任朝霞	2011c	陕西，西安	2	支付卡
	任朝霞	2011d	陕西，西安	2	双边界二分式
浙江大学	陈佳	2011	浙江，德清县	2	选择实验
湖北大学	肖芮	2016	湖北，武汉	2	支付卡
东北农业大学	鄂施璇	2014	黑龙江，巴彦县	2	选择实验
中南财经政法大学	宋敏	2012	湖北，武汉	2	支付卡

注：a、b、c、d 对应的文献分别为蔡银莺（2007）、蔡银莺等（2007）、任朝霞和陆玉麒（2011）任朝霞和王丽霞（2011）。另外，本书的研究提供了 8 个样本。

（三）数据修订

受限于研究所处时期，一些文献使用的宏观数据存在漏洞，甚至数据处理过程存在一定的偏误。本书对存在问题的文献进行了修订，说明如下。

不同文献在计算家庭年均支付意愿时，分为"正支付"与"非负支付"两种统计。正支付是指，学者对支付意愿大于 0 的样本统计了户均支付意愿和样本支付比例，那么总体的支付意愿也就是"总户数"与"户均支付意愿"、"具有正支付的样本所占比例"三者的乘积，如蔡银莺（2007）、李明利（2009）的研究。非负支付是指，学者统计了所有样本的户均支付意愿，那么总体的支付意愿也就是"总户数"与"户均支付意愿"二者的乘积，如王瑞雪（2005）的研究。理论上，只有在使用非封闭式问卷时，如开放式 CV、支付卡 CV，才可以得到受访者正支付的比例。不同研究样本中，正支付的比例也存在较大差异，如马爱慧（2011）的研究中其中一组农村居民的支付比例仅为 42%，而陈艳蕊（2011）的研究中城乡居民的支付比例高达 95%。使用 CE

与二分式 CV 时，受访者面对的是特定的投标值，如是否愿意支付 100 元，拒绝支付 100 元并不代表受访者支付意愿一定为 0，而只代表小于 100 元。因此，本书将正支付获得的户均支付意愿与支付比例相乘，从而得到与非负支付可比的结果。

牛海鹏（2010）、杨宁宁（2015）在计算耕地总外部收益时，农村和城市家庭的户数使用的是历年《焦作统计年鉴》《河南统计年鉴》中年末总户数和城镇化水平近似代替。在本书中，依据《河南统计年鉴 2009》对焦作市总户数和农村户数的统计结果，使用实际值对其进行了修订。此外，杨宁宁（2015）在使用双边界二分式问卷进行建模的过程中，对因变量的处理（将其定义为 1~4 的有序数据）、对关键自变量的处理（作者使用了两次投标值中的一个）均存在不妥之处，作者在文中也认为其使用双边界二分式得到的支付意愿存在偏差。因此，本书认为杨宁宁（2015）文献中获得的单边界二分式研究结果可以被计入 Meta 分析的数据集，而双边界二分式结果不具有可信度，因而在统计可用样本时未计入上述 70 个样本。

马爱慧（2011）在计算单位面积耕地的支付意愿时，使用武汉市总人口进行了加权平均。但在调研问卷中显示，原始数据是基于家庭最大支付意愿获取的，因此本书依据调研问卷的内容采用武汉市当年城市和农村总户数进行加权平均。此外，在问卷调研中作者综合使用了支付卡、双边界二分式等 CV 技术手段，本书对其进行了样本拆分处理，分别计算了不同技术手段下的平均支付意愿。

本书对蔡银莺（2007）的数据进行了较多的修正。首先，纠正了重复计算的问题。作者将耕地分为水田和旱地，分别计算了农户对水田、旱地的支付意愿（如 y_1、y_2），并将支付意愿之和（$y_1 + y_2$）作为农户对每亩耕地的支付意愿。而实际上，支付意愿之和应当是农户对 2 亩耕地（包括 1 亩水田 +1 亩旱地）的支付意愿。本书将支付意愿的算数平均（采用加权平均是更为合适的，但水田、旱地面积的比例不可查）作为农户对亩均耕地的支付意愿，即（$y_1 + y_2$）/2。其次，纠正了统计资料错误的问题。作者对耕地总面积和城乡户数的统计与《湖北统计年鉴2004》出入较大。如武汉市耕地面积为 20.47 万公顷，作者使用值为 37.76 万公顷；江汉平原（在文中包含武汉、汉川、仙桃三市）耕地面积合计为 35.74 万公顷，作者使用值为 166.93 万公顷；荆门市耕地面积为 24.63 万公顷，作者使用值为 38.81 万公顷；宜昌市耕地面积为 22.49 万公顷，作者使用值为 35.94 万公顷。武汉市城市、农村户数分别为 158.2 万户、71.7 万户，作者使用值为 127.2 万户、102.7 万户；江汉平原（在文中包含武汉、汉川、仙桃三市）城市、农村户数分别为 179.78 万户、119.07 万户，作者使用值为 223.7 万户、376.4 万户；荆门市城市、农村户数分别为 37.9 万户、47.8 万户，作者使用值为 24.2 万户、60.6 万户；宜昌市城市、农村户数分别为 49.5 万户、82.9 万户，作者使用值为 48.5 万户、83.9 万户。类似的问题同样见于蔡银莺等（2006）的文献中。

鄂施璇（2014）文后附录中的调研问卷显示，作者使用 CE 评估耕地非市场价值时，所采用的户均支付频率为"每年"支付的费用，但在实证环节使用的支付频率为"每月"支付的费用。此外，作者将选择"维持现状"方案的受访者比例记为样本支付比例，并在计算耕地非市场价值时根据支付比例进行了数值调整。但在 CE 建模过程中作者认为，受访者选择支付意愿为"0"在理论上被认为是不愿意支付非货币指标水平值变动对应的货币指标价格，支付意愿为"0"的样本已被包含在数据分析中。因而，本书认为首先以调研问卷为准，并认为作者实证环节得到的结果是户均年支付费用，而非月支付费用；其次在获得户均补偿剩余后，不应再与支付比例相乘。

高汉琦（2012）在调研问卷中将耕地生态效益情景分为"假设在现实状况下""假设经济的快速增长""假设经济与耕地生态环境协调可持续发展"，测算了在三类情景下"保持现有耕地生态效益"的支付意愿。由于"假设在现实状况下"的情景更接近于当地耕地管理趋势，且最容易被受访者所接受和理解，因此本书选取"假设在现实状况下"的情景作为该文献的代表，仅在上述研究中包含 2 个初始样本。

李广东等（2011）、尹珂和肖轶（2017）在数据收集过程中使用了双边界二分式 CV 问卷，但数据处理过程中建模存在偏误。由于建模问题无法获得正确的关于户均支付意愿的信息，在本书的分析中也就未包含这两篇文献。王瑞雪（2005）、马爱慧（2011）、庄皓雯（2015）、宋敏（2012）、刘祥鑫等（2017）的文献缺乏对样本基本统计特征的描述，如年龄、收入、受教育程度等，本书采用与之研究区域相似的文献中的调研样本特征对其进行了补充。

三　Meta 回归模型

（一）变量定义

在资源环境价值评估领域中，建立 MRMs 所使用的被解释变量应能够代表研究对象的货币价值，在本书中具体指每户每年的支付意愿；解释变量应当是对社会福利测度产生影响的一系列因素。如前所述，回归模型中的解释变量一般包括评估地点、评估样本、评估方法等方面，本书结合耕地保护价值评估研究的环节（见图 7-1），将解释变量进一步拓展并细化。

（1）通过文献分析可知，利用陈述偏好法获得耕地非市场价值的表示方法包括：以消费者剩余计算的单位耕地面积的非市场

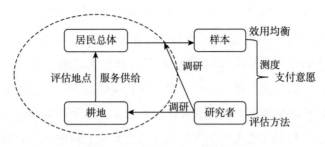

图 7 – 1 Meta 分析的建模依据

价值现值（即 CS 元/公顷）、单位耕地面积的年均非市场价值
［即 CS 元/（公顷·年）］；以家庭支付意愿表示的家庭支付意愿
现值（即 WTP 元/户）、家庭年均支付意愿 ［即 WTP 元/（户·
年）］。因而，建立 Meta 回归模型可选的被解释变量也就有上述
四种形式。但是，不同的文献采用的折现率存在较大差异，如庄
皓雯（2015）所选取的折现率为 5.6%，而陈艳蕊（2011）、蔡
银莺（2007）所使用的折现率仅为 2.25%。因而，使用现值（即
CS 元/公顷、WTP 元/户）作为被解释变量，将存在尺度不统一
的问题。使用单位耕地面积的年均非市场价值 ［即 CS 元/（公
顷·年）］也将存在问题，这是由于不同文献对耕地非市场价值
外溢效益的范围界定不同。如任艳利（2010）、陈竹等（2013）、
Yang 等（2015）的研究范围仅限于城市居民，显然若仅以城市
居民支付意愿计算的 CS 元/（公顷·年）与其他包含城乡居民的
研究相比，将遗漏一部分重要的非市场价值受益群体。使用家庭
年均支付意愿 ［即 WTP 元/（户·年）］的优势在于，通过 SP 方
法对耕地非市场价值的估计往往是以户为单位，其数值来源于问
卷调研的原始数据，因而不会受到不完整或不准确的统计资料
（如耕地面积、户数）的干扰。综合上述分析，本书在研究中纳
入的被解释变量为家庭年均支付意愿，即 WTP 元/（户·年）。
以最早的文献，即王瑞雪（2005）的调研样本所在年份（2004
年）作为基准，使用居民消费价格指数将支付意愿调整为 2004

年可比价格。

（2）不同文献的研究地点存在差异，因此本书纳入了代表研究区域的解释变量。本书设置了反映调研地点的人口规模的变量，$si\_popusize$ 来源于初始文献或统计年鉴中调研样本所代表的总体规模，单位为人；反映研究地点耕地资源丰富程度的变量，si_land 来自原始文献或统计年鉴中的人均耕地面积，单位为公顷；反映区域经济发展程度的变量，si_gdp 来源于统计年鉴中人均 GDP，同样调整为 2004 年可比价格，单位为万元；反映区域是否为产量大省的变量，si_grain 来源于国家统计局 2016 年对各省份粮食产量的排名。

（3）基于问卷调研的陈述偏好法研究中，受访者的人口经济学特征往往被作为影响支付意愿的解释变量，因此在本书中纳入了受访者特征变量。本书根据以往研究的结论，设置了受访者样本的受教育程度，sa_edu 代表受访者样本受教育的平均程度或中位数程度①，其中 1、2、3、4 分别代表小学、初中、高中或中专、大专及以上；受访者的年龄，sa_age 代表受访者样本的平均数或中位数，单位是年；受访者的收入水平，sa_income 代表了受访者的平均收入或收入的中位数，当此信息未提供时，通过统计年鉴的相关数据进行了填补，同样调整为 2004 年可比价格，单位为元；受访者的空间位置信息，sa_urban 是虚拟变量，在受访样本位于城市时取值为 1，位于农村时取值为 0；调研时间，sa_year 代表调研样本收集的年份与 2004 年的差值，单位为年。

（4）不同文献使用的研究方法存在差异，因此本书纳入了代表研究方法的解释变量。在价值评估方法方面设置了以二分式（包括单边界、双边界）为基准的虚拟变量，代表开放式 CV 的

---

① 当初始文献中对受访者社会经济特征的描述提供平均数时，使用平均数；但更多的时候，文献对这一信息往往是进行了分组统计，无法获得对平均数的估计，此时以中位数为准。

tool_oe，代表支付卡 CV 的 *tool_pc*，代表 CE 的 *tool_ce* 三个变量；设置了以支付工具（包括税收、捐赠、生活成本上涨）为基准的虚拟变量，代表义务劳动的 *tool_lab*，代表混合付费与义务劳动的 *tool_mix* 两个变量。

（二）模型估计

由于同一篇初始文献可以提供多个观测样本，因此在 MRMs 中将数据集设定为面板数据，并认为方差的来源包括两部分（Nelson & Kennedy，2009），如公式所示：

$$\ln(WTP_{ij}) = a + B \times X_{ij} + \mu_j + e_j \qquad (7-2)$$

其中，a 是截距项；X_{ij} 是上文所定义的纳入回归模型的自变量；μ_j 是服从正态分布的残差项，方差为已知的文献内标准误（within-study standard error）$wsse_j$，随文献 j 变动；e_j 同样服从正态分布，方差为 τ^2，不随文献 j 变动。通过加入 $wsse_j$，可以对不同精度的文献进行赋权，那些方差较小的文献意味着较高的精度，而方差较大的文献将被认为有较小的精度。由此，对上述 MRMs 的估计使用了加权最小二乘法（WLS），并以 $wsse_j$ 的倒数作为权重。但在通常情况下，初始文献（尤其是 CV 文献）未能汇报支付意愿的方差，因此本书依据 Rosenberger 和 Stanley（2006）的标准，使用获得支付意愿估计的样本量的平方根的倒数（$N^{-\frac{1}{2}}$）作为 $wsse_j$ 的近似替代。

使用 Stata 14.0 软件的"metareg"命令估计 Meta 回归模型，得到的结果如表 7-3 中模型 I 所示。从模型整体的显著性来看，F 检验拒绝了所有的 14 个边际效应为 0 的原假设，模型的拟合优度为 0.541，模型整体上显著。但是，在 14 个解释变量中，有 7 个变量显著，占所有解释变量个数的 50%。建立的初始模型中存在大量的不显著变量，将会影响模型整体的解释力度，也会对结果的稳健性造成影响。因此，继续使用向后逐步回归的方法，对模型中不显著的变量进行逐一剔除，最终得到模型Ⅱ。相对于初始模型，模型Ⅱ的整体显著性更高，参数估计的系数方向、显著性基本没有发生变化，说明模型具有较好的稳健性。从模型Ⅱ的结果来看，从评估地点、评估样本、评估方法等方面选取的解释变量对不同价值评估结果变异的拟合优度为 0.556；价值评估研究结果的方差为 0.171，较模型Ⅰ有所降低，说明可以解释更多的研究间异质性来源；异质性对残差变异的解释力度为 97.41%。

表 7 - 3 耕地保护支付意愿的 Meta 分析结果

变量	模型Ⅰ		模型Ⅱ	
	系数	标准误	系数	标准误
si_popusize	0.001	0.001		
si_land	- 0.127 ***	0.039	- 0.136 ***	0.034
si_gdp	- 0.123 ***	0.033	- 0.112 ***	0.029
si_grain	0.025 ***	0.009	0.026 ***	0.008
sa_edu	0.077	0.117		
sa_age	- 0.004	0.013		
sa_income	0.033	0.036		
sa_urban	0.410 **	0.183	0.607 ***	0.099
sa_year	0.074 ***	0.018	0.069 ***	0.015
tool_oe	0.107	0.198		
tool_pc	0.109	0.171		
tool_ce	0.186	0.177		
tool_lab	1.259 ***	0.222	1.166 ***	0.197
tool_mix	0.492 ***	0.142	0.501 ***	0.122
_cons	4.127 ***	0.739	4.294 ***	0.202
样本量	78		78	
调整的 R^2	0.541		0.556	
F 检验 (d, f)	7.27 *** (14, 63)		14.31 *** (7, 70)	

变量	模型 I		模型 II	
	系数	标准误	系数	标准误
τ^2	0.177		0.171	
I – squared_res	97.38%		97.41%	

从模型I可知，研究区域的人口规模，研究样本（即受访者）的受教育程度、年龄、收入，研究方法中对 CV 或是 CE 的选取，这些因素对 ln（WTP）的影响都不显著。①人口规模的影响不显著，可能是由于我们使用了户均支付意愿作为被解释变量。这意味着当我们在不同区域进行效益转移时，如果使用了户均支付意愿作为转移的标准，将无须考虑人口规模的影响。②受教育程度对 ln（WTP）的影响不显著，这与大部分初始案例的研究结论相悖，如任艳利（2010）、杨宁宁（2015）、陈艳蕊（2011）的研究；但也与部分文献，如陈佳（2011）、马爱慧（2011）、任斐等（2012）的研究结论相同。除了受教育程度本身对支付意愿的影响不显著外，还可能是因为进入 MRMs 的数值是每个案例的平均受教育程度，在案例间的变异相对于单个案例研究较小。③年龄对 ln（WTP）的影响不显著，这与大部分初始案例的研究结论相同，如高汉琦（2012）、马爱慧（2011）、杨宁宁（2015）、陈艳蕊（2011）的研究；但也有任艳利（2010）、李明利（2009）、陈佳（2011）、任斐等（2012）的研究认为随着年龄的增加，受访者的支付意愿有显著的降低。④收入对 ln（WTP）的影响不显著，仅有少量初始文献，如高汉琦（2012）、马爱慧（2011）、李明利（2009）、江冲等（2011）报告了不显著的收入影响，其他文献均认为收入对支付意愿有显著的正向作用。由于收入反映了家庭的支付能力，我们预期收入能够对支付意愿产生显著的正向影响，在此 MRMs 得到的结论与理论预期不符。可能的原因是，如李明利（2009）文献认为通过调研获得的居民户收入数据通常是不可

靠的，因此难以对理论进行验证。⑤*tool_ce* 对 ln（*WTP*）的影响不显著，这一结论与本书第六章使用 CE 和 CV 得到的结果不存在显著差异的结论相符；*tool_oe*、*tool_pc* 对 ln（*WTP*）的影响同样不显著，这意味着不同 CV 手段在评估耕地保护的社会福利时得到的结果也不存在显著的差异。这一结论尚属首次提出，意味着其他因素保持不变的情况下，如果我们不考虑 CV、CE 在应用场景上的区别（如事前评估、事后评估），使用不同价值评估手段得到的社会福利评估结果不存在显著的差异，可以采取最为经济合适的手段。

Meta 分析中，由于采用了量化的综述方法，原本在单一案例研究中不存在变异的因素（如研究区域特征）对支付意愿的影响得以量化，从而发现了以往研究所不能得到的结果。由于模型Ⅱ有更高的解释力度，这里以模型Ⅱ的结果为依据进行说明。①人均耕地面积对 ln（*WTP*）产生显著的负向作用，可能的原因是，人均耕地面积的增加使得耕地资源的稀缺程度降低，人均耕地面积每增加 1 公顷导致户均支付意愿下降 13.6%。②人均 GDP 对 ln（*WTP*）产生显著的负向作用，说明经济发达地区的居民对耕地保护的支付意愿较低。虽然理论上，经济发达地区的居民有着较高的支付能力，对支付意愿的影响存在正向作用；但与此同时，经济发达地区的农业产值比例往往也较低，意味着该区域对耕地提供的非使用价值的依赖程度较低。上述因素的影响在 MRMs 中表现为区域人均 GDP 每增加 1 万元会导致户均支付意愿下降 11.2%。③粮食产量排名越靠后的区域，对耕地保护的支付意愿反倒越高。这与我们的研究预期不符，理论上粮食产量更高的地区应当具有更高的耕地保护积极性，从而对耕地保护具有更高的支付意愿。但本书得到的结果否定了我们的预期，对此可能的解释有：粮食产量较高的区域（如黑龙江、河南、山东）往往意味着耕地的生态、生产环境较佳，粮食产量较低区域（如甘肃）的生态环境和农田基础设施较差，在生态、生产条件较差地区的居民对耕地生态系统的边际改进有较为迫切的需求。从我国休耕、土地整理等耕地保护政策的实施区域同样可以看出，国家的耕地保护政策倾向于非粮食主产区，在一定的财政规模下挖掘非粮食主产区的耕地潜力，以产生更大的社会效益。④居民位于城市对 ln（WTP）产生显著的正向作用，这与大部分研究，如Jin 等（2013）、姚柳杨等（2017）、本书第五章的结论相符，同时也与理论预期相符。通过 Meta 分析得到的结论，从宏观区域研究的角度进一步验证了城市居民对耕地非使用价值的关注程度高于农村居民，平均作用为 83.5%。⑤调研年份对 ln（WTP）产生显著的正向作用，可能的原因一方面是随着食品安全问题、生态危机的凸显，人们的耕地保护意识在逐渐加强；另一方面随着社会经济的发展，单纯地从耕地中获取粮食生产带来的福利已不能满足人们日益增长的非生产性需求。由此显示调研年份对支付意愿的影响是正向的，自 2004 年以来平均每年增长 7.1%。⑥支付工具对 ln（WTP）产生显著的正向作用，如果使用了投劳的方式（纯投劳）或投劳与投钱相结合的方式都会使得支付意愿有所提升。这一结果验证了本书在第三章所讨论的，使用投劳的方式不是激励兼容的，增加了获得支付意愿的偏差。Meta 分析的结果能够对支付意愿的偏差进行修正，单纯使用义务劳动的方式将会使得支付意愿增加 220.9%，而使用义务劳动与付费结合的方式将会使得支付意愿增加 65.0%。这一结论有着重要的意义，如杨宁宁（2015）、王瑞雪（2005）、景莉娜等（2008）得到农村居民对耕地保护的支付意愿（A 元）高于城市居民（B 元），作者对此的解释为农村居民依赖耕地非生产性功能或对耕地有着特殊的情感。而实际上，经过偏差矫正后农村居民的支付意愿（A/1.65元，使用义务劳动与付费结合的方式；A/3.21 元，单纯使用义务劳动的方式）低于城市居民（B 元），对应的解释应为，在同一区域内城市居民的支付能力高于农村居民且对食品安全、生态保护等非生产性需求往往也高于农村居民，也因而与本书第六章的研究结论一致。

通过建立的 MRMs 可以计算单一地点耕地保护的价值，如本书的研究区域武威市人均耕地面积 0.14 公顷，人均 GDP 为 2.20万元，所在甘肃省粮食产量位居全国第 22 名，在 2016 年城市居民、农村居民年均支付意愿如表 7 - 4 所示。

表 7 - 4　Meta 效益转移结果（2004 年可比价格）

研究方法	城市	农村
单边界二分式 CV	260.61 元/户	—
双边界二分式 CV	241.26 元/户	—
CE	405.17 元/户	322.05 元/户
Meta	394.31 元/户	216.34 元/户

在本书中，通过 Meta 分析的结果介于 CV 和 CE 获得的结果之间，相对于单边界二分式 CV 的转移误差为 - 34%，相对于双边界二分式 CV 的转移误差为 - 39%，平均转移误差为 - 37%；相对于 CE，城市居民的转移误差为 3%，农村居民的转移误差为49%，平均转移误差为 26%。整体上，使用 Meta 分析对武威市价值评估结果的平均转移误差为 5%，转移误差较小。

（三）精度检验

如前所述，对 Meta 回归模型的精度检验可以通过样本外预测来实现，即通过 $N - 1$ 个样本建立的 MRMs 来预测第 N 个样本的被解释变量，第 N 个样本的预测值与真实值之间的偏差反映了MRMs 的精度（Brander et al., 2006）。在本书中，我们使用 Stata14.0 建立了留一法（Leave-One-Out）交叉验证函数，得到的回归方程调整的 R^2 值为 0.56；进一步计算了每个样本的预测值与真实值，如图 7 - 2 所示。图中纵轴为每户每年支付意愿的对数值，横轴为按真实值排列的样本顺序，共 78 个样本。

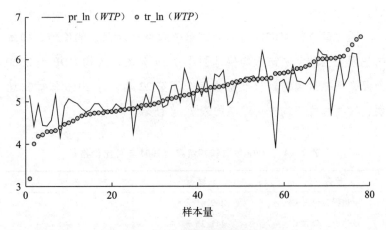

图 7 - 2　Meta 回归模型的精度检验

图 7 - 2 显示 ln（*WTP*）的预测值 pr_ln（*WTP*）与真实值 tr_ln（*WTP*）有相似的变化趋势。但仅通过图形无法定量地判断 ln（*WTP*）的预测值 pr_ln（*WTP*）与真实值 tr_ln（*WTP*）之间的差异，可以进一步通过以下方法进行检验。

（1）使用配对 t 检验，检验每一个样本预测值和真实值之间的相关性，原假设为：同一样本的预测值和真实值之间不存在差异，即 pr_ln（*WTP*）- tr_ln（*WTP*）= 0。如果 t 检验达到了显著性水平，我们可以在相应的概率保证度下认为建立的 MRMs 缺乏精度。

本书进行配对 t 检验，得到预测值和真实值之间差异等于 0 的 t 检验值为 0.0534，显著性水平为 0.958，在自由度为 77 的情况下接受原假设。

（2）使用 Pearson 相关系数（亦可使用 Spearman 等级相关系数等指标），检验预测值和真实值两个变量之间的相关性。如果预测值与真实值的变动方向一致，变动程度相同，变量之间的 Pearson 相关系数将会接近于 1，反之则接近于 0。因此，可以对

Pearson 相关系数等于 0 的原假设进行检验，如果显著拒绝原假设则认为 MRMs 具有较高的精度。

本书计算得到预测值和真实值的 Pearson 相关系数为 0.66，对其等于 0 的原假设计算得到的 t 检验显著性水平为 0.000，显著拒绝原假设。

（3）使用平均偏差，计算每一个样本预测值偏离真实值的百分比（绝对值），所有样本偏差的平均即为平均偏差，用公式表示为 $Percentage = 1/N \times \sum | pr - tr | /tr$。

本书计算得到 $\ln(WTP)$ 的偏差最大值为 61.94%，最小值为 0.25%，平均偏差为 7.04%。真实值的均值和中位数分别为 5.21、5.23，预测值的均值和中位数分别为 5.21、5.20，预测值和真实值的差异较小。本书研究得到的预测偏差较小，所以认为 MRMs 是合适的。

（4）建立参数的回归方程，将真实值表示为预测值的一元线性函数。此时可以对函数的截距项等于 0、斜率等于 1 的原假设进行检验。如果无法拒绝原假设，那么我们可以认为预测值与真实值是相等的。

由于不能同时建立包含截距项等于 0、斜率等于 1 的约束方程（约束个数与参数个数相同，无法建立回归），因此本书首先估计了包含截距项和不包含截距项建立的线性回归方程。在此基础上，估计不包含截距项的线性回归方程，并检验斜率等于 1 的原假设是否成立；估计斜率等于 1 的线性回归方程，并检验截距项等于 0 的原假设是否成立。得到的结果如下所示：

$$tr\_\ln(WTP) = 0.792pr\_\ln(WTP) + 1.08 + \varepsilon; R^2 = 0.377, F(1,76) = 46.06$$

$$tr\_\ln(WTP) = 0.998pr\_\ln(WTP) + \varepsilon; R^2 = 0.991, F(1,77) = 8396.62$$

$$tr\_\ln(WTP) - pr\_\ln(WTP) = 0.003 + \varepsilon; R^2 = 0.000, F(0,77) = 0.00$$

不包含截距项的回归，从 F 检验和 R^2 的估计结果可以看出，模型显著性有了明显的提高。对该模型斜率等于 1 的原假设进行检验，得到的 F 检验值为 0.05，显著性程度为 0.83，接受原假设。斜率被固定为 1 的模型，整体不显著，说明作为唯一解释变量的截距项不显著。对截距项等于 0 的原假设进行检验，得到的 F 检验值为 0.00，显著性程度为 0.96，接受原假设。因此我们认为，无法拒绝截距项等于 0、斜率等于 1 的共同约束。

四　本章小结

使用 MRMs，可以实现对耕地保护支付意愿量化的综述性研究，不仅仅能够扩展 MRMs 在价值评估领域的应用，更能服务于我国包括休耕在内的耕地保护实践的需要。通过 Meta 分析得到了与以往研究相似或相悖的结论，如受访者平均年龄、受教育程度、家庭收入、位于城市或农村等因素对平均支付意愿的影响；同时也为本书第三章关于使用义务劳动作为支付工具无法获得激励兼容的估计结果，第六章关于 CV 和 CE 价值评估结果不存在显著差异提供了额外的证据。其中较为重要的结论包括：当使用人均支付意愿作为被解释变量时，区域人口规模以及受访者受教育程度、年龄、家庭收入不存在显著的影响；使用义务劳动、义务劳动与付费相互结合的支付工具将导致支付意愿分别偏高220.9%、65.0%。

但更为关键的是，Meta 分析得到了以往研究所不能得到的分析结果。区域变量对于人均支付意愿的作用在 Meta 分析中得到了量化的体现，人均耕地面积、人均 GDP、区域粮食产量排名对支付意愿有显著的影响，还得到了部分与理论预期相反的影响方向的结果，值得思考。稀缺程度逐渐提升的耕地资源增强了区域的支付意愿，而区域不均衡的经济发展水平，耕地的生态、生产条件则是造成结果与理论预期相悖的可能因素。此外，本书的研究还表明随着人们耕地保护意识的增强和对耕地非生产功能需求的增长,支付意愿每年平均增长 7.1%,与我国 GDP 的增长速度接近。这一结论可以为我国的耕地保护工作提供参考,即财政支出中用于耕地保护的部分应当保持 7.1% 的增长速度。

我们对建立的 Meta 回归模型进行了精度检验,使用留一法交叉验证函数得到的预测值和真实值之间存在相同的变化趋势,且通过了配对 t 检验、相关性检验、平均偏差分析、参数的约束检验,因此我们认为本书建立的 MRMs 是可靠的。在 MRMs 的基础上计算得到的城市居民愿意为武威市耕地保护项目支付 394.31 元/(户·年),农村居民愿意为此支付 216.34 元/(户·年),与本书使用 CE 得到的效益转移误差为 5%。

▶ 第八章
研究结论与讨论

　　耕地是人类赖以生存的最基本自然资源，产生了支持、供给、调节和文化服务等多项生态系统服务，与人类福祉存在密切联系。我国探索实施的休耕试点政策具有明显的外部性，所以对休耕政策产生社会福利的量化就需要使用非市场价值评估手段，从而指导具体的休耕实践。本书的核心内容即休耕政策社会福利的价值评估，价值评估的异质性、稳健性、效益转移也是福利分析中的核心问题。围绕这些问题，本书首先介绍了我国现阶段休耕政策的核心含义、实施要点、与社会福利的关联，接着梳理了对社会福利进行价值评估的相关理论，综述了选择实验的指标选取、实验设计、偏差避免等问卷设计技术，以此为背景构建了"可信的"休耕政策假想环境市场，从"休耕面积、休耕区域、持续年限、种植类型、支付意愿"五个维度构建选择集，为休耕的社会福利评估这个核心问题做了铺垫。在后面的第四、第五、第六章，本书应用休耕社会福利评估问卷，从位于石羊河流域的上游古浪县、中游凉州区、下游民勤县获取了调研数据，按使用前沿的离散选择数据处理方法展开分析，对国内研究尚未重视而国际研究尚存争议的偏好空间异质性、评估结果稳健性进行了检验。第七章则是结合对我国耕地保护价值评估的国内外研究，使用 Meta 分析实现对本书研究结论的拓展，并使用留一法交叉验证函数对 Meta 分析的精度进行了检验。

本书主要包括三个研究问题。①休耕政策对社会福利的影响以及这一影响是否存在空间异质性，评估"休耕面积、休耕区域、持续年限、种植类型"的社会福利效应，并对社会福利的城乡空间异质性、流域空间异质性进行检验。②检验使用选择实验获得福利评估结果的稳健性，使用单边界二分式条件价值评估、双边界二分式条件价值评估、条件排序等陈述偏好法，检验其他方法与选择实验得到的结果是否存在显著的差异。③对研究结论的效益转移，使用 Meta 回归模型对价值评估结果的转移误差进行分析。通过对休耕的社会福利评估，我们得到了丰富且富有新意的结论，在应用上填补了国内使用前沿的实验设计方法研究资源环境福利效应的空白，不仅给出了社会福利的评估结果，并且得出了休耕政策在未来的调整空间；另外，在理论上也为空间异质性的检验、不同陈述偏好法结果差异的检验提供了中国的证据。在此，我们对本书得到的结论进行了总结，明确了社会福利分析对休耕政策的启示，并在此基础上提出本研究的不足之处和对未来研究的展望。

一　主要研究结论

本书的成果首先是用于评估休耕社会福利的选择实验问卷，这是实证研究的基础，本书可信度的保障。在使用选择实验问卷收集了受访者对休耕政策的偏好信息后，本书得到的成果主要是：包含空间异质性的休耕社会福利的价值评估、价值评估结果的稳健性检验、价值评估结果的效益转移分析。

首先，基于贝叶斯最优实验设计的休耕社会福利分析问卷。本研究采用了"行为指标""非标记选项"的实验设计生成方法，允许受访者在包含两个休耕、两个不休耕的四个选项中投票选择其中的一个。休耕福利指标是通过一个结构化的过程选取的，得到了包含政府规划休耕的面积，即 1 万亩、2 万亩、5 万亩三个水平值；规划休耕的地点，即风沙源区、野生动物保育区、水源保护区、地下水超采区四个水平值；休耕合同的年限，即 3 年、5 年、10 年三个水平值；休耕耕地的上覆植被类型，即草类、灌木、林木三个水平值；支付意愿，即 50 元、100 元、150 元、200元四个水平值。使用贝叶斯最优实验设计方法生成了包含 48 个选择集的 12 个版本的问卷，每份问卷要求受访者进行四次投票实验。为尽可能地减小调研中出现的假想偏差、策略性偏差、抗议性偏差等，问卷从指标定义、投票方式、有效性样本识别三个方面设定了包含条件排序，单、双边界二分式条件价值评估的离散选择问题，政策陈述、指标解释、调研协商的信息图册，认知调查、抗议支付识别、有效性评价的附加问题，对数据采集过程进行科学的控制，以获取可靠的受访者偏好信息，从而为相应政策的评估提供有意义的参考。

其次，基于随机参数 Logit 模型的休耕社会福利评估及其空间异质性检验，这部分是本书最为核心的研究结论。应用陈述偏好法实验问卷，本研究从武威市位于石羊河流域上游的古浪县、中游的凉州区、下游的民勤县获取了调研数据。本书对数据的初步统计分析表明，流域内居民普遍认为严峻的生态环境问题有所缓解并希望进一步得到改善，城市居民相对于农村居民更加重视改善生态环境，农村居民潜在的家庭收入受生态政策的负面影响更大；上游居民对生态环境的满意度高于中游、下游，改善的积极性更低，从上游、中游到下游居民对休耕政策产生的生态系统服务增加的认可程度越来越高。这一统计分析结果不仅暗含了社会福利存在空间异质性，同时对生态政策的制定也有一定的启示。本书接下来建立了包含"流域空间异质性""城乡空间异质性""个体异质性"的随机参数 Logit 模型，结合仿真算法评估休耕政策的社会福利，研究发现以下方面。①存在系统性的流域空间异质性。流域上游、中游、下游的农村居民对休耕政策的偏好依次递减，而城市居民不存在系统性的流域空间异质性；在对具体的休耕指标的偏好上，休耕面积、休耕区域不存在流域空间异质性；对休耕年限偏好的流域空间异质性表现为，下游城市居民愿意为更长的休耕时间支付更高的价格，农村居民对不同的休耕时间无显著差异的偏好顺序，而上游、中游的城市和农村居民愿意为适中的休耕时间支付最高的价格；对休耕后上覆植被类型的偏好空间异质性表现为，上游城市居民对林木支付价格最高而对灌木支付价格最低，下游居民对草类、林木支付价格最高而对灌木支付价格最低，中游居民对不同的植被类型无显著差异的偏好顺序。②存在系统性的城乡空间异质性。平均而言，城市居民愿意比农村居民为休耕政策多支付 88.89 元/（户·年）；城市居民对较少休耕面积（1 万亩）的支付意愿低于农村居民 28.17 元/（户·年），对较长休耕时间（10 年）的支付意愿高于农村居民 127.26 元/（户·年），对灌木的支付意愿高于农村居民 35.07 元/（户·年）。③价值评估结果表明，休耕面积的扩大、休耕时间的延长并不一定导致福利的增加，甚至会显著降低社会福利。随着休耕面积从 1 万亩增加到 2 万亩，再增加到 5 万亩，城市居民的社会福利逐渐增加，而农村居民的社会福利先增加再平稳；随着休耕年限从 3 年增加到 5 年，再增加到 10 年，城市、农村居民的社会福利均表现为先增加后下降。④城市居民和农村居民在优先休耕区域的选择上，有类似的偏好顺序，野生动物保育区＜水源保护区＜地下水超采区＜风沙源区；在休耕耕地的恢复措施上，城市居民偏好景观价值更大的林木，而农村居民无显著差异的偏好顺序。⑤价值评估结果同时表明，武威市现阶段休耕政策试点的社会福利量化价值为：城市居民愿意为此支付 216.51 元/（户·年），农村居民愿意为此支付 185.88 元/（户·

年）；城市居民人均价值为 126.05 元，占城市居民人均可支配收入的 0.58%；农村居民人均价值为 43.41 元，占农村居民人均纯收入的 0.48%；加总城市居民和农村居民的年均社会福利，总的价值为 1.05 亿元，占武威市 GDP 的 0.25%。而在公众偏好信息指导下，适当地扩大休耕规模和延长休耕时间，有针对性地改善生态环境，将能够使得上述福利的价值增加 146.67%。

再次，基于条件排序、单、双边界二分式条件价值评估结果的选择实验福利评估结果稳健性检验。考虑到选择实验的复杂性和在国内应用的成熟度远不及条件价值评估，本书使用条件排序和条件价值评估问题，对上述选择实验结果的稳健性进行了检验。条件排序和条件价值评估的结果表明以下方面。①城市和农村居民在休耕区域的选择上均将风沙源区作为最优先的区域，水源保护区的优先程度略低于地下水超采区，而野生动物保育区排名垫底。这一结论在选择实验中表现为，城市居民选择在风沙源区、水源保护区、地下水超采区和野生动物保育区休耕会使得平均支付意愿分别上升 111.18 元/（户·年）、0 元/（户·年）、38.82 元/（户·年）和下降 151.07 元/（户·年），农村居民平均支付意愿分别上升 142.89 元/（户·年）、0 元/（户·年）、0 元/（户·年）和下降 160.34 元/（户·年），研究结论是一致的。②城市和农村居民对休耕耕地上覆植被类型的偏好顺序由高到低大致为林木、草类、灌木。这一结论在选择实验中表现为，城市居民选择种植林木、草类、灌木会使得平均支付意愿分别上升 0 元/（户·年）、0 元/（户·年）和下降 30.96 元/（户·年），农村居民对三者无显著差异的偏好顺序，由于选择实验为偏好顺序的差异提供了显著性检验，因而使用不同方法得到的研究结论不存在矛盾的地方。③使用单边界二分式条件价值评估、双边界二分式条件价值评估、选择实验对特定休耕方案的估计结果分别为 359.181 元/（户·年）、332.512 元/（户·

年)、296.73 元/（户·年），三者之间不存在显著的差异。④条件排序，单、双边界二分式和选择实验三种陈述偏好法有着不同的使用场景，评估社会福利应用的复杂性依次增加，同时能够得到关于被评估对象价值信息的丰富程度依次提高，使用前两种方法对选择实验的结果进行的检验表明，本书关于休耕社会福利评估的结果是稳健的，同时也为国际上关于使用不同陈述偏好法得到结果的差异的研究提供了额外的证据。

最后，基于 Meta 回归模型的耕地保护政策社会福利的效益转移分析。从已发表文献来看，由于受到社会经济背景、评估方法的选取、调研样本的认知水平等因素的影响，学者们对耕地保护支付意愿的评估结果差异很大而未能有一致结论，造成价值评估研究成果难以被决策者采用，这与价值评估服务于耕地保护决策的本意相背离。因此，本书检索并整理了对国内耕地保护价值评估的中英文文献，最终得到满足标准的文献共 30 篇，加上本书的研究获得了可用于 Meta 分析的 78 个样本。使用量化的文献综述研究工具——Meta 回归模型，对耕地保护政策的社会福利进行效益转移分析。Meta 回归模型和精度检验的结果表明以下方面。①不同研究使用条件价值评估、选择实验方法得到的耕地保护支付意愿不存在显著差异，城市居民样本相对于农村居民样本有更高的支付意愿，与上述研究结论一致。②研究区域的人均耕地面积、人均 GDP、粮食产量排名对家庭支付意愿的影响存在显著的负向作用；研究区域的人口规模，研究样本（即受访者）的平均受教育程度、年龄、收入对家庭支付意愿的影响不显著。③时间对支付意愿的影响是正向的，自 2004 年以来平均每年增长 7.1%，说明人们的耕地保护意识逐渐增强；使用义务劳动或义务劳动与付费结合的支付工具，将导致研究获得的支付意愿分别增加 220.9% 和 65.0%，说明使用义务劳动的方式无法获得激励兼容的结果，这一结论可用于对相关研究结论的纠偏。④使用估计得到的 Meta 回归模型，计算武威市耕地保护政策的城市居民愿意支付 394. 31 元/（户·年），农村居民愿意支付 216. 34 元/（户·年），与上述选择实验结果的平均转移误差为 5%，与条件价值评估结果的平均转移误差为 - 37%。⑤在留一法交叉验证函数的基础上对 Meta 回归模型进行了精度检验，得到的预测值和真实值之间存在相同的变化趋势，且通过了配对 t 检验、相关性检验、平均偏差分析、参数的约束检验，因此我们认为本书建立的 Meta 回归模型是可靠的。

二　政策启示

本书的研究对象是我国尚处于制度试点阶段的休耕政策。在实证上使用选择实验分析了武威市休耕政策的设计特征对公众偏好的影响，得到了因地制宜的政策改进空间；而 Meta 分析又汇总了耕地保护政策福利效应的个案研究，对福利评估的偏倚进行了分析，并对福利分析的结果进行了外推。在理论上，休耕社会福利的空间异质性、不同研究方法结论的稳健性，为休耕政策的细化提供了理论支撑。总结来看，本书的研究对休耕政策的制定有很强的实用价值。

（1）本书最直接的政策启示是直接评估了武威市休耕政策的社会福利，为政策的成本收益分析提供了参考。第五章的社会福利评估结果表明，武威市现阶段规划的休耕方案（面积 1 万亩、期限 3 年）将能够使得社会福利年均增加 1. 05 亿元，占武威市 GDP 的 0. 25%。此外，社会福利与休耕面积、休耕时间、休耕区域和种植类型密切相关，虽然针对甘肃省的休耕是以恢复生态为目的，但仍需结合当地生态环境的特殊性设计有针对性的休耕方案。例如，结合武威市居民对抑制沙尘入侵的需求、对景观美感的需求，制定与区域需求相适应的休耕政策。对武威市而言能够使得福利最大化的休耕方案为 5 万亩休耕面积、5 年休耕期限、优先在风沙源区休耕、采取以林木为主的保护措施，将能够使得社会福利年均增加 2.59 亿元。

（2）本书从不同维度量化得到的休耕社会福利，为未来休耕政策的调整提供了依据。实证研究结果表明，未来政策的制定需要审慎研究休耕面积的扩大、休耕时间的延长对社会福利的影响。本书在武威市的实证分析表明，休耕面积的扩大、休耕时间的延长存在边际效用递减的情况，即并不一定导致福利的增加，甚至会显著降低社会福利。考虑到现有休耕政策是以 3 年为期签订的合约，可以考虑在政策到期后通过续签合约的方式适度增加休耕时间至 5 年，而增加至 10 年将会导致社会福利的降低。同样地，武威市的休耕规模可以考虑从 1 万亩扩大至 3 万亩，继续扩大至 5 万亩，这符合城市居民的偏好，但不会显著改变农村居民的社会福利。因此，休耕政策的制定需要平衡长期的生态安全和短期的产粮收益，在居民偏好的基础上适度调整休耕规模以使得社会福利最优。

（3）本书对城乡空间异质性、流域空间异质性、个体异质性的分析表明，休耕政策在实施过程中有必要制定差异化的方案，兼顾效率与公平。在武威市，上游、中游、下游的居民对休耕政策的诉求存在异质性，并且古浪县居民的诉求最为强烈。也因此，武威市的休耕政策应当首先考虑在古浪县实施，再依次扩大至凉州区、民勤县。城市和农村居民在休耕意愿上也存在异质性，城市居民偏好更大的休耕面积、偏好增加林木的比例，而农村居民对于休耕面积的扩大和种植林木持保留态度。同时第四章、第五章、第六章的分析也表明，农村居民收入受当地生态政策的负面影响较大，城市居民愿意为耕地保护政策支付高于农村居民的价格。其政策启示为，可以建立区域内城乡横向耕地保护补偿机制，建立休耕政策中城市和农村效益均衡的协商平

台，选择科学合理的休耕补偿方式，构建权责对等的休耕政策
实施体系。

（4）第六章、第七章对价值量化工具比较的结论表明，对
休耕政策成本收益分析可以采用因地制宜的方法，当不具备使
用复杂的选择实验进行价值评估的条件时，宜采用条件价值评
估量化休耕的社会福利；而选择实验可用于预测不同休耕政策
方案的社会福利，能够为政策的制定提供更为丰富的决策信息。
同时，第七章的 Meta 分析表明，人们对耕地保护的支付意愿在
不断提高（年均增长 7.1%）。这一结论意味着随着我国经济快
速发展，人民生活水平不断提高，人们对生态保护和环境质量
的要求也会越来越高。也因此，我国的财政支出中用于耕地保
护的部分应当保持相应的增长，以应对公众对耕地保护不断增
长的诉求。

（5）第七章给出了一定耕地保护政策下区域特征对社会福利
影响的函数，可以用于对不同区域社会福利的概算。由于受到区
域社会、经济特征的影响，对单一地点的评估结果难以转移到其
他地区，所以价值评估研究成果难以被决策者广泛地采用。第七
章的分析给出了在时间、经费等条件的限制下，通过若干研究区
域的评估结果拓展到其他政策区域，为判断不同区域的社会福利
提供了一个大致的量化结果。虽然是对社会福利的概算，例如武
威市价值评估效益转移的平均误差为 5%，但 Meta 分析的结论可
以用于宏观上的决策分析，以激励政府出台耕地保护政策，并提
高财政资源的配置效率。

三　研究不足与展望

首先，本书对休耕指标偏好的分析，最大的限制在于休耕指
标是基于单一研究地点获得的。本书在第六章、第七章对最终价

值评估的结果进行了稳健性检验和外推，并通过了稳健性检验，且具有较小的转移误差。这说明，社会福利评估总体上是具有外部有效性的。但与此同时，本书的研究结论也支持了福利评估具有显著的空间异质性。特别是第五章对具体指标偏好的研究，例如对特定休耕年限、休耕面积的偏好，对优先休耕区域、种植类型的偏好，具有地域性特征。相关的研究结论是否具有外部有效性，仍有待未来研究的进一步深入。

其次，本书对休耕的效益转移分析，最大的限制在于可用的高质量文献和针对休耕政策的文献较少。本书第五章、第六章的研究填补了国内关于休耕社会福利评估的一个空白，并且相对于以往的耕地保护研究，提供了更为扎实且更为丰富的研究结论。但是，在第七章的效益转移分析中，由于缺少休耕社会福利评估的文献，我们将文献检索范围扩大至对耕地保护的研究。在文献检索过程中，我们发现对国内耕地保护的社会福利评估与国外研究存在较大差距，不仅仅体现在数量上，更体现在研究设计的严谨性和前瞻性上。也因此，本书效益转移的分析与研究样本的内容和质量密切相关，是对我国耕地保护政策社会福利的评估。在未来的研究中，需要更多有针对性的休耕政策研究，更多高质量的休耕社会福利评估，从而支撑相对于本书更高质量的休耕效益分析，为我国休耕政策体系的形成提供参考。

最后，本书仅仅是对休耕政策为正的外部性的评估，对休耕社会成本的评估也将具有类似的政策价值。本书第五章、第七章的分析表明，休耕政策存在显著的个体异质性、空间异质性，即在没有补贴政策的前提下休耕会导致一部分福利受损。最为明显的是，参与休耕的农户短期的生产收益将会下降。现有政策采用补贴的方式来保障农户的收入不下降，而针对补贴标准的合理性、标准的弹性、补贴方式等方面的研究仍有待进一步的实证分析。此外，休耕政策的成本包含多个方面，不仅体现在政府的财政支出、政策执行和监督等成本上，也体现在与其他政策之间的冲突上，如税收、粮食安全、农户增收等方面，还体现在社会成本上，如粮食全产业链（化肥企业、加工企业等）的成本、第一产业增长的机会成本等。休耕政策实施需要把握我国发展的阶段性特征，统筹政策实施的社会成本和社会福利，协调推进休耕的实施工作。

参考文献 ◀

〔印〕阿玛蒂亚·森、伯纳德·威廉姆斯，2011，《超越功利主义》，梁捷等译，复旦大学出版社。

〔英〕阿瑟·塞西尔·庇古，2007，《福利经济学》，金镝译，华夏出版社。

〔英〕巴尔、怀恩斯，2000，《福利经济学前沿问题》，贺晓波、王艺译，中国税务出版社。

〔英〕边沁，2000，《道德与立法原理导论》，时殷弘译，商务印书馆。

蔡银莺，2007，《农地生态与农地价值关系》，华中农业大学博士学位论文。

蔡银莺、李晓云、张安录，2006，《耕地资源非市场价值评估初探》，《生态经济》（学术版）第 10 期。

蔡银莺、李晓云、张安录，2007，《武汉居民参与耕地保护的认知及响应意愿》，《地域研究与开发》第 5 期。

陈佳，2011，《基于选择试验模型的基本农田非市场价值评估研究》，浙江大学硕士学位论文。

陈艳蕊，2011，《基于耕地资源利用外部性价值评价的绿色账户核算研究》，西北农林科技大学硕士学位论文。

陈竹、鞠登平、张安录，2013，《农地保护的外部效益测算——

选择实验法在武汉市的应用》,《生态学报》第 10 期。

揣小伟、黄贤金、钟太洋,2008,《休耕模式下我国耕地保有量初探》,《山东师范大学学报》(自然科学版)第 3 期。

鄂施璇,2014,《黑龙江省巴彦县耕地资源非市场价值测算研究》,东北农业大学硕士学位论文。

樊辉、赵敏娟、史恒通,2016,《选择实验法视角的生态补偿意愿差异研究——以石羊河流域为例》,《干旱区资源与环境》第 10 期。

樊胜岳,2011,《中国荒漠化治理的制度分析与绩效评价》,高等教育出版社。

甘肃发展年鉴编委会,2016,《甘肃发展年鉴》,中国统计出版社。

高汉琦,2012,《基于 CVM 多情景下的耕地生态效益测算》,河南理工大学硕士学位论文。

高魏、刘捷、张安录,2007,《江汉原耕地非市场价值评估》,《资源科学》第 2 期。

国土资源部,2011,《土地的概念》,http://www.mlr.gov.cn/tdzt/zdxc/tdr/21tdr/tdbk/201106/t20110613_878180.html [2011 - 06 - 13]。

韩长赋,2016,《提质增效转方式 稳粮增收可持续 巩固发展农业农村经济好形势——在全国农业工作会议上的讲话》,《农村工作通讯》第 1 期。

韩洪云、喻永红,2012,《退耕还林的环境价值及政策可持续性——以重庆万州为例》,《中国农村经济》第 11 期。

贺蕊莉,2005,《新福利经济理论综述》,《哈尔滨商业大学学报》(社会科学版)第 1 期。

胡喜生、洪伟、吴承祯、邱荣祖,2013,《条件估值法评估资源环境价值关键方法的改进》,《生态学杂志》第 11 期。

黄有光，1991，《福利经济学》，中国友谊出版社。

江冲、金建君、李论，2011，《基于CVM的耕地资源保护非市场价值研究——以浙江省温岭市为例》，《资源科学》第10期。

姜昊，2009，《基于CVM的耕地非市场价值评估研究》，中国农业科学院硕士学位论文。

金建君、王玉海、刘学敏，2008，《耕地资源非市场价值及其评估方法分析》，《生态经济》（中文版）第11期。

金建君、王志石，2005，《澳门固体废物管理的经济价值评估——选择试验模型法和条件价值法的比较》，《中国环境科学》第6期。

景莉娜、刘新平、罗桥顺，2008，《基于CVM法的乌鲁木齐市耕地非市场价值评价》，《现代农业科学》第2期。

李广东、邱道持、王平、2011，《三峡生态脆弱区耕地非市场价值评估》，《地理学报》第4期。

李明利，2009，《基于条件价值法的耕地资源非市场价值评估研究》，南京农业大学硕士学位论。

李文华、张彪、谢高地，2009，《中国生态系统服务研究的回顾与展望》，《自然资源学报》第1期。

李莹，2001，《意愿调查价值评估法的问卷设计技术》，《环境保护科学》第6期。

刘祥鑫、蒲春玲、刘志有、闫志明、穆飞翔、苏丽丽、蒋玲、王艺洁、包睿，2017，《基于乌鲁木齐市耕地资源综合价值的征地补偿标准研究》，《中国农业资源与区划》第4期。

刘振、周溪召，2006，《巢式Logit模型在交通方式选择行为中的应用》，《上海海事大学学报》第3期。

马爱慧，2011，《耕地生态补偿及空间效益转移研究》，华中农业大学博士学位论文。

聂冲、贾生华，2005，《离散选择模型的基本原理及其发展演进评介》,《数量经济技术经济研究》第 11 期。

牛海鹏,2010,《耕地保护的外部性及其经济补偿研究》,华中农业大学博士学位论文。

〔英〕帕菲特,2005,《理与人》,王新生译,上海译文出版社。

全世文,2016,《选择实验方法研究进展》,《经济学动态》第 1 期。

饶静,2016,《发达国家"耕地休养"综述及对中国的启示》,《农业技术经济》第 9 期。

任朝霞、陆玉麒,2011,《条件价值法在西安市耕地资源非市场价值评估的应用》,《干旱区资源与环境》第 3 期。

任朝霞、王丽霞,2011,《双边界二分式条件价值评估耕地资源非市场价值实证研究》,《安徽农业科学》第 26 期。

任斐、周胜男、李世平,2012,《基于条件价值评估法的耕地非市场价值:以河南省偃师县为例》,《贵州农业科学》第 11 期。

任艳利,2010,《城市居民耕地资源非市场价值支付意愿及其影响因素研究——以江苏省南京市、盐城市为例》,南京农业大学硕士学位论文。

〔美〕萨缪尔森、诺德豪斯,2013,《经济学》(第 19 版),萧琛译,商务印书馆。

宋敏,2012,《基于 CVM 与 AHP 方法的耕地资源外部效益研究——以武汉市洪山区为例》,《农业经济问题》第 4 期。

覃雯霞,2014,《基于森林认证的三门江林场森林资源资产评估》,中南林业科技大学硕士学位论文。

谭术魁,2004,《中国耕地撂荒问题研究》,科学出版社。

谭永忠、陈佳、王庆日、牟永铭、刘怡、施雅娟,2012a,《基于选择试验模型的基本农田非市场价值评估——以浙江省德清县为例》,《自然资源学报》第 11 期。

谭永忠、王庆曰、陈佳、牟永铭、张洁，2012b，《耕地资源非市场价值评价方法的研究进展与述评》，《自然资源学报》第5期。

王瑞雪，2005，《耕地非市场价值评估理论方法与实践》，华中农业大学博士学位论文。

王文智、武拉平，2013，《城镇居民对猪肉的质量安全属性的支付意愿研究——基于选择实验（Choice Experiments）的分析》，《农业技术经济》第11期。

王志强、黄国勤、赵其国，2017，《新常态下我国轮作休耕的内涵、意义及实施要点简析》，《土壤》第4期。

武威年鉴编辑部，2016，《武威统计年鉴》，中国统计出版社。

武威市统计局，2016，《武威统计年鉴》，中国统计出版社。

向青、尹润生，2006，《美国环保休耕计划的做法与经验》，《林业经济》第1期。

肖芮，2016，《农民权益保护视角下的耕地生态补偿意愿及标准研究》，湖北大学硕士学位论文。

肖树文、茹英杰，1988，《关于〈周礼·地官司徒〉中土地观念的研究》，《山西师大学报》（社会科学版）第2期。

杨宁宁，2015，《耕地保护经济补偿标准测度模型构建与实证分析》，河南理工大学硕士学位论文。

杨欣、倪小红、李雪莹、崔鲁宁，2009，《农地城市流转的外部效益损失估算——以武汉市洪山区为例》，《广东土地科学》第6期。

姚柳杨、赵敏娟、徐涛，2016，《经济理性还是生态理性？农户耕地保护的行为逻辑研究》，《农业经济问题》第5期。

姚柳杨、赵敏娟、徐涛，2017，《耕地保护政策的社会福利分析：基于选择实验的非市场价值评估》，《农业经济问题》第2期。

尹珂、肖轶、2017，《基于耕地非市场价值和三峡库区消落带生态补偿标准研究》，《水土保持通报》第 2 期。

尹世久、徐迎军、陈雨生，2015，《食品质量信息标签如何影响消费者偏好——基于山东省 843 个样本的选择实验》，《中国农村观察》第 1 期。

翟国梁、张世秋、Andreas Kontoleon、Pauline Grosjean，2007，《选择实验的理论和应用——以中国退耕还林为例》，《北京大学学报》（自然科学版）第 2 期。

张玲、李小娟、周德民、张翼然，2015，《基于 Meta 分析的中国湖沼湿地生态系统服务价值转移研究》，《生态学报》第 16 期。

张茵、蔡运龙，2005，《条件估值法评估环境资源价值的研究进展》，《北京大学学报》（自然科学版）第 2 期。

赵凯、谢昕昕，2013，《粮食主产区耕地资源非市场价值评价研究——以辽宁省葫芦岛市为例》，《国土与自然资源研究》第 3 期。

赵其国、滕应、黄国勤，2017，《中国探索实行耕地轮作休耕制度试点问题的战略思考》，《生态环境学报》第 1 期。

诸培新、任艳利，2010，《基于城市居民支付意愿的耕地资源非市场价值研究——以江苏省南京市、盐城市为例》，《南京农业大学学报》（社会科学版）第 3 期。

庄皓雯，2015，《基于粮食安全的山东省耕地保护经济补偿模式研究》，西北农林科技大学硕士学位论文。

Adamowicz V. , Dupont D. , Krupnick A. 2005. Willingness to Pay to Reduce Community Health Risks from Municipal Drinking Water: A Stated Preference Study. *Report Written for the United Stated Environmental Protection Agency*.

Adamowicz W. , Boxall P. , Williams M. , Louviere J. 1998. Stated

Preference Approaches for Measuring Passive Use Values: Choice Experiments and Contingent Valuation. *American Journal of Agricultural Economics*, 80 (1): 64 – 75.

Adamowicz W. , Louviere J. , Williams M. 1994. Combining Revealed and Stated Preference Methods for Valuing Environmental Amenities. *Journal of Environmental Economics and Management*, 26 (3): 271 – 292.

Alberini A. , Kahn J. 2006. *Handbook on Contingent Valuation*. Chelthenham, UK: Edward Elgar.

Alberini A. 1995. Testing Willingness-to-pay Models of Discrete Choice Contingent Valuation Survey Data. *Land Economics*, 71 (1): 83 – 95.

Allison P. 2012. When Can You Safely Ignore Multi-co-linearity. *Statistical Horizons*, 5 (1).

Aregay F. , Yao L. , Zhao M. 2016. Spatial Preference Heterogeneity for Integrated River Basin Management: The Case of the Shiyang River Basin, China. *Sustainability*, 8 (10): 970.

Arrow K. J. , Solow R. , Portney P. R. , Leamer E. E. , Radner R. , Schuman H. 1993. Report of the Noaa Panel on Contingent Valuation. *Federal Register*, 58 (3): 48 – 56.

Bateman I. J. , Brouwer R. , Ferrini S. , et al. 2011. Making Benefit Transfers Work: Deriving and Testing Principles for Value Transfers for Similar and Dissimilar Sites Using a Case Study of the Non-market Benefits of Water Quality Improvements across Europe. *Environmental and Resource Economics*, 50 (3): 365 – 387.

Bateman I. J. , Carson R. T. , Day B. , et al. 2002. *Economic Valuation with Stated Preference Techniques: A Manual. Economic Valuation with Stated Preference Techniques*. Chelthenham, UK: Edward Elgar: 155 - 156.

Baveco J. M. , Bianchi F. J. J. A. 2007. Plaagonderdrukkende Land-schappen Vanuit Het Perspectief Van Natuurlijke Vijanden. *Ento-mologische Berichten*, 67: 213 - 217.

Bayon R. 2004. Making Environmental Markets Work: Lessons from Early Experience with Sulfur, Carbon, Wetlands, and Other Re-lated Markets. *Forest Trends, Katoomba Group Meeting in Locar-no*, Switzerland.

Beasley S. D. , Workman W. G. , Williams N. A. 1986. Estimating Amenity Values of Urban Fringe Farmland: A Contingent Valua-tion Approach: Note. *Growth and Change*, 17 (4): 70 - 78.

Beharry-Borg N. , Scarpa R. 2010. Valuing Quality Changes in Carib-bean Coastal Waters for Heterogeneous Beach Visitors. *Ecological Economics*, 69 (5): 1124 - 1139.

Bekker-Grob D. E. W. 2009. Discrete Choice Experiments in Health Care: Theory and Applications. *Erasmus University Rotterdam*, 328 (3): 360 - 361.

Bennet J. , Birol E. 2010. *Choice Experiments in Developing Countries Implementation, Challenges and Policy Implications*. Chelthen-ham, UK: Edward Elgar.

Bergson A. 1938. A Reformulation of Certain Aspects of Welfare Eco-nomics. *The Quarterly Journal of Economics*, 52 (2): 310 - 334.

Bergstrom J. C. , Dillman B. L. , Stoll J. R. 1985. Public Environmental Amenity Benefits of Private Land: The Case of Prime Agricultural Land. *Southern Journal of Agricultural Economics*, 17 (1): 139 - 149.

Bhat C. R. 2003. Simulation Estimation of Mixed Discrete Choice Mod-els Using Randomized and Scrambled Halton Sequences. *Trans-*

portation Research Part B: *Methodological*, 37 (9): 837 – 855.

Bishop R. C. , Heberlein T. A. 1979. Measuring Values of Extramarket Goods: Are Indirect Measures Biased? . *American Journal of Agricultural Economics*, 61 (5): 926 – 930.

Bittner A. , McLeod D. , Coupal R. , et al. 2006. Moffat County Land Use and Planning Survey Results. Departmental Paper, Dept. Agri. Appl. Econ. , University of Wyoming, Laramie.

Boxall P. C. , Adamowicz W. L. , Swait J. , et al. 1996. A Comparison of Stated Preference Methods for Environmental Valuation. *Ecological Economics*, 18 (3): 243 – 253.

Boyd J. H. , Mellman R. E. 1980. The Effect of Fuel Economy Standards on the U. S. Automotive Market: A Hedonic Demand Analysis. *Transportation Research Part A General*, 14 (5): 367 – 378.

Brander L. M. , Florax R. J. G. M. , Vermaat J. E. 2006. The Empirics of Wetland Valuation: A Comprehensive Summary and a Meta-analysis of the Literature. *Environmental and Resource Economics*, 33 (2): 223 – 250.

Brouwer R. , Bateman I. J. 2005. Benefits Transfer of Willingness to Pay Estimates and Functions for Health-risk Reductions: A Cross-country Study. *Journal of Health Economics*, 24 (3): 591 – 611.

Brouwer R. , Dekker T. , Rolfe J. , et al. 2010. Choice Certainty and Consistency in Repeated Choice Experiments. *Environmental and Resource Economics*, 46 (1): 93 – 109.

Brouwer R. 2000. Environmental Value Transfer: State of the Art and Future Prospects. *Ecological Economics*, 32 (1): 137 – 152.

Brouwer R. , Spaninks F. A. 1999. The Volidity of Envioninental Benefits Transfer. *Further Empirical Testing Envionrmental and Resource Economics*, 14 (1): 95 – 117.

Brownstone D. , Train K. 1999. Forecasting New Product Penetration with Flexible Substitution Patterns. *Journal of Econometrics*, 89: 109 – 129.

Cameron T. A. , Quiggin J. 1998. Estimation Using Contingent Valuation Data from a "Dichotomous Choice with Follow-up" Questionnaire: Reply. *Journal of Environmental Economics and Management*, 35 (2): 190 – 194.

Cardell N. S. , Dunbar F. C. 1980. Measuring the Societal Impacts of Automobile Downsizing. *Transportation Research Part A General*, 14 (5 – 6): 423 – 434.

Carney D. 2003. Sustainable Livelihoods Approaches: Progress and Possibilities for Change. *London: Department for International Development*.

Carson K. S. , Chilton S. M. , Hutchinson W. G. 2009. Necessary Conditions for Demand Revelation in Double Referenda. *Journal of Environmental Economics and Management*, 57 (2): 219 – 225.

Carson R. T. , Flores N. E. , Meade N. F. 2001. Contingent Valuation: Controversies and Evidence. *Environmental and Resource Economics*, 19 (2): 173 – 210.

Carson R. T. , Groves T. 2007. Incentive and Informational Properties of Preference Questions. *Environmental and Resource Economics*, 37 (1): 181 – 210.

Carson R. T. 1985. Three Essays on Contingent Valuation (Welfare Economics, Non-market Goods, Water Quality [PhD Dissertation]. Department of Agricultural Economics and Resource Economics, University of California, Berkeley.

Carson R. T. 2005. Contingent Valuation: A User's Guide. *University of California at San Diego Economics Working Paper*, 40 (11):

3463 – 3473.

Caussade S. , Ortúzar J. D. D. , Rizzi L. I. , et al. 2005. Assessing the Influence of Design Dimensions on Stated Choice Experiment Estimates. *Transportation Research Part B*, 39 (7): 621 – 640.

Champ P. A. , Welsh M. P. 2006. *Survey Methodologies for Stated-choice Studies. Valuing Environmental Amenities Using Stated Choice Studies*. Netherlands: Springer: 21 – 42.

Champ P. A. , Boyle K. J. , Brown T. C. 2003. A Primer on Nonmarket Valuation. *The Economics of Non-Market Goods and Resources*.

Chee Y. E. 2004. An Ecological Perspective on the Valuation of Ecosystem Services. *Biological Conservation*, 120 (4): 549 – 565.

Chiesura A. , De Groot R. 2003. Critical Natural Capital: A Socio-cultural Perspective. *Ecological Economics*, 44 (2): 219 – 231.

Chipman J. S. 1960. The Foundations of Utility. *Econometrica*, 28 (2): 193 – 224.

Choice Metrics. 2012. "Ngene 1. 1. 1 User Manual & Reference Guide", Available at: http://www. choice-metrics. com/ download. html [2012 – 2 – 16] .

Christie M. , Azevedo C. D. 2009. Testing the Consistency between Standard Contingent Valuation, Repeated Contingent Valuation and Choice Experiments. *Journal of Agricultural Economics*, 60 (1): 154 – 170.

Ciriacy-Wantrup S. V. 1947. Capital Returns from Soil-conservation Practices. *Journal of Farm Economics*, 29 (4): 1181 – 1196.

Ciriacy-Wantrup S. V. 1952. *Resource Conservation Economics and Policies*. Berkeley and Los Angeles: University of California Press: 395.

Collier P. 2002. Social Capital and Poverty: A Microeconomic Perspective. *The Role of Social Capital in Development: An Empirical As-*

sessment: 19 – 41.

Cooper J. C. , Hanemann M. , Signorello G. 2002. One-and-one-half-bound Dichotomous Choice Contingent Valuation. *The Review of Economics and Statistics*, 84 (4): 742 –750.

Cooper J. C. 1993. Optimal Bid Selection for Dichotomous Choice Contingent Valuation Surveys. *Journal of Environmental Economics and Management*, 24 (1): 25 –40.

Costanza R. , D'Arge R. , De Groot R. , et al. 1997. The Value of the World's Ecosystem Services and Natural Capital. *Nature*, 387 (6630): 253.

Czajkowski M. , Bartczak A. , Giergiczny M. , et al. 2014. Providing Preference-based Support for Forest Ecosystem Service Management. *Forest Policy and Economics*, 39 (1): 1 –12.

Dachary-Bernard J. , Rambonilaza T. 2012. Choice Experiment, Multiple Programmes Contingent Valuation and Landscape Preferences: How Can We Support the Land Use Decision Making Process?. *Land Use Policy*, 29 (4): 846 –854.

Daily G. 1997. *Nature's Services: Societal Dependence on Natural Ecosystems*. Island Press.

Davis R. 1963. *The Value of Outdoor Recreation: An Economic Study of the Marine Woods* [PhD Dissertation]. Harvard University.

De Groot R. , Perk J. V. D. , Chiesura A. , et al. 2000. *Ecological Functions and Socioeconomic Values of Critical Natural Capital as a Measure for Ecological Integrity and Environmental Health. Implementing Ecological Integrity*. Netherlands: Springer: 191 –214.

De Groot R. 1992. Functions of Nature: Evaluation of Nature in Environmental Planning, Management and Decision Making. *Ecological Economics*, 14 (3): 211 –213.

De Vries F. , Camarasa M. 2009. De Bosatlas Van Ondergronds Nederland.

De Vries F. , Roos J. , Buijs A. E. 2007. Mapping the Attractiveness of the Dutch Countryside: A GIS-based Landscape Appreciation Model. *Forest Snow & Landscape Research*, 81 (1): 43 – 58.

Debreu G. 1960. Review of RD Luce's Individual Choice Behavior. *American Economic Review*, 50 (1): 186 – 188.

Deshazo J. R. , Fermo G. 2002. Designing Choice Sets for Stated Preference Methods: The Effects of Complexity on Choice Consistency. *Journal of Environmental Economics and Management*, 44 (1): 123 – 143.

Desvousges W. H. , Johnson F. R. , Banzhaf H. S. 1998. Environmental Policy Analysis with Limited Information: Principles and Applications of the Transfer Method. *Books*, 110 (464): F505 – F507.

Doherty E. , Campbell D. 2011. Demand for Improved Food Safety and Quality: A Cross-regional Comparison. *Agricultural Economics Society*.

Duffield J. W. , Patterson D. A. 1991. Inference and Optimal Design for a Welfare Measure in Dichotomous Choice Contingent Valuation. *Land Economics*, 67 (2): 225 – 239.

Duke J. M. , Ilvento T. W. , Hyde R. A. 2002. Public Support for Land Preservation: Measuring Relative Preferences in Delaware. Research Reports.

Duke J. M. , Ilvento T. W. 2004. A Conjoint Analysis of Public Preferences for Agricultural Land Preservation. *Agricultural and Resource Economics Review*, 33 (2): 209 – 219.

Duke J. M. , Johnston R. J. , Campson T. W. 2007. Preserving Farms and Forests in Sussex County, Delaware: Public Value. *Coastal*

Community Enhancement Initiative Report.

Ehrlich P. , Ehrlich A. 1981. *Extinction: The Causes and Consequences of the Disappearance of Species*. New York: Random House.

Environmental Protection Agency (EPA). 2000. Evaluation Gaidelines for Ecological Irdicators North Carolina, USA: EPA Office of Research and Development.

Florax R. J. G. M. , Nijkamp P. , Willis K. G. 2002. *Benefit Function Transfer Versus Meta-analysis as Policy-making Tool: A Comparison. Comparative Environmental Economics Assessment*. Chelthenham, UK: Edward Elgar.

Florax R. J. G. M. , Travisi C. M. , Nijkamp P. 2005. A Meta-analysis of the Willingness to Pay for Reductions in Pesticide Risk Exposure. *European Review of Agricultural Economics*, 32 (4): 441 – 467.

Florax R. J. G. M. 2002. Methodological Pitfalls in Meta-analysis: Publication Bias. *Serie Research Memoranda*: 31.

Foley J. A. , Defries R. , Asner G. P. , et al. 2005. Global Consequences of Land Use. *Science*, 309: 570 – 574.

Garrod G. , Willis K. G. 1999. *Economic Valuation of the Environment*. Chelthenham, UK: Edward Elgar.

Geleto A. K. 2011. Contingent Valuation Technique: A Review of Literature. *ISABB Journal of Health and Environmental Sciences*, 1: 8 – 16.

Geoghegan J. , Lynch L. , Bucholtz S. 2003. Capitalization of Open Spaces into Housing Values and the Residential Property Tax Revenue Impacts of Agricultural Easement Programs. *Agricultural and Resource Economics Review*, 32 (1): 33 – 45.

Goldman I. 2000. Sustainable Livelihoods Approaches: Origins, Applications to Aquatic Research and Future Directions. Conference on

Practical Strategies for Poverty Targeted Research. Hanoi, Vietnam.

Goossen C. M. , Langers F. , Lous J. F. A. 1997. Indicatoren Voor Recreatieve Kwaliteiten in Het Landelijk Gebied. Wageningen: DLO-Staring Centrum: 132.

Goossen M. , Langers F. 2000. Assessing Quality of Rural Areas in the Netherlands: Finding the Most Important Indicators for Recreation. *Landscape and Urban Planning*, 46 (4): 241 – 251.

Grashof-Bokdam C. J. , Langevelde F. V. 2005. Green Veining: Landscape Determinants of Biodiversity in European Agricultural Landscapes. *Landscape Ecology*, 20 (4): 417 – 439.

Grootaert C. , Oh G. , Swamy A. 1999. Social Capital, Household Welfare and Poverty in Burkina Faso. *Policy Research Working Paper*, 11 (1): 4 – 38.

Grootaert C. 2001. Does Social Capital Help the Poor? A Synthesis of Findings from the Local Level Institutions Studies in Bolivia, Burkina Faso, and Indonesia. The World Bank.

Gómez-Baggethun E. , De Groot R. , Lomas P. L. , et al. 2010. The History of Ecosystem Services in Economic Theory and Practice: From Early Notions to Markets and Payment Schemes. *Ecological Economics*, 69 (6): 1209 – 1218.

Hajivassiliou V. , McFadden D. , Ruud P. 1996. Simulation of Multivariate Normal Rectangle Probabilities and Their Derivatives Theoretical and Computational Results. *Journal of Econometrics*, 72 (1 – 2): 85 – 134.

Halstead J. M. 1984. Measuring the Nonmarket Value of Massachusetts Agricultural Land: A Case Study. *Journal of the Northeastern Agricultural Economics Council*, 13 (1): 12 – 19.

Hanemann W. M. , Loomis J. , Kanninen B. 1991. Statistical Efficiency of Double-bounded Dichotomous Choice Contingent Valuation. *American Journal of Agricultural Economics*, 73 (4): 1255 – 1263.

Hanemann W. M. 1989. Welfare Evaluations in Contingent Valuation Experiments with Discrete Responses. *American Journal of Agricultural Economics*, 71 (4): 1054 – 1056.

Hanemann W. M. 1994. Valuing the Environment Through Contingent Valuation. *Journal of Economic Perspectives*, 8 (4): 19 – 43.

Hanley N. , Wright R. E. , Adamowicz V. 1998. Using Choice Experiments to Value the Environment. *Environmental and Resource Economics*, 11 (3): 413 – 428.

Hensher D. A. , Greene W. H. 2003. The Mixed Logit Model: The State of Practice. *Transportation*, 30 (2): 133 – 176.

Herriges J. A. , Shogren J. F. 1996. Starting Point Bias in Dichotomous Choice Valuation with Follow-up Questioning. *Journal of Environmental Economics and Management*, 30 (1): 112 – 131.

Hoyos D. 2010. The State of the Art of Environmental Valuation with Discrete Choice Experiments. *Ecological Economics*, 69 (8): 1595 – 1603.

Huber J. , Zwerina K. 1996. The Importance of Utility Balance in Efficient Choice Designs. *Journal of Marketing Research*, 33 (3): 307 – 317.

Irwin E. G. 2002. The Effects of Open Space on Residential Property Values. *Land Economics*, 78 (4): 465 – 480.

Jackson L. E. , Kurtz J. , Fisher W. S. 2000. Evaluation Guidelines for Ecological Indicators. Environmental Protection Agency Office of Research and Development.

Jin J. , Jiang C. , Lun L. I. 2013. The Economic Valuation of Cultivated

Land Protection: A Contingent Valuation Study in Wenling City, China. *Landscape & Urban Planning*, 119: 158 – 164.

Jin J. , Wang Z. , Ran S. 2006. Comparison of Contingent Valuation and Choice Experiment in Solid Waste Management Programs in Macao. *Ecological Economics*, 57 (3): 430 – 441.

Jobstvogt N. , Hanley N. , Hynes S. , et al. 2014. Twenty Thousand Sterling under the Sea: Estimating the Value of Protecting Deep-sea Biodiversity. *Ecological Economics*, 97 (1): 10 – 19.

Johnston R. J. , Campson T. W. , Duke J. M. 2007. The Value of Farm and Forest Preservation in Connecticut. Department of Agricultural and Resource Economics Technical Report, University of Connect-icut.

Johnston R. J. , Duke J. M. 2007. Willingness to Pay for Agricultural Land Preservation and Policy Process Attributes: Does the Method Matter?. *American Journal of Agricultural Economics*, 89 (4): 1098 – 1115.

Johnston R. J. , Duke J. M. 2011. Informing Preservation of Multifunctional Agriculture When Primary Research Is Unavailable: An Application of Meta-Analysis. *American Journal of Agricultural Economics*, 91 (5): 1353 – 1359.

Johnston R. J. , Holland B. M. , Yao L. 2016. Individualized Geocoding in Stated Preference Questionnaires: Implications for Survey Design and Welfare Estimation. *Land Economics*, 92 (4): 737 – 759.

Johnston R. J. , Opaluch J. J. , Grigalunas T. A. , et al. 2001. Estimating Amenity Benefits of Coastal Farmland. *Growth and Change*, 32 (3): 305 – 325.

Johnston R. J. , Rolfe J. , Rosenberger R. S. , et al. 2015. *Benefit Transfer of Environmental and Resource Values*. Berlin: Netherlands: Springer: 3 – 17.

Johnston R. J. , Rosenberger R. S. 2010. Methods, Trends and Contro-
versies in Contemporary Benefit Transfer. *Journal of Economic Sur-
veys*, 24 (3): 479 –510.

Johnston R. J. , Russell M. 2011. An Operational Structure for Clarity
in Ecosystem Service Values. *Ecological Economics*, 70 (12):
2243 –2249.

Just R. E. , Hueth D. L. , Schmitz A. 2004. *The Welfare Economics of
Public Policy*. Chelthenham, UK: Edward Elgar.

Jørgensen S. L. , Olsen S. B. , Ladenburg J. , et al. 2013. Spatially In-
duced Disparities in Users' and Non-users' WTP for Water Quality
Improvements-Testing the Effect of Multiple Substitutes and Dis-
tance Decay. *Ecological Economics*, 92 (92): 8 –66.

Kanninen B. J. 2002. Optimal Design for Multinomial Choice Experi-
ments. *Journal of Marketing Research*, 39 (2): 214 –227.

Kaplowitz M. D. , Lupi F. , Hoehn J. P. 2014. *Multiple Methods for De-
veloping and Evaluating a Stated Choice Questionnaire to Value
Wetlands. Methods for Testing and Evaluating Survey Question-
naires*. New York: Wiley.

Kashian R. , Skidmore M. 2002. Preserving Agricultural Land Via
Property Assessment Policy and the Willingness to Pay for Land
Preservation. *Economic Development Quarterly*, 16 (1): 75 –87.

Kaul S. , Boyle K. J. , Kuminoff N. V. , et al. 2013. What Can We
Learn from Benefit Transfer Errors? Evidence from 20 Years of
Research on Convergent Validity. *Journal of Environmental Eco-
nomics & Management*, 66 (1): 90 –104.

Kessels R. , Goos P. , Vandebroek M. 2006. A Comparison of Criteria
to Design Efficient Choice Experiments. *Journal of Marketing Re-
search*, 43 (3): 409 –419.

Kosenius A. K. 2010. Heterogeneous Preferences for Water Quality Attributes: The Case of Eutrophication in the Gulf of Finland, the Baltic Sea. *Ecological Economics*, 69 (3): 528 – 538.

Krieger D. J. 1999. Saving Open Spaces: Public Support for Farmland Protection. *American Farmland Trust, Center for Agriculture in the Environment*.

Kuhfeld W. F. 2006. *Construction of Efficient Designs for Discrete-Choie-Experiment*, California, USA: Sage Publication.

Lancsar E. , Louviere J. , Donaldson C. , et al. 2013. Best Worst Discrete Choice Experiments in Health: Methods and an Application. *Social Science & Medicine*, 76 (1): 74 – 82.

Landell-Mills N. , Porras I. T. 2002. Silver Bullet or Fools' Gold? A Global Review of Markets for Forest Environmental Services and Their Impact on the Poor. London: International Institute for Environment and Development.

Langhammer P. F. , Bakarr M. I. , Bennun L. A. , et al. 2007. Identification and Gap Analysis of Key Biodiversity Areas: Targets for Comprehensive Protected Area Systems. Research.

Lant C. L. , Ruhl J. B. , Kraft S. E. 2008. The Tragedy of Ecosystem Services. *BioScience*, 58 (10): 969 – 974.

Layke C. 2009. Measuring Nature's Benefits: A Preliminary Roadmap for Improving Ecosystem Service Indicators. World Resources Institute: Washington.

León C. J. , Araña J. E. , León J. D. , et al. 2016. The Economic Benefits of Reducing the Environmental Effects of Landfills: Heterogeneous Distance Decay Effects. *Environmental & Resource Economics*, 63 (1): 193 – 218.

Loomis J. B. 1992. The Evolution of a More Rigorous Approach to Benefit Transfer: Benefit Function Transfer. *Water Resources Research*, 28 (3): 701 – 705.

Louviere J. J. , Flynn T. N. , Carson R. T. 2010. Discrete Choice Experiments Are Not Conjoint Analysis. *Journal of Choice Modelling*, 3 (3): 57 – 72.

Louviere J. J. , Hensher D. A. , Swait J. D. 2000. *Stated Choice Methods: Analysis and Applications*. Cambridge, UK: Cambridge University Press.

Louviere J. J. , Pihlens D. , Carson R. 2011. Design of Discrete Choice Experiments: A Discussion of Issues That Matter in Future Applied Research. *Journal of Choice Modelling*, 4 (1): 1 – 8.

Luce D. 1959. *Individual Choice Behavior*. New York: John Wiley and Sons.

MA (The Millennium Ecosystem Assessment) . 2003. *Ecosystems and Human Well-being: A Framework for Assessment*. Washington, DC: Island Press.

MA (The Millennium Ecosystem Assessment) . 2005. *Ecosystems and Human Well-being: A Framework for Assessment*. Washington, DC: Island Press.

Marschak J. , Arrow K. 1960. Binary Choice Constraints on Random Utility Indications. *Stanford Symposium on Mathematical Methods in the Social Science*.

Martin J. 2012. Benefit Transfer and Spatial Heterogeneity of Preferences for Water Quality Improvements. *Journal of Environmental Management*, 106 (14): 22 – 29.

McFadden D. 1974. *Conditional Logit Analysis of Qualitative Choice Behavior*. New York: Academic Press.

McNeely J. A. , Miller K. R. , Reid W. V. , et al. 1990. Conserving the

World's Biological Diversity. *International Union for Conservation of Nature and Natural Resources.*

Mitchell R. C. , Carson R. T. 1989. Using Surveys to Value Public Goods: The Contingent Valuation Method. *Resources for the Future.*

Mitchell R. C. 2002. On Designing Constructed Markets in Valuation Surveys. *Environmental and Resource Economics*, 22 (1 – 2): 297 – 321.

Morrison M. , Bennett J. 2004. Valuing New South Wales Rivers for Use in Benefit Transfer. *Australian Journal of Agricultural and Resource Economics*, 48 (4): 591 – 611.

Mulder H. M. , Querner E. P. 2008. Waterberging op Het Landgoed Lankheet: Mogelijkheden en Consequenties Voor Het Watersysteem. Wageningen: Alterra, (Alterra-rapport 1674).

Naeff H. S. D. , Smidt R. A. , Vos E. C. 2009. *Geactualiseerd GIAB-bestand* 2008 *Voor Nederland.* Alterra, Wageningen UR, Wageningen.

Nelson J. P. , Kennedy P. E. 2009. The Use (and Abuse) of Meta-Analysis in Environmental and Natural Resource Economics: An Assessment. *Environmental & Resource Economics*, 42 (3): 345 – 377.

Nick H. , Douglas M. 1998. Contingent Valuation Versus Choice Experiments: Estimating the Benefits of Environmentally Sensitive Areas in Scotland. *Journal of Agricultural Economics*, 49 (1): 1 – 15.

Norse D. , Ju X. 2015. Environmental Costs of China's Food Security. *Agriculture Ecosystems & Environment*, 209: 5 – 14.

Odum H. T. 1971. *Environment, Power, and Society.* New York: Wiley-Interscience.

Ozdemir S. 2003. Convergent Validity of Conjoint Values for Farmland

Conservation Easement Programs.

Pagiola S. , Arcenas A. , Platais G. 2005. Can Payments for Environmental Services Help Reduce Poverty? An Exploration of the Issues and the Evidence to Date from Latin America. *World Development*, 33 (2): 237 - 253.

Pearce D. , Atkinson G. , Mourato S. 2006. Cost-benefit Analysis and the Environment: Recent Developments. *Organisation for Economic Cooperation and Development.*

Pearce D. W. , Moran D. 1994. *The Economic Value of Biodiversity.* UK: Earthscan.

Poe G. L. , Giraud K. L. , Loomis J. B. 2005. Computational Methods for Measuring the Difference of Empirical Distributions. *American Journal of Agricultural Economics*, 87 (2): 353 - 365.

Potoglou D. , Burge P. , Flynn T. , et al. 2011. Best-worst Scaling vs. Discrete Choice Experiments: An Empirical Comparison Using Social Care Data. *Social Science & Medicine*, 72 (10): 1717 - 1727.

Rabotyagov S. S. , Lin S. 2013. Small Forest Landowner Preferences for Working Forest Conservation Contract Attributes: A Case of Washington State, USA. *Journal of Forest Economics*, 19 (3): 307 - 330.

Ready R. , Navrud S. , Day B. , et al. 2004. Benefit Transfer in Europe: How Reliable Are Transfers between Countries? . *Environmental & Resource Economics*, 29 (1): 67 - 82.

Revelt D. , Train K. 1997. Households' Choices of Appliance Efficiency Level. *General Information*, 80 (4): 647 - 657.

Roe B. , Irwin E. G. , Morrow-Jones H. A. 2004. The Effects of Farmland, Farmland Preservation, and Other Neighborhood Amenities on Housing Values and Residential Growth. *Land Economics*, 80

(1): 55 – 75.

Rolfe J. , Bennett J. 2006. *Choice Modelling and the Transfer of Environmental Values.* Cheltenham, UK: Edward Elgar.

Rolfe J. , Bennett J. 2009. The Impact of Offering Two Versus Three Alternatives in Choice Modelling Experiments. *Ecological Economics*, 68 (4): 1140 – 1148.

Rolfe J. , Windle J. , Bennett J. W. 2008. Designing Choice Experiments to Incorporate Tests for Geographic Scale and Scope Differences. Research Reports.

Rosenberger R. , Phipps T. 2007. Correspondence and Convergence in Benefit Transfer Accuracy: Meta-analytic Review of the Literature. In *Environmental Value Transfer: Issues and Methods.* Netherlands: Dordrecht: 23 – 43.

Rosenberger R. S. , Loomis J. B. 2003. *Benefit Transfer: A Primer on Nonmarket Valuation.* Netherlands: Springer: 445 – 482.

Rosenberger R. S. , Loomis J. B. 2003. Benefit Transfer. In: P. A. Champ, K. J. Boyle, T. C. Brown (Eds.) . *A Primer on Nonmarket Valuation.* Dordrecht, UK: Kluwer.

Rosenberger R. S. , Stanley T. D. 2006. Measurement, Generalization, and Publication: Sources of Error in Benefit Transfers and Their Management. *Ecological Economics*, 60 (2): 372 – 378.

Ryan M. , Watson V. 2009. Comparing Welfare Estimates from Payment Card Contingent Valuation and Discrete Choice Experiments. *Health Economics*, 18 (4): 389 – 401.

Schaafsma M. , Brouwer R. , Gilbert A. , et al. 2013. Estimation of Distance-Decay Functions to Account for Substitution and Spatial Heterogeneity in Stated Preference Research. *Land Economics*, 89 (3): 514 – 537.

Serrat O. 2008. *The Sustainable Livelihoods Approach.* Springer, Singapore.

Spash C. L. , Vatn A. 2006. Transferring Environmental Value Estimates: Issues and Alternatives. *Ecological Economics*, 60 (2): 379 – 388.

Stanley T. D. , Doucouliagos H. , Giles M. , et al. 2013. Meta-analysis of Economics Research Reporting Guidelines. *Journal of Economic Surveys*, 27 (2): 390 – 394.

Stanley T. D. , Jarrell S. B. , Doucouliagos H. 2010. Could It Be Better to Discard 90% of the Data? A Statistical Paradox. *American Statistician*, 64 (1): 70 – 77.

Stewart R. S. 2000. The Impact of the 1992 MacSharry CAP Reforms on Agriculture in the Grampian Region [PhD Dissertation] . Aberdeen: Robert Gordon University.

Stithou M. , Hynes S. , Hanley N. , et al. 2013. Estimating the Value of Achieving "Good Ecological Status" in the Boyne River Catchment in Ireland Using Choice Experiments. *The Economic and Social Review*, 43 (3): 397 – 422.

Street D. J. , Burgess L. 2007. *The Construction of Optimal Stated Choice Experiments: Theory and Methods.* John Wiley & Sons.

Sundt S. , Rehdanz K. 2015. Consumers' Willingness to Pay for Green Electricity: A Meta-analysis of the Literature. *Energy Economics*, 51: 1 – 8.

Swallow S. K. 2002. Critical Lands Conservation with Development: Using Contingent Choice to Establish Impact Fees for Open Space. Department of Environmental and Natural Resource Economics, University of Rhode Island, November Working Paper.

Sándor Z. , Wedel M. 2001. Designing Conjoint Choice Experiments

Using Managers' Prior Beliefs. *Journal of Marketing Research*, 38 (4): 430 –444.

Sándor Z. , Wedel M. 2002. Profile Construction in Experimental Choice Designs for Mixed Logit Models. *Marketing Science*, 21 (4): 455 –475.

Sándor Z. , Wedel M. 2005. Heterogeneous Conjoint Choice De-signs. *Journal of Marketing Research*, 42 (2): 210 –218.

TEEB in Local and Regional Plicy. 2010. *The Economics of Ecosystems and Biodiversity for Local and Regional Policy Makers*. Earthscan, London: Pushpam Kumar.

Thurstone L. L. 1927. A Law of Comparative Judgment. *Psychological Review*, 34 (4): 273 –286.

Tinch Y. 2013. Public Preferences towards Future Energy Policy in the UK: A Choice Experiment Approach [PhD Dissertation] . Stirling: University of Stirling.

Train K. E. 2009. *Discrete Choice Methods with Simulation*. Cambridge, UK: Cambridge University Press.

UK NEA. 2011. *The UK National Ecosystem Assessment*. Cambridge, UK: UNEP-WCMC.

Valck J. D. , Vlaeminck P. , Broekx S. , et al. 2014. Benefits of Clear-ing Forest Plantations to Restore Nature? Evidence from a Discrete Choice Experiment in Flanders, Belgium. *Landscape & Urban Planning*, 125 (2): 65 –75.

Van Oudenhoven A. P. E. , Petz K. , Alkemade R. , Hein L. , De Gro-ot R. S. 2012. Framework for Systematic Indicator Selection to As-sess Effects of Land Management on Ecosystem Services. *Ecologi-cal Indicators*, 21: 110 –122.

Venkatachalam L. 2004. The Contingent Valuation Method: A Review.

Environmental Impact Assessment Review, 24 (1): 89 – 124.

Viglizzo E. F. , Paruelo J. M. , Laterra P. , Jobbagy E. G. 2012. Ecosystem Service Evaluation to Support Land-use Policy. *Agriculture, Ecosystems & Environment*, 154: 78 – 84.

Volinskiy D. , Bergstrom J. C. 2007. Valuation of Farmland Conservation Easement Programs When Preferences Vary. *University of Georgia: Faculty Series Paper*.

Waddington D. G. 1990. Willingness to Pay for Farmland Preservation [PhD Dissertation]. Pennsylvania State University.

Washbrook K. , Haider W. , Jaccard M. 2006. Estimating Commuter Mode Choice: A Discrete Choice Analysis of the Impact of Road Pricing and Parking Charges. *Transportation*, 33 (6): 621 – 639.

Welsh M. P. , Poe G. L. 1998. Elicitation Effects in Contingent Valuation: Comparisons to a Multiple Bounded Discrete Choice Approach. *Journal of Environmental Economics & Management*, 36 (2): 170 – 185.

Wilson C. L. , Matthews W. H. 1970. *Man's Impact on the Global Environment: Assessment and Recommendations for Action. Report of the Study of Critical Environment Problems.* Cambridge, Massachusetts: MIT Press.

Xu Z. , Xu J. , Deng X. , Huang J. , Uchida E. , Rozelle S. 2006. Grain for Green Versus Grain: Conflict between Food Security and Conservation Set-Aside in China. *World Development*, 34 (1): 130 – 148.

Yang X. , Burton M. , Cai Y. Y. , Zhang A. L. 2015. Exploring Heterogeneous Preference for Farmland Non-market Values in Wuhan, Central China. *Sustainability*, 8 (1): 12.

Yao L. , Zhao M. , Xu T. 2017. China's Water-Saving Irrigation Management System: Policy, Implementation, and Challenge. *Sus-*

tainability, 9（12）.

Zhao M. , Johnston R. J. , Schultz E. T. 2013. What to Value and How? Ecological Indicator Choices in Stated Preference Valuation. *Environmental & Resource Economics*, 56（1）: 3 – 25.

▶附 录

附录一 调研问卷

问卷编号：101

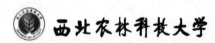

武威市休耕计划调研

应用经济研究中心
经济管理学院

日 期： 2016 年____月____日 调研员：_____第____份

居住地： _____市/县_____区/镇_____街

陕西 杨凌

对生态环境的看法

1. 单选题，请在相应的○上打钩，⊘

a. 您是否在流域居住满5年，每年居住6个月以上，且不种地？

○是　　　　　　○不是

b. 近5年，您感觉当地的生态环境有什么变化？

○改善了　　　　　○没什么变化　　　　○变差了

c. 您对现在流域的生态环境满意吗？

○满意　　　　　　○一般　　　　　　　○不满意

d. 您对先发展经济，再治理生态有什么想法？

○不同意　　　　　○无所谓　　　　　　○同意

e. 您感觉以后的生态环境会变好吗？

○会变好　　　　　○没什么变化

○会变差　　　　　○说不清楚

f. 您是否参加过压沙、植树等生态保护行动？

○经常参加　　　　○很少参加　　　　　○没参加过

g. 您是否因对生态环境不满意，而考虑过迁移？

○经常考虑　　　　○考虑过　　　　　　○没考虑过

h. 政府实施的生态政策，如禁牧、节水、生态移民、退耕政策，对您家庭收入的影响是？

○降低了收入　　　　　　　　○没有影响

○增加了收入　　　　　　　　○说不清楚

2. 多选题，请在一个或多个方框内打钩，☑

a. 您认为近5年，下列生态问题改善非常明显的有？

□沙尘暴　　　　　　□土地沙化

□土地盐碱化　　　　□地下水矿化度

□水资源短缺　　　　□植被退化

□白色污染　　　　　□野生动物数量

b. 目前，您仍希望得到进一步改善的生态问题（最多选三个主要的)？

☐沙尘暴 　　　　　　　☐土地沙化

☐土地盐碱化 　　　　　☐地下水矿化度高

☐水资源短缺 　　　　　☐植被退化

☐白色污染 　　　　　　☐野生动物数量

c. 您认为造成石羊河流域生态问题的原因有？

☐水总量短缺 　　　　　☐下游配水量过少

☐人口负担过重 　　　　☐毁林、开荒

☐农业灌溉耗水过高 　　☐政府在生态上的无作为

d. 您认为以下措施，对当地生态改善影响较大的是？

☐压沙治沙 　　　　　　☐禁止放牧

☐关井压田 　　　　　　☐退耕还林、还草

☐节水灌溉 　　　　　　☐生态移民

☐下游配水量增加 　　　☐其他（请注明）_____

3. 影响程度的打分

生态环境的改善，从长远来看对您家庭的重要程度如何？用 0~10 表示重要程度，0 代表"一点也不重要"，5 代表"一般重要"，10 代表"非常重要"，请在相应的数字上打钩。

```
一点也不重要            一般重要              非常重要
├───┼───┼───┼───┼───┼───┼───┼───┼───┼───▶
0   1   2   3   4   5   6   7   8   9   10
```

对农业生产的看法

1. 对以下观点的认同程度，在相应的〇上打钩，☑（1 代表完全不认可；2 代表不认可；3 代表一般；4 代表认可；5 代表完全认可）

	完全不认可		一般		完全认可
	1	2	3	4	5
a. 放牧、垦荒会造成严重的生态环境问题	O_1	O_2	O_3	O_4	O_5

| b. 我愿意多花钱，换取当地生态环境的改善 | O_1 | O_2 | O_3 | O_4 | O_5 |
| c. 农民为生态的改善做出了很大的贡献 | O_1 | O_2 | O_3 | O_4 | O_5 |

2. 政府将要试点以下的生态保护政策，您对这一政策结果的认可程度

为促进武威市生态环境的改善，政府和农户签订一定时期的合同，补贴农户连续几年停止农事活动，在耕地上改种防风固沙、涵养水分、保护耕作层的植物。

a. 节约了灌溉用水，可以提升地下水水位，减少自然植被的枯死	O_1	O_2	O_3	O_4	O_5
b. 减少了农药、化肥、农膜的使用，减少了水土流失，可以保护地表水水质和水量	O_1	O_2	O_3	O_4	O_5
c. 改种防风固沙的植物，用植被覆盖裸露地表，可以减缓沙漠的前进，减少沙尘天气	O_1	O_2	O_3	O_4	O_5
d. 植被更多了，野生动物会有更多的生存空间，如蜜蜂、蝴蝶、野鸭、雀鹰的数量会增加	O_1	O_2	O_3	O_4	O_5
e. 改种耐盐、耐旱的植物，能够改善盐碱化耕地的质量，未来农产品的质量和产量更有保障	O_1	O_2	O_3	O_4	O_5

3. 排序，请您对以下问题排序

a. 如果耕地改种防风固沙、涵养水分的植物，您更希望种哪一类，请排序（填 1/2/3，也可并排）

_____草类，如紫花苜蓿、披碱草、冰草、针茅、碱草；

_____灌木，如羊柴、油蒿、膜果麻黄、盐爪爪（不能成林的小灌木和半灌木，没有明显主干，丛生）；

_____林木，如胡杨、柽柳、梭梭树、红叶李。

b. 补贴在耕地上植树种草，您更希望哪个区域的耕地得到保护，请按重要性排序（填 1/2/3/4，也可并排）

_____风沙源区，如沙漠边缘的耕地；

_____地下水超采区，如灌溉耗水过高的耕地；

_____水源保护区，如祁连山脚、河流沿岸的耕地；

_____野生动物保育区，如昆虫、马鹿、鸟类的栖息地。

为您支持的方案投票：示例

评估指标	选项1	选项2
休耕面积 （10亩相当于1个足球场的面积）	10000亩	50000亩
休耕区域	地下水超采区	野生动物保育区
持续年限	10年	3年
种植类型	林木	灌木
付费 （每年，所有家庭成员总共的付费）	150元	150元

请选择一个：

○我投票给"选项1"，每年支付150元。

○我投票给"选项2"，每年支付150元。

○我支持休耕，但不能（或不愿意）付费。

○我选择"不休耕"，不付费。

投票时，请注意：

您将看到如上图所示的投票实验，请在经济能力可接受的范围内，权衡"休耕选项"带来的生态收益和相应的"家庭付费"，投票给性价比最高的一个。如果您对两个选项都不满意，您可以选择不付费。

投票的结果将被用于核算休耕的生态价值，并为政府制定休耕政策提供参考。

请您朗读本段内容 🔊

如果您选择休耕，带来生态环境改善的同时，您的家庭也需要支付一定的成本（如税费水平的提高等）；不付费，生态环境将保持现状。

付费，金额是所有家庭成员总的支付；付费，每年都要支付，和休耕持续时间无关。

第 1 次投票

评估指标	选项 1	选项 2
休耕面积 （10 亩相当于 1 个足球场的面积）	10000亩	50000亩
休耕区域	风沙源区	野生动物保育区
持续年限	10年	3年
种植类型	林木	草类
付费 （每年，所有家庭成员总共的付费）	150元	50元

请选择一个：

○ 我投票给"选项1"，每年支付 150 元。

○ 我投票给"选项2"，每年支付 50 元。

○ 我支持休耕，但不能（或不愿意）付费。

○ 我选择"不休耕"，不付费。

第 2 次投票

评估指标	选项 1	选项 2
休耕面积 （10 亩相当于 1 个 足球场的面积）	20000亩	20000亩
休耕区域	水源保护区	野生动物保育区
持续年限	5年	5年
种植类型	灌木	草类
付费 （每年，所有家庭成员 总共的付费）	200元	150元

请选择一个：
○我投票给"选项1"，每年支付 200 元。
○我投票给"选项2"，每年支付 150 元。
○我支持休耕，但不能（或不愿意）付费。
○我选择"不休耕"，不付费。

第 3 次投票

评估指标	选项 1	选项 2
休耕面积 （10 亩相当于 1 个 足球场的面积）	10000亩	50000亩

续表

评估指标	选项 1	选项 2
休耕区域	风沙源区	地下水超采区
持续年限	3年	10年
种植类型	灌木	林木
付费 （每年，所有家庭成员 总共的付费）	50元	150元

请选择一个：
○我投票给"选项 1"，每年支付 50 元。
○我投票给"选项 2"，每年支付 150 元。
○我支持休耕，但不能（或不愿意）付费。
○我选择"不休耕"，不付费。

第 4 次投票

评估指标	选项 1	选项 2
休耕面积 （10 亩相当于 1 个 足球场的面积）	50000亩	10000亩
休耕区域	地下水超采区	风沙源区
持续年限	3年	10年

评估指标	选项 1	选项 2
种植类型	灌木	林木
付费 （每年，所有家庭成员 总共的付费）	150元	100元

请选择一个：
○我投票给"选项1"，每年支付150元。
○我投票给"选项2"，每年支付100元。
○我支持休耕，但不能（或不愿意）付费。
○我选择"不休耕"，不付费。

对具体的休耕政策，投票

1. 如果前面的4次投票，您的付费始终为0，最主要的原因是（单选）

　　○对我的家庭的影响不大，我不关心

　　○我感觉生态环境现在也不错，不需要改善

　　○经济原因，如果家庭收入高我就愿意支付

　　○我没有责任为改善耕地质量付费，这不公平

　　○担心支付的钱可能无法达到目标

　　○其他原因＿＿＿＿＿＿＿＿＿＿＿

2. 如果前面的4次投票，您的付费不为0，补贴合同到期后，是否继续休耕

　　○我希望农户能够和政府续签合同，继续保护生态

　　○我希望农户开始种农作物，如小麦、高粱、玉米等，保障粮食供给

　　○我无所谓休耕后农户如何利用耕地

3. 您对问卷的认可程度，请从"完全不认可"到"完全认可"的 5 个程度中选择 1 个

	完全不认可 1	2	一般 3	4	完全认可 5
a. 我完全理解问卷的内容	○₁	○₂	○₃	○₄	○₅
b. 我很认真地回答了问卷中的问题	○₁	○₂	○₃	○₄	○₅
c. 我的选择能够完全代表整个家庭的支付意愿	○₁	○₂	○₃	○₄	○₅
d. 4 个"投票实验"的问题很简单	○₁	○₂	○₃	○₄	○₅
e. 问卷的信息是可信的，没有偏倚的	○₁	○₂	○₃	○₄	○₅
f. 问卷为我的选择提供了充分的信息	○₁	○₂	○₃	○₄	○₅

假如当前，武威市计划实施的休耕为：

10000 亩耕地，选择风沙源区的耕地，连续休耕 3 年，改种灌木。

您的家庭每年要为此支付_____元，您是否赞成？

○我赞成

○我支持休耕，但不能（或不愿意）付费

○我不赞成

武威市计划实施的休耕为：

10000 亩耕地，选择风沙源区的耕地，连续休耕 3 年，改种灌木。

①您前面支付_____元，选择了不赞成，

如果每年支付_____元，您是否赞成？

○我赞成

○我支持休耕，但不能（或不愿意）付费

○我不赞成

②您前面支付_____元，选择了赞成，

如果每年支付_____元，您是否赞成？

○我赞成

○我支持休耕，但不能（或不愿意）付费

○我不赞成

受访者个人基本情况

a. 性别和年龄：○男　○女；＿＿＿＿＿＿ 岁。

b. 您在流域生活了＿＿＿＿＿＿ 年；未来 10 年，会继续留在武威吗？○是　○否　○不确定

c. 在武威地区，您非常熟悉的区域包括（多选）？

□凉州区街道　　　　　　□凉州区个别乡镇

□古浪县县城　　　　　　□古浪县个别乡镇

□民勤县县城　　　　　　□民勤县个别乡镇

□天祝县县城　　　　　　□天祝县个别乡镇

d. 受教育年限：＿＿＿＿＿＿ 年。

e. 职业的类型：○国家公职人员 ○与环保相关行业 ○失业/无业 ○其他

f. 近三年，您个人平均每年挣多少钱（包括工资、奖金、经营、股息、出租、资助、补贴等）？

○1 万元以下　　　　　　○1 万～2 万元

○2 万～3 万元　　　　　　○3 万～4 万元

○4 万～5 万元　　　　　　○5 万～6 万元

○6 万～8 万元　　　　　　○8 万～10 万元

○10 万～12 万元　　　　　○12 万～15 万元

○15 万～20 万元　　　　　○20 万元以上

受访者家庭基本情况

a. 您家庭成员共有 ＿＿＿＿＿＿ 人，其中：有收入的（包括工作、退休金、租金、其他收入等）有 ＿＿＿＿＿＿ 人，无收入的老人有 ＿＿＿＿＿＿ 人，无收入的儿童和学生有 ＿＿＿＿＿＿ 人，其他无

收入的有 _____ 人。

b. 家庭支出：教育支出_____元/年；医疗支出_____
元/年；人情礼品支出_____元/年；电话费和上网费支出_____
元/年；能源支出（电、煤、汽油、天然气等费用）_____元/年。

c. 近三年，家庭所有成员的年收入（包括工资、奖金、经
营、股息、出租、资助、补贴等）？

○2 万元以下　　　　　　　○2 万 ~4 万元

○4 万 ~6 万元　　　　　　　○6 万 ~8 万元

○8 万 ~10 万元　　　　　　○10 万 ~12 万元

○12 万 ~15 万元　　　　　　○15 万 ~18 万元

○18 万 ~21 万元　　　　　　○21 万 ~24 万元

○24 万 ~30 万元　　　　　　○30 万元以上

d. 您的家庭成员中，是否有从事和生态治理、环境保护有关
的行业？○有　　　○无

Interview Protocol（Based on investigator's observation）

a. Respondent's cooperation：

○Excellent　　　　　　　○Fair

○Average　　　　　　　○Bad

b. Respondent's understanding of the choice task：

○Excellent　　　　　　　○Fair

○Average　　　　　　　○Bad

c. Respondent being on a rush：

○No rush　　　　　　　○Somewhat

○Very rushed

d. Questionnare's overall validity：

○Excellent　　　　　　　○Fair

○Average　　　　　　　○Bad

附录二　小册子

选择实验：武威市生态保护休耕计划

休耕计划是什么？

　　武威市属于生态脆弱区，面临水资源匮乏、土地荒漠化、植被退货、风沙危害等威胁。**休耕，是纳税人补贴耕地休养生息，改种防风固沙、涵养水分、保护耕作层的植物，同时减少农事活动，促进生态环境改善。**

　　在武威市，休耕可以缓解沙漠边缘耕地荒漠化、灌区耕地盐渍化，减少地下水位的下降，减轻水土流失带来的地表水污染，增加野生动物的生存空间。

缓解耕地荒漠化　拍摄于民勤
提供野生动物栖息地　拍摄于民勤
防风固沙　拍摄于古浪
涵养水源　拍摄于
青土湖，补给地下水　拍摄于民勤

如何休耕？

政府制定规划。规划休耕的面积，例如1万亩、2万亩、5万亩。规划休耕的地点，例如风沙源区、野生动物保育区、水源保护区、地下水超采区。

农户自愿参与。确定休耕多长时间，例如3年、5年、10年。确定休耕后种什么，例如紫花苜蓿、针茅等草类；羊柴、油蒿等灌木；柽柳、胡杨等乔木。

签订合同。合同期内，补贴农户改种防风固沙、涵养水分、保护耕作层的植物，改善生态；合同到期后，农户可以重新决定耕地的用途。补贴资金来自每个城乡家庭生活成本的增加。

耕地休耕前 | 休耕后 | 休耕3年 | 休耕5年

耕地休耕前 | 休耕，草类覆盖 | 休耕，灌木覆盖 | 休耕，林木覆盖

您的看法？

假如政府补贴休耕，需要针对不同休耕面积、休耕区域、持续时间、种植类型的耕地、制定补贴标准：

指标	可能的数值		
休耕多少？ 休耕面积	1万亩耕地	2万亩耕地	5万亩耕地
在哪里休耕？ 休耕区域	风沙源区	野生动物保育区	水源保护区 / 地下水超采区
持续时间？ 持续年限	3年	5年	10年
改种什么？ 种植类型	草类	灌木	林木

政府补贴的资金来自城乡居民生活成本的增加，如资源管理费和税收等。通过问卷，我们可以了解城乡家庭愿意为"休耕计划"承担多少成本。请您权衡生态环境改善带来的福利和生活成本增加带来的损失。

生态改善　生态付费

附录三　推导

推导问题：当采用效应变量编码的指标时，同时引入了含有效应编码的流域空间异质性，研究"指标对照组"的空间异质性问题。在本书中，含有空间异质性的指标（见表5-2）分别为持续年限、种植类型；引入的空间异质性是居民家庭在流域中的具体位置，即上游、中游、下游。这里我们以种植类型指标为例，引入流域空间异质性，推导采用效应变量编码方式时，种植类型对照组的空间异质性问题。

指标"种植类型"作为无序分类变量，包括三个类别：草类、灌木和林木。采用效应变量的编码方式引入两个效应变量：X_1、X_2。定义种植类型 = 草类时，$X_1 = 1$；种植类型 = 灌木时，$X_2 = 1$；种植类型 = 林木作为对照组，此时，$X_1 = X_2 = -1$。同理，无序分类变量流域位置，包括三个类别：下游民勤县、上游古浪县、中游凉州区。采用效应变量的编码方式引入两个效应变量：Z_1、Z_2。定义流域位置 = 民勤县时，$Z_1 = 1$；流域位置 = 古浪县时，$Z_2 = 1$；流域位置 = 凉州区时，$Z_1 = Z_2 = -1$。由此可知，种植类型对照组为林木时，需要计算当种植类型为林木时的空间异质性问题。

被解释变量记为 Y，那么含有空间异质性的函数可以表示如下：

$$Y = (\beta_1 + \gamma_{11} Z_1 + \gamma_{12} Z_2) X_1 + (\beta_2 + \gamma_{21} Z_1 + \gamma_{22} Z_2) X_2 + \varepsilon$$

此时，定义组对被解释变量的边际影响为 β，定义组的空间异质性问题在公式中由 γ 来反映。例如，种植类型 = 草类，X_1 对 Y 的边际影响为 β_1，β_1 的空间异质性是：流域位置 = 民勤县时，与流域平均水平之间的差异为 γ_{11}；流域位置 = 古浪县时，与流域平均水平之间的差异为 γ_{12}；流域位置 = 凉州区时，与流域平均水平之间的差异为 $-(\gamma_{11} + \gamma_{12})$。对于对照组，即种植类型 = 林木时，可知：

$$Y = -(\beta_1 + \beta_2) - (\gamma_{11} Z_1 + \gamma_{12} Z_2) - (\gamma_{21} Z_1 + \gamma_{22} Z_2) + \varepsilon$$

由效应变量的特征可知，$-(\beta_1 + \beta_2)$ 是对照组与平均水平之间的差异（正文，见图 5-1）。由此可知，$-(\gamma_{11} Z_1 + \gamma_{12} Z_2) - (\gamma_{21} Z_1 + \gamma_{22} Z_2)$ 即为指标对照组的空间异质性。例如，流域位置 = 民勤县时，与流域平均水平之间的差异为 $-(\gamma_{11} + \gamma_{21})$；流域位置 = 古浪县时，与流域平均水平之间的差异为 $-(\gamma_{12} + \gamma_{22})$；流域位置 = 凉州区时，与流域平均水平之间的差异为 $\gamma_{11} +$

$\gamma_{12} + \gamma_{21} + \gamma_{22}$。

附录四　隐含价格

指标水平值	城市居民，MWTP		分位数			最大值	最小值	p > t
	均值	标准差	5%	50%	95%			
ASC	-323.65	41.21	-395.93	-316.21	-270.22	-562.79	-246.45	0.00
面积 1 万亩	-51.85	14.67	-76.49	-51.37	-29.50	-127.23	7.24	0.00
面积 2 万亩	19.46	17.29	-8.92	19.32	46.84	-48.14	87.28	0.23
面积 5 万亩	32.39	12.88	12.78	31.88	54.22	-39.84	86.83	0.01
年限 3 年	-55.29	16.71	-81.31	-55.54	-29.33	-124.44	9.25	0.01
年限 5 年	57.94	22.19	20.07	58.52	94.27	-18.01	129.86	0.02
年限 10 年	-2.65	17.08	-28.49	-3.07	26.36	-67.91	142.45	0.83
类型草类	-2.29	12.26	-22.73	-2.74	17.72	-58.53	54.51	0.83
类型灌木	-30.96	18.70	-62.57	-29.95	-3.27	-102.59	39.35	0.07
类型林木	33.25	22.75	-0.85	31.68	71.06	-93.86	131.15	0.11
区域风沙源区	111.18	46.77	40.82	108.17	190.64	-37.67	440.19	0.02
区域水源保护区	1.08	25.06	-40.95	2.60	37.91	-138.29	86.55	0.91
区域地下水超采区	38.82	17.88	12.45	37.48	70.70	-26.97	145.92	0.01
区域野生动物保育区	-151.07	37.24	-218.66	-146.89	-98.87	-377.36	-56.06	0.00
凉州区城市居民与流域平均的差异								
ASC	5.62	21.34	-26.90	5.15	40.57	-61.45	130.93	0.82
年限 3 年	4.12	17.19	-24.38	4.15	32.17	-61.80	69.00	0.78
年限 5 年	32.63	23.99	-4.84	32.74	71.71	-70.64	124.78	0.16
年限 10 年	-36.74	19.21	-70.10	-35.87	-7.80	-113.09	24.48	0.04
类型草类	-2.13	14.00	-24.86	-1.90	20.51	-60.19	50.04	0.87
类型灌木	28.74	19.56	-0.12	27.82	60.54	-59.14	149.54	0.10
类型林木	-26.61	23.91	-69.38	-24.72	7.68	-158.84	77.63	0.21

指标水平值	城市居民，MWTP		分位数			最大值	最小值	p > t
	均值	标准差	5%	50%	95%			
民勤县城市居民与流域平均的差异								
ASC	9.62	27.69	-33.66	10.65	50.85	-179.89	98.25	0.70
年限 3 年	0.07	19.96	-31.63	-0.16	32.84	-69.14	91.24	1.01
年限 5 年	-41.60	29.49	-90.98	-39.91	2.74	-168.35	44.66	0.12
年限 10 年	41.53	21.17	10.58	40.02	78.86	-23.47	144.13	0.04
类型草类	12.58	15.44	-12.00	12.60	36.89	-45.92	75.52	0.43
类型灌木	-17.95	19.54	-51.26	-16.95	11.92	-124.74	44.46	0.32
类型林木	5.38	24.80	-31.68	4.01	47.22	-70.63	132.94	0.85
古浪县城市居民与流域平均的差异								
ASC	-15.24	20.34	-47.28	-14.55	16.20	-138.47	53.04	0.43
年限 3 年	-4.19	18.98	-37.40	-3.53	25.82	-75.53	59.02	0.83
年限 5 年	8.97	26.33	-31.48	8.38	50.65	-83.68	145.35	0.72
年限 10 年	-4.78	19.83	-35.37	-4.52	27.25	-90.60	58.41	0.82
类型草类	-10.45	15.13	-35.20	-10.90	14.19	-67.90	38.06	0.48
类型灌木	-10.78	18.63	-40.70	-10.69	19.03	-122.74	59.51	0.55
类型林木	21.23	23.39	-15.81	21.52	58.22	-89.99	142.23	0.35

指标水平值	农村居民，MWTP		分位数			最大值	最小值	p > t
	均值	标准差	5%	50%	95%			
ASC	-234.76	18.54	-268.85	-232.75	-208.56	-319.71	-194.33	0.00
面积 1 万亩	-23.68	9.19	-39.92	-23.25	-9.59	-58.69	5.44	0.01
面积 2 万亩	12.35	11.15	-6.03	12.36	30.37	-25.58	56.09	0.25
面积 5 万亩	11.34	8.44	-1.91	11.01	24.98	-14.34	52.13	0.16
年限 3 年	-25.19	14.18	-47.76	-25.20	-0.73	-77.77	22.74	0.09
年限 5 年	66.22	18.56	37.74	65.90	95.53	-7.88	129.68	0.00
年限 10 年	-41.02	15.48	-66.36	-40.17	-16.23	-101.89	10.95	0.01
类型草类	-12.71	13.49	-34.45	-12.82	8.95	-84.58	43.69	0.31
类型灌木	22.86	16.23	-4.37	23.48	49.73	-25.29	82.46	0.18

续表

指标水平值	农村居民，MWTP		分位数			最大值	最小值	p > t
	均值	标准差	5%	50%	95%			
类型林木	-10.16	19.63	-43.01	-9.63	23.04	-77.70	67.29	0.59
区域风沙源区	142.89	36.81	87.53	141.34	203.86	0.34	327.57	0.00
区域水源保护区	2.48	15.71	-22.80	3.18	27.11	-92.87	50.28	0.83
区域地下水超采区	14.97	11.19	-2.84	14.80	32.71	-42.70	75.17	0.15
区域野生动物保育区	-160.34	31.49	-217.16	-158.19	-111.77	-291.33	-51.76	0.00
凉州区农村居民与流域平均的差异								
ASC	-11.63	11.61	-30.76	-11.59	7.43	-51.68	28.69	0.31
年限3年	1.82	32.99	-51.45	1.11	58.35	-131.86	114.95	0.97
年限5年	56.75	42.41	-11.95	58.08	125.17	-92.49	222.88	0.17
年限10年	-58.57	33.17	-115.02	-56.91	-4.66	-179.88	39.40	0.07
类型草类	-40.15	30.03	-90.50	-39.21	8.66	-161.10	57.66	0.16
类型灌木	68.92	37.09	7.04	69.35	130.47	-75.50	196.66	0.06
类型林木	-28.77	44.23	-102.95	-29.20	46.14	-181.57	114.40	0.51
民勤县农村居民与流域平均的差异								
ASC	48.63	15.34	24.71	48.51	73.74	-19.50	104.77	0.00
年限3年	-9.33	20.08	-42.90	-8.65	23.01	-93.29	67.72	0.64
年限5年	-48.52	26.12	-91.51	-48.51	-6.59	-140.00	56.15	0.07
年限10年	57.86	20.03	25.75	56.83	91.97	-16.75	144.41	0.00
类型草类	42.50	17.76	13.93	41.61	72.16	-7.59	123.93	0.01
类型灌木	-47.45	21.32	-84.22	-47.33	-14.07	-125.70	13.15	0.03
类型林木	4.95	25.84	-37.98	5.57	46.95	-84.53	94.12	0.84
古浪县农村居民与流域平均的差异								
ASC	-36.99	13.02	-59.07	-36.88	-15.32	-73.85	7.31	0.01
年限3年	7.51	18.60	-21.98	7.69	39.04	-51.46	69.55	0.68
年限5年	-8.23	24.48	-49.72	-8.55	32.41	-87.04	65.13	0.74
年限10年	0.71	18.85	-29.83	0.24	32.03	-66.33	62.15	0.99
类型草类	-2.35	17.17	-30.98	-2.52	24.79	-71.04	57.73	0.89

续表

指标水平值	农村居民，MWTP		分位数			最大值	最小值	p > t
	均值	标准差	5%	50%	95%			
类型灌木	-21.47	21.66	-58.88	-21.35	14.07	-103.00	62.34	0.32
类型林木	23.82	25.86	-20.73	23.75	64.47	-75.19	111.55	0.32

指标水平值	城市－农村，MWTP		分位数			最大值	最小值	p > t
	标准差	均值	5%	50%	95%			
ASC	-88.89	45.17	-167.61	-83.79	-25.80	-368.46	73.26	0.02
面积 1 万亩	-28.17	17.30	-56.59	-27.84	-0.61	-132.67	65.94	0.09
面积 2 万亩	7.12	20.57	-26.41	7.09	40.37	-104.23	112.87	0.71
面积 5 万亩	21.05	15.39	-3.24	20.79	46.39	-91.98	101.17	0.15
年限 3 年	-30.09	21.91	-65.89	-30.10	5.63	-147.18	87.02	0.16
年限 5 年	-8.27	28.92	-56.31	-7.96	38.68	-147.69	137.75	0.78
年限 10 年	38.37	23.04	1.95	37.86	75.97	-78.86	244.34	0.08
类型草类	10.41	18.22	-19.11	10.26	40.19	-102.22	139.10	0.55
类型灌木	-53.82	24.75	-95.39	-53.29	-14.14	-185.04	64.64	0.03
类型林木	43.41	30.03	-4.43	42.92	93.05	-161.15	208.85	0.13
区域风沙源区	-31.71	59.49	-127.33	-32.04	65.13	-365.24	439.84	0.57
区域水源保护区	-1.40	29.57	-50.38	-0.66	45.20	-188.57	179.42	0.98
区域地下水超采区	23.84	21.08	-8.08	22.71	60.01	-102.14	188.62	0.22
区域野生动物保育区	9.27	48.75	-72.33	10.56	86.83	-325.61	235.28	0.82

凉州区城乡居民平均支付意愿的差异

ASC	17.25	24.28	-20.68	16.47	57.73	-90.14	182.61	0.46
年限 3 年	2.30	37.18	-60.44	2.91	62.72	-176.75	200.86	0.93
年限 5 年	-24.13	48.70	-103.36	-24.36	55.20	-293.52	217.27	0.61
年限 10 年	21.83	38.31	-40.86	21.27	85.23	-152.49	204.36	0.56
类型草类	38.02	33.12	-15.45	37.43	92.53	-117.86	211.14	0.23
类型灌木	-40.18	41.91	-108.67	-40.60	29.05	-255.80	225.04	0.34
类型林木	2.16	50.25	-82.88	3.21	83.15	-273.24	259.20	0.95

续表

指标水平值	城市 - 农村，MWTP		分位数			最大值	最小值	p > t
	标准差	均值	5%	50%	95%			
民勤县城乡居民平均支付意愿的差异								
ASC	-39.01	31.64	-90.78	-37.94	9.84	-284.66	117.74	0.19
年限 3 年	9.40	28.30	-36.33	9.03	56.31	-136.86	184.53	0.74
年限 5 年	6.93	39.37	-59.62	8.01	69.63	-224.50	184.66	0.83
年限 10 年	-16.33	29.13	-63.06	-16.91	32.21	-167.88	160.87	0.55
类型草类	-29.92	23.52	-68.88	-29.56	7.91	-169.84	83.11	0.19
类型灌木	29.50	28.90	-18.20	29.85	76.21	-137.90	170.17	0.30
类型林木	0.43	35.80	-57.19	-0.23	59.80	-164.74	217.47	0.99
古浪县城乡居民平均支付意愿的差异								
ASC	21.76	24.14	-17.21	21.90	60.69	-145.78	126.88	0.35
年限 3 年	-11.70	26.56	-56.22	-11.29	31.21	-145.08	110.48	0.66
年限 5 年	17.20	35.94	-41.19	16.93	76.41	-148.81	232.39	0.63
年限 10 年	-5.50	27.35	-50.21	-5.52	39.44	-152.75	124.74	0.84
类型草类	-8.10	22.87	-45.57	-8.13	29.55	-125.63	109.10	0.71
类型灌木	10.68	28.55	-36.04	10.81	57.17	-185.09	162.51	0.69
类型林木	-2.59	34.86	-58.78	-3.01	55.13	-201.54	217.43	0.93

图书在版编目（CIP）数据

休耕的社会福利评估 / 姚柳杨，赵敏娟著. -- 北京：
社会科学文献出版社，2021.3
（中国"三农"问题前沿丛书）
ISBN 978 - 7 - 5201 - 8046 - 7

Ⅰ.①休⋯　Ⅱ.①姚⋯ ②赵⋯　Ⅲ.①休耕 - 农业政
策 - 研究 - 中国　Ⅳ.①F320

中国版本图书馆 CIP 数据核字（2021）第 038945 号

本书受西北农林科技大学经济管理学院资助

中国"三农"问题前沿丛书
休耕的社会福利评估

著　　者 / 姚柳杨　赵敏娟

出 版 人 / 王利民
责任编辑 / 任晓霞
文稿编辑 / 王红平

出　　版 / 社会科学文献出版社·群学出版分社（010）59366453
　　　　　地址：北京市北三环中路甲 29 号院华龙大厦　邮编：100029
　　　　　网址：www.ssap.com.cn
发　　行 / 市场营销中心（010）59367081　59367083
印　　装 / 三河市尚艺印装有限公司

规　　格 / 开　本：787mm × 1092mm　1/16
　　　　　印　张：16　字　数：208 千字
版　　次 / 2021 年 3 月第 1 版　2021 年 3 月第 1 次印刷
书　　号 / ISBN 978 - 7 - 5201 - 8046 - 7
定　　价 / 128.00 元